Šar'ja
Leninskoe
Koteľnič
Kumëny
Zuevka
Glazov
Vereščagino
Verhošižem'e
Pišnur
Vetluga
Šahun'ja
Sovetsk
Uren
Varnavino
Jaransk
Kikour
Uržum
Sernur
Oršakka
Joškar-Ola
Sovetskij
Malmyž
Možga
Agryz
Sarapul
Kambarka
Čajkovskij
Vetluga
(Kosmodemjansk)
Koz'modemjansk
Korotin
Čeboksarskoe Vdhr.
Čeboksary
Novočeboksarsk
Arsk
Sosnovka
Vjatski Poljany
Alnaši
Neftekamsk
Nižnekamskoe Vdhr.
Menzelinsk
Lyskovo
Vorotynec
Marinskij Posad
Zelenodol'sk
Volžsk
Civil'sk
(KASAN)
KAZAN'
Iškeevo
Elabuga
Mamadyš
Naberežnye Čelny
Nižnekamsk
Verhnespasskoe
Sura
Šumerlja
Urmary
Kanaš
Sergač
Gagino
Verhnij Uslon
Kamskie Poljany
Zainsk
Musljumovo
Čistopol
Sečenovo
Lukojanov
Kamskoe Ust'e
Buinsk
Al'met'evsk
Tujmazy
Kirja
Alatyr'
Ardatov
Bol'šoje Boldino
Tetjuši
Leninogorsk
Šešma
Počinki
Kemlja
Kujbyševskoe
Staraja Majna
Nurlat
Šentala
Bugul'ma
Bavly
Oktjabr'skij
Belebej
Camzinka
Surskoe
Ul'janovsk
Dimitrovgrad
Prijutovo
Saransk
Sura
Vodohranilišče
Sengilej
Suhodol
Pohvistnevo
Buguruslan
Abdulino
Ruzaevka
Inza
Elhovka
334
Kujbyschewer Stausee
Sok
Bol. Kinel'
Lunino
Nikol'sk
Baryš
Togliatti
Kinel'
Otradnyj
Kuzovatovo
Usolje
Žigulevsk
Gorodišče
Sura
Kuzneck
Oktjabr'sk
KUJBYŠEV
Samara
Penza
Syzran'
Novokujbyševsk
Neftegorsk
Buzuluk
Sursk
Bezenčuk
Čapaevsk
Pogromnoe
Soročinsk
Samara
(Saratower Stausee)
280
Bol'šaja Glušica
S
Serdobsk
Petrovsk
Hvalynsk
Ivanteevka
Tereška
Bol. Irgiz
Bol'šaja Černigovka
Tašla
329
Vol'sk
Balakovo
Pervomajskij
Atkarsk
Mädcheninsel
Pugačev
Pereljub
Ilek
Tatiščevo
Gornyj
Rubežinskoe
Marks
Saratov
Engel's
Aksaj
O
b
š
Ural'sk
Ozinki
Peremetnoe
Fedorovka
Privolžskij
Eršov
251
Kamenka
Umva
Krasnyj Kut
Bol. Čagan
Belogorka
Krasnoarmejsk
Rovnoe
Kušum
Oz. Šalkar
345
Novouzensk
Čapaev
Džambejty
Kotovo
Pervomajskoe
Mergenevo
Petrov Val
Kamyšin
Pallasovka
Berezino
Aleksandrov Gaj
Nikolaevsk
Tajpak
Kaztalovka
Bykovo
Malyj Uzen
Furmanovo
Bol'šoj Uzen
Ilovlja
Gornyj Balykley
Volgogradskoe
Džanybek
Džangala
Vdhr.
El'ton
Kalmykovo
Leninskoe
Ozero Aralsor
Oz. El'ton
Novaja Kazanka
Dubovka
Wolgograder Stausee
Inderborskij
Vološkij
Sajhin
Kapustin Jar
Kulagino
Oz. Inder
Leninsk

Werner Gille

Wolgafahrt

Werner Gille

Wolgafahrt

Spurensuche
im heutigen Rußland

Langen Müller

Umschlagmotiv: Ipatiew-Kloster in Kostroma

Der auf der Vorsatzkarte blau eingezeichnete Reiseverlauf
ist der Landkarte Hapag Lloyd: »Reisen auf den Wasserstraßen
der Sowjetunion«, Bremen 1990, entnommen.

Umschlagentwurf: Wolfgang Heinzel
unter Verwendung eines Fotos des Autors
Satz: Schaber Datentechnik, Wels, Österreich
Gesetzt aus 2.5/4.50 September, System Scantext
Gesamtherstellung: Wiener Verlag, Himberg
Printed in Austria
ISBN 3-7844-2418-X

Vertrau der Tränenspur
und lerne leben.

Paul Celan

Vorwort

Eine Reise nach Rußland ist eine Reise ins Ungewisse. Erst seit wenigen Jahren können Russen und Deutsche ohne Angst und Vorbehalte miteinander sprechen. Schon diese Tatsache verändert vieles zum Besseren.

1972 setzte sich in Irkutsk ein Stahlarbeiter neben mich auf eine Bank. Er fragte, woher ich käme. Als ich sagte, aus Westdeutschland, stand er wortlos auf und ging. Ich habe nie erfahren, warum. Meine russischen Bekannten äußerten auch nur Vermutungen: »Mit einem Deutschen wollte er nichts zu tun haben.« Oder: »Er hatte Angst vor Unannehmlichkeiten, wenn er mit einem Ausländer aus einem kapitalistischen Staat zusammen gesehen würde.« Zwanzig Jahre später genügen ein freundlicher Blick, ein paar Worte, und es kommt zu Gesprächen, die oft erst nach Stunden enden.

Mein Leben wurde von Kindheit an von Rußland und den Russen beeinflußt. Ich fuhr immer wieder in den Osten, um zu begreifen, was zwischen Deutschen und Russen geschah und geschieht. Dennoch ist dies kein Buch der Erinnerungen, der Ereignisse, Freuden und Leiden von gestern und vorgestern. Sie sind mit eingeflossen in die Texte, aber sie fanden nur dort ihren Platz, wo sie zum Verständnis des heutigen Rußland notwendig sind.

Es gibt viele Bücher über Rußland. Romane, wissenschaftliche Werke, Reportagen, Augenzeugenberichte. Fast jede bedeutende Zeitung hat ihren Berichterstatter in Moskau, der ihre Leser über den Kommunismus, über Perestroika und die Demokratie in der Gemeinschaft Unabhängiger Staaten (GUS) informiert. Aber es gibt immer weniger Menschen, die von den vergangenen Geschehnissen persönlich betroffen sind, die bei dem Wort Nachkriegszeit daran denken, daß damals halb Rußland und ganz Deutschland kaputt waren und dann doch aufeinander zugingen, hoffend, daß die Wunden einmal vernarben.

Wer Rußland auch nur ein wenig kennt, wird mir zustimmen: An einem Tag liebt man die Menschen und das Land, und am nächsten hat man den Wunsch, es so rasch wie möglich wieder zu verlassen. Gerade wenn dieses Gefühl übermächtig wird, sollte man bleiben.

Ich blieb in Sibirien, in Kasachstan, in Usbekistan, in den Amurgebieten, in Kirgisien, im europäischen Rußland und immer wieder beiderseits der Wolga. Zweimal — im Sommer 1990 und 1991 — fuhr ich auf einem russischen Dampfer den riesigen Strom abwärts.

Ich ging an Land, wo es möglich war und oft auch dort, wo es zunächst so aussah, als sei jede Mühe verschwendet. Vielleicht war es so etwas wie eine innere Stimme, die mich dazu trieb, an Land zu gehen und weit ins Hinterland aufzubrechen.

So fand ich halb verborgen im Gassengewirr des alten Tatarenviertels in Kazan eine Teestube, deren Wände mit Dschingis-Khan-Porträts geschmückt waren, und Männer, die davon träumten, das alte Reich der Tataren an der mittleren Wolga wieder aufzubauen und sich von Rußland zu lösen. Mit einer vergilbten Landkarte in der Hand suchte ich nach den deutschen Dörfern an der Wiesen- und der Bergseite am Unterlauf des Stromes; Dörfer, über deren Ruinen heute der Steppenwind weht oder die jetzt russische Namen haben. Ich sah die Wälder, in denen in Gefangenschaft gestorbene deutsche Soldaten beerdigt sind, aber keinen Friedhof, kein Grab, kein Kreuz.

Spurensuche in Rußland: Sie führte mich ins Ipatiew-Kloster in Kostroma an der oberen Wolga, wo der Pakt zwischen Thron und Altar im alten Rußland besiegelt wurde; zum Landhaus des Dichters Nekrassow bei Jaroslawl; zu Maxim

Gorkijs Haus der Kindheit in Nishnij Nowgorod (Gorkij); auf den Simbirskij Trakt in Kazan, eine Straße, auf der die Verbannten nach Sibirien getrieben wurden; zur Uglitscher Glocke, die zu hundert Jahren Gefangenschaft verurteilt wurde, weil sie bei der Ermordung des neunjährigen Zaren Dimitrij Sturm geläutet hatte; nach Wolgograd — Stalingrad — dieser Stätte des Leidens für Deutsche und Russen.
»Die Wolga ist unser Schicksalsstrom«, sagen die Russen. In gewisser Weise ist er auch der unsere. Wer an seinen Ufern auf Spurensuche geht, wird Schätze finden.
Dies Buch ist nicht aus dem Wunsch heraus geschrieben worden, Erlebnisse zu erzählen. Es ist die Schilderung eines immer wieder aufgenommenen Versuches, zu fassen, was unfaßbar schien. Erst jetzt, wo es vor mir liegt, begreife ich, daß ich mir etwas von der Seele geschrieben habe.

Noch ein paar Worte zur Terminologie: Die Begriffe Rußland, Sowjetunion, Gemeinschaft Unabhängiger Staaten wurden mit den Erklärungen »ehemalige« oder »heutige« versehen, um sie zeitlich genau einzuordnen. Ungeachtet der offiziellen Sprachregelung nennen viele Bewohner der ehemaligen UdSSR und der heutigen GUS ihr Land einfach Rußland. Diese Gewohnheit habe ich übernommen, wenn es vom Text her zu verantworten war. Bei der Umbenennung von Ortsnamen wurden beide Bezeichnungen angegeben, so zum Beispiel Nishnij Nowgorod (Gorkij) oder Simbirsk (Uljanowsk).
Die Wiedergabe russischer Namen folgt der Aussprache; deshalb steht Gontscharow als Transkription von Gončarov.
Im Anhang wird auf das Schrifttum verwiesen, aus dem Anregungen stammen oder aus dem zitiert wurde.
In der Rubrik »Die Wolga in Daten« findet der Leser Angaben über Stromlänge, Stauseen, Nebenflüsse, Wassertemperaturen u. a.
Das Buch ist in neunzehn Kapitel gegliedert; jedes hat ein

Schwerpunktthema: Wiedersehen mit Moskau. Schiff und Passagiere. Literatur und Politik. Religion und Kirche. Museen, gestern und heute. Die Suche nach Kriegsgräbern. In der Automobilstadt Togliatti. Die Mädcheninsel. Umweltschutz. Die Republik der Wolgadeutschen u. a.
Bei manchen Gesprächen benutzte ich ein Tonband, bei anderen begnügte ich mich mit Notizen; häufig verzichtete ich auf beides, um nicht den Eindruck eines offiziellen Interviews aufkommen zu lassen. In der Abgeschlossenheit meiner Schiffskabine war ich ungestört und hatte genügend Zeit, Erlebtes und Gehörtes nach den ersten Eindrücken aufzuschreiben. Die Aufzeichnungen, die ich mir während der Fahrten durch das Land und an Bord machte, füllen zehn Tagebücher.

Rußlands grenzenlose Weite hat mich nie losgelassen. Der Schriftsteller Anton Tschechow sagte einmal: »Nur die Zugvögel wissen, wie groß es ist.« Besser kann man es nicht ausdrücken.
Uns steht heute die ganze Welt offen — auch Rußland. Viele halten das für selbstverständlich. Ich empfinde es — noch immer und immer wieder — als Geschenk.

WERNER GILLE　　　　Mai 1992

1.

Seit ein paar Stunden war ich an Bord der »Isaak Lewitan«, lief an Deck auf und ab, blickte immer wieder zum Moskauer Hafen hinüber, lauschte dem Kreischen der Kräne am Kai und sah den Schiffen nach, die auf dem Moskau-Wolga-Kanal dem großen Strom entgegenfuhren. Kurs: Jaroslawl, Nishnij-Nowgorod (Gorkij), Kazan, Simbirsk (Uljanowsk), Saratow, Wolgograd (Stalingrad), Astrachan.
Warum geben die Russen ihren Städten nicht Namen, die Bestand haben, gleich, wer Rußland regiert? Namen wie Irkutsk, Uglitsch, Archangelsk, Sewastopol, Omsk. Und wenn es der Name eines Menschen sein muß, warum nicht einer von denen, die uns Trost spenden? Isaak Lewitan zum Beispiel. Er malte den russischen Traum vom einfachen Leben, ohne Haß im Herzen, ohne Provokation auf der Leinwand. Man bleibt davor nicht stehen, zurückzuckend, als hätte man einen Schlag ins Gesicht erhalten; man sieht Birkenwälder, Bauernhäuser, Wiesengrund, gerät ins Träumen ... Rußland ist groß, und der Zar ist weit, das kommt einem dabei in den Sinn. Nichts ist leichter, als Lewitans Kunst zu belächeln: Mütterchen Rußlands heile Welt oder so ähnlich. Doch seine Gemälde lassen einen nie leer und hoffnungslos zurück, und der Ältere, dem der Angstschweiß auf die Stirn tritt, wenn er den Namen Rußland hört, wird sich den Schweiß von der Stirn wischen und einen Augenblick Schmerz und Leid vergessen.

Daß ich eine Kabine auf der »Isaak Lewitan« bekam, nahm ich als gutes Vorzeichen. Aber bis der Dampfer die Anker lichtete, würde noch ein Tag vergehen. Zeit genug, um gleich eine Probe aufs Exempel zu machen, um festzustellen, was ginge und was nicht ginge und wenigstens einen Blick auf das zu werfen, von dem alle erzählen, die in Moskau waren: der Rote Platz, der Kreml, die Basiliuskathedrale. Fast zögere ich, diese in aller Welt bekannten Sehenswürdigkeiten so aufzulisten. Es könnte der Eindruck entstehen, ich wäre der staatlichen Werbung zum Opfer gefallen, ginge genau dorthin, wo man hingehen soll, um den Eindruck zu bekommen, der erwünscht ist.

Gewaltiges, kraftstrotzendes, grausames Rußland. Natürlich gibt es das, und die Basiliuskathedrale zeigt es mit brutaler Deutlichkeit. Vor der Kirche stellen sich die Fotografen auf, suchen nach dem besten Platz für ihre Aufnahmen und freuen sich, wenn die Bilder gelungen sind; die Bilder von den acht Kuppeln der Basiliuskathedrale. Was auf den ersten Blick wie die Verwirklichung des Orienttraums russischer Architekten aussieht, entpuppt sich beim zweiten als Dokument einer Hinrichtung: jede Kuppel steingewordener Jubel über die Enthauptung eines tatarischen Fürsten bei der Eroberung der Wolgafestung Kazan durch die Truppen Iwans des Schrecklichen.

Geschichte hängt mir manchmal wie ein Mühlstein um den Hals. Aber packt mich das Grauen, genügt es zuweilen, ein paar Worte mit einem Menschen zu sprechen.

Ich reihte mich ein in die Besucherschlange, die sich über mehr als die Hälfte des Roten Platzes hinzog und sich gemächlich auf das Lenin-Mausoleum zubewegte. Vor mir standen zwei Männer, ein junger und ein älterer. Stumm standen sie da, warteten, bis die vor ihnen Stehenden einen Schritt nach vorn machten, und dann schlurften sie hinterher. Ich fragte sie, woher sie kämen.

»Aus der Fabrik.«

»Warum sehen Sie sich das Mausoleum an?«

Ein leicht verlegenes Lächeln. »Wer weiß, wie lange er dort noch liegt.«

Die anderen, vor und hinter mir, ob die auch so dachten? Eine kräftige, große Frau in einem weiten, buntgemusterten

Kleid stand dicht hinter mir. Ich sprach sie an. Sie zuckte mit den massigen Schultern.

»Ich komme vom Land. Ich wollte ihn sehen. Ich habe ihn schon ein paarmal gesehen, aber ich sehe ihn mir immer wieder an.«

Ich vergaß, weiterzugehen, und sie gab mir einen leichten Schubs in den Rücken. Sie roch nach Knoblauch und verschwitzter Kleidung. Sie kam gar nicht auf die Idee, ein wenig Abstand zu halten. Während der paar Worte, die wir miteinander wechselten, stellte sich eine fünfköpfige Familie hinter sie. Ein spindeldürrer Junge, zwei magere, vielleicht zehn Jahre alte Mädchen, Zwillinge, blond, blauäugig, mit langen Zöpfen, und das Elternpaar.

»Warum besuchen Sie das Mausoleum?«

Die Kinder sahen mich erstaunt an. Der Mann sagte nur: »Warum nicht?« Die Frau blickte vorwurfsvoll, ohne ein Wort zu sagen. Die Besucherschlange bewegte sich einige Schritte vorwärts. Bewaffnete, uniformierte Posten musterten uns. Es gab weder Lachen noch lautes Sprechen. Es lag auch keine Spannung in der Luft, keine unruhige Neugier oder erwartungsvolle Ungeduld. Ruhig, gleichmütig ging die Menge auf das Grab des Begründers des Bolschewismus und der Sowjetunion zu.

1924 war Lenins Todesjahr. Unwillkürlich dachte ich daran, was damals politische Schlagzeilen gemacht hatte. Hitler war aus der Haft in der Festung Landsberg entlassen worden, in der er »Mein Kampf« geschrieben hatte, das Hauptwerk des Nationalsozialismus. Churchill wechselte von der Liberalen Partei zu den Konservativen über. Stalin wurde Hausherr im Kreml.

Niemand ist ungestraft Historiker. Manchmal wäre es mir lieber, ich träumte bei Jahreszahlen von Ballettpremieren oder dem Wiener Opernball — aber auch bei Katharina der Großen interessiert es mich nur am Rande, ob »ihr Leib nach Männern dürstete wie die Wüste nach Regen« oder ob es zutrifft, daß sie auch im Bett die Zarin blieb. Jedenfalls war sie es, die als erste Herrscherin Rußlands die Wolga hinunterfuhr und die den Monarchen Europas zeigte, wozu eine Frau auf dem Zarenthron fähig war.

Die Menge drängte mich vorwärts. Ein prüfender Blick der Wachtposten. Ich ging an ihnen vorbei in den Vorraum und dann hinunter zu der unterirdischen Gruft.

Lenin lag in einem offenen Kristallsarg. Das Gesicht wirkte blaß, wächsern, die Augen waren geschlossen, die Hände gefaltet. Schmal, fast zierlich, durchgeistigt wirkte er. Auf fast allen Denkmälern ist er grob-massig, ja roh und drohend dargestellt. Der Mann, der hier lag, ähnelte eher einem Gelehrten als einem Berufsrevolutionär. Tausende haben über ihn geschrieben, ihn erklärt, gepriesen, verflucht. Wer war Lenin, was ist Leninismus?

Lenin verabscheute Kompromisse: »Hoffnung auf Versöhnung ist vergeblich ... Hassen muß man: das Unglück, das Elend, den Schmerz. Überwinden muß man: den Anarchismus, die Trägheit, das Chaos ... Was den Russen fehlt: soziale Emotionen. Die aktiven Kräfte versinken in fauligen Sümpfen, lösen sich auf. Unglück ist nicht Schicksal, Unglück ist selbstverschuldet ... Hindert das Volk daran, dahinzuvegetieren ... Der Schmutz, das ist der Alltag ... Vernichtet die bürgerlichen Konterrevolutionäre, aber benützt ihren Kulturapparat ...

Literatur: Bei uns werden alle Bücher über dasselbe Thema geschrieben: darüber, wie wir leiden. Als Kind unter dem Mangel an Liebe, in der Jugend unter dem Mangel an Verstand, als Erwachsener unter der Tyrannei der Herrschaft, als Mann unter dem Weib, als Frau unter dem Mann, im Alter unter dem Bewußtsein eines verfehlten Lebens und zum Schluß unter der Unvermeidbarkeit des Todes ... Wir werden die kolossale Arbeit auf uns nehmen, positive Helden in

der Literatur zu schaffen ... klagen und kraftlos nach Gerechtigkeit schreien, dient niemandem.
Musik: Beethoven ... Was für Wunder können Menschen vollbringen. Doch diese Musik greift das Gefühl an. Man möchte den Menschen die Köpfe streicheln. Aber heutzutage darf man niemandem den Kopf streicheln — die Hand wird einem abgebissen. Man muß auf die Köpfe einschlagen, mitleidslos einschlagen ...
Geschichte: Menschen, die meinen, sie seien unabhängig von der Geschichte, sind Phantasten ...
Kommunismus: Das ist Sowjetmacht plus Elektrifizierung des ganzen Landes.«
Wenn ich das erste Kraftwerk an der Wolga sehe, werde ich daran denken. Ich stand eine Minute vor dem Sarg. Ein Wachtsoldat faßte mich am Ellbogen, machte mir ein Zeichen, weiterzugehen.
Der Weg aus dem Mausoleum hinaus führt zu den Gräbern an der Kremlmauer. Auf Stalins Grabplatte aus schwarzem Marmor lagen rote Schwertlilien. Er hatte gemordet, und er hatte gesiegt. Erst jetzt, am Ende des Jahrtausends, gehört auch er zu den Verlierern. Was mögen die Mächtigen im Kreml denken, wenn sie aus ihren Fenstern auf die Gräber hinuntersehen? Packt sie eine kalte Knochenhand? Regieren die Toten mit? Dscherschinskij, der erste Chef der kommunistischen Geheimpolizei ... Schdanow, der Zerstörer aller freiheitlichen Bestrebungen in der Kunst ...

Chruschtschow hatte Stalin 1953 mit zu Grabe getragen, hatte ihn mit in die Grube gesenkt — dann, drei Jahre später, kam die Stunde der Wahrheit.
»Stalin hat den Massenmord oganisiert. Er hat die Ausrottung ganzer Völker befohlen. Er hat sich in widerlicher Weise selbst verherrlicht. Er hat den Mördern im Staatsdienst freie Hand gelassen. Er hat seine treuesten Gefolgsleute foltern und umbringen lassen. Er war launisch, despotisch, von

brutaler Willkür und Verfolgungswahn besessen. Er hat katastrophale Fehler während des großen Vaterländischen Krieges begangen. Er hat in der Nachkriegszeit Mißgriff auf Mißgriff gehäuft. Beinahe alles, was Lenin geschaffen hat, hat er vernichtet ...«
Chruschtschows Grab suchte ich vergeblich an der Kremlmauer. Auf seinem Grab am Moskwa-Ufer liegen keine Blumen.

Ich stolperte über meine eigenen Füße, blickte mich um, blieb stehen, suchte in den Augen der Vorübergehenden nach Verständnis, sah weder Tränen noch gerötete Augen, sah auch keine geballten Fäuste oder sich ineinander verkrampfende Finger. Ein junges Paar schlenderte an den Gräbern entlang. Er las ihr die Grabinschriften vor. Sie lächelte ihn an, nickte ihm zu. Ein Alter tippte mit ein paar Fingern an seine Schirmmütze, eine Schar Schüler betrachtete Gräber, Blumen, Büsten und neugierig die in die Kremlmauer eingefügten Tafeln mit den Namen der weniger berühmten Bolschewisten. Ihre Lehrerin trug ein braunes Kleid mit kurzen Ärmeln. Mit dem Kopf machte sie eine Bewegung zu mir hin und ermahnte gleichzeitig die Schüler zur Ruhe. Wenn ich sie richtig verstand, sagte sie: »Seht doch, jeder ist hier voller Ehrfurcht.«
Ich hätte gern ihren Irrtum berichtigt. Jeder Name, jedes Grab beschwor unsägliche Erinnerungen herauf. Gut verwahrt in meiner Schiffskabine lag ein Kranz. Irgendwo in den Wäldern bei Gorkij, wo mein Vater begraben ist, würde ich ihn niederlegen. Meine Füße waren schwer wie Blei, aber noch lockte mich nichts zurück an Bord, weder der Gedanke an eine erfrischende Dusche noch an Geplauder an der Schiffsbar oder an Tanz und Flirt im Ballsaal. Das konnte ich noch wochenlang genießen.

Als ich mich zu dieser Reise entschloß, war ich von Anfang an gewillt, den Strom von der Quelle bis zur Mündung kennenzulernen. Über 3000 Kilometer wollte ich auf diesem riesigen Strom durch Rußland reisen. Aber noch kann man nicht ohne Erlaubnis überall hin, noch kann man nicht bleiben, so lange man möchte, und kommen und gehen, wie es einem gefällt. Man muß nehmen, was man bekommt — und unablässig ausloten, was möglich ist. Der ungarische Schriftsteller Miklos Meszöly sagte es treffend: »Wir müssen gehen, bis wir an eine Mauer stoßen; dann durch die geschlagene Bresche weiter.«

An Bord hatte mir eine Dolmetscherin gesagt, im Intourist-Büro würde ich erfahren, ob für die Fahrt an die Wolgaquelle alles vorbereitet sei. Durch eine quietschende Drehtür kam ich in einen Raum mit der Aufschrift »Dienstbüro«. Junge Mädchen telefonierten, schrieben Briefe, bestellten Theater-, Konzert- und Zirkuskarten, sortierten Reiseprospekte, lachten und plauderten miteinander. Ich wurde nach meinen Wünschen gefragt, zur Bürochefin geleitet und mit den Worten begrüßt:

»Willkommen in Moskau. Schön, daß Sie da sind. Aber was Ihren Sonderwunsch anbetrifft — wir haben alles versucht. Es geht nicht.«

»Dann versuchen Sie es bitte noch einmal.«

Nur einen Moment zögerte sie, griff dann zum Telefon und wählte etwa zwanzigmal die gleiche Nummer, bis sie Antwort bekam. Sie sprach ohne einen Hauch von Unruhe oder Ärger, drängte nicht, hörte zu, nickte, sagte »karascho« und legte auf. Ich wartete auf eine Erklärung. Sie schwieg, griff wieder zum Telefonhörer. Ich zählte mit. Diesmal versuchte sie es vierzehnmal, bis am anderen Ende der Leitung der Hörer abgehoben wurde. Mit der gleichen unbeteiligten Stimme sagte sie, was sie wollte, und zum Schluß hörte ich wieder ihr »karascho.« Beim drittenmal änderte sich ihr

Ton ein wenig. Er wurde etwas lauter, und ich hatte den Eindruck, als müsse sie ihren Gesprächspartner davon überzeugen, daß sie ihn mit ihrem Anliegen nicht persönlich beleidigen wolle. »Karascho.« Sie legte auf, wandte sich zu mir und sagte ohne Erklärung, ohne Bedauern zu äußern oder sich zu entschuldigen das Wort, das jahrzehntelang bei uns zu wütenden Kommentaren, zur Resignation, zu Spott und zur Bestätigung von Vorurteilen geführt hatte: »Njet.« Damit war mein Wunsch, an die Wolgaquelle zu fahren, abgelehnt. Sie stand auf, ich blieb sitzen.

»Ich würde gern wissen, warum es nicht geht.«

Sie sprach von alten, aber noch gültigen Vorschriften, von Kompetenzstreitigkeiten und auch davon, daß manche Leute überfordert seien, wenn sie etwas tun müßten, was außerhalb der Routine liege.

»Sie sind Passagier auf einem Flußdampfer, Landausflüge nach eigenem Ermessen sind nicht vorgesehen. Um an die Wolgaquelle zu kommen, brauchen Sie ein Auto mit Chauffeur. Das wäre kein Problem, aber Sie kommen an einem Tag kaum hin und zurück. Sie müßten in Kalinin — oder Twer, wie es jetzt heißt — übernachten. Auch heute noch brauchen Sie dafür eine Genehmigung. Das geht alles nicht so schnell.«

Sie zuckte mit den Achseln, schob einen ledernen Sessel zur Seite, nahm zwei Gläser aus einem Schrank und goß uns Mineralwasser aus einer Flasche ein.

»Man hat mir in Ihrer Botschaft gesagt, Sonderwünsche würden am schnellsten an Ort und Stelle erledigt.«

Und jetzt endlich lächelte sie auch einmal.

»Wer hat Ihnen das gesagt? Fragen Sie ihn mal, wann er das letztemal in Moskau war.«

Mit einem Zug trank sie das Glas Mineralwasser aus. Zum Abschied schenkte sie mir eine Broschüre in deutscher Sprache, »Die dynamische Kraft des neuen Rußland«.

Ich ließ sie liegen.

In den Städten am Strom werde ich nicht lange fragen, werde gleich losgehen, mir ein Auto mit Fahrer besorgen und Argumente gebrauchen, die ihn überzeugen. Imponiert ihm Whisky, so bekommt er Whisky. Giert sein Herz nach Deutscher Mark, so bekommt er Deutsche Mark.

Ich ging die Karl-Marx-Allee hinunter, die Moskauer Prachtstraße mit dem Namen unseres großen Landsmannes, wie sie im Intourist-Büro zu mir gesagt hatten, und versuchte, mit meiner Enttäuschung fertig zu werden. Was für einen Sinn hatte es, sich aufzuregen? Ich ging die breiten, unendlich langen Moskauer Straßen entlang, lief über weite Plätze, vorbei an den Mammut-Kästen der Wohnblocks, den Monumental-Palästen aus der Epoche des sozialistischen Gigantismus, an hohen, braun-gelben Qualm in die Luft blakenden Schornsteinen, an Studentenwohnheimen, die aussahen wie überdimensionale Müllkippen, an Kellerkneipen, Kooperativen und Brandruinen. Als ich stehenblieb, atemlos und verärgert, und meinen Fotoapparat auf das große Eingangstor des Staatlichen Wirtschaftskomitees richtete, drohten mir die Fensterputzerinnen mit den Fäusten. Eimer, Lappen, Besen neben sich, vor sich die verrußten, fleckigen Scheiben, unter den Füßen wacklige Leitern.
Wer viel fragt, bekommt viel Antwort — ich ging in die Halle und schloß mich forschen Schrittes irgendeiner Delegation an, die zu einem der Kontrollposten eilte. Nun lächelten die Putzfrauen, baten mit Blicken um Verzeihung. Ich schlenderte umher, schaute auf meine Armbanduhr. Sie putzten und putzten, als käme es darauf an, Leistungsrekorde zu brechen. Gehörte ich zu einer Delegation? Hatte ich eine Verabredung mit einem Abteilungschef? Oder war ich doch nur einer dieser unverschämten, unwichtigen Touristen? War ich einer, dem man drohen durfte, oder gehörte ich zu der Sorte, bei der es besser ist, den Rücken krumm zu machen? Dachten sie so — und wenn sie so dachten, wie

lange noch? Hörte das einmal auf, oder würde das ewig so weitergehen?

Wenn ich in solch einer Stimmung bin, öden mich die Hauptstraßen an, dann suche ich die schmalen, engen Seitengassen, in denen es düster und ärmlich aussieht. Stimmengewirr lockte mich auf einen schmutzigen kleinen Platz, auf dem eine Menschenmenge einen großen, weißbärtigen Mann umringte. Er schüttelte sich, stampfte mit den Füßen auf, zerrte an seiner dünnen Jacke. Er hatte ein schwammiges, aufgedunsenes Gesicht, zu dem die harten sehnigen Hände, mit denen er pausenlos in der Luft herumfuchtelte, nicht so recht paßten. Er war voll in Fahrt.

»Irrtümer. Fehler. Plötzlich reden alle von Irrtümern, von Fehlern. Ich hab' Hunger. Das ist kein Irrtum. Ich geh' klauen, schnappt mich die Miliz, sag ich, laßt mich in Ruhe, es ist alles ein Irrtum. Ich bin auch ein Irrtum. Meine Mutter wollte nicht. Mein Vater dachte, sie will. Irrtum, alles Irrtum.«

Die Leute reckten ihm ihre Köpfe entgegen, drängelten. Eine Frau sagte: »Der Kerl ist besoffen.« Ein Zucken verzerrte sein Gesicht.

»In unseren Irrenhäusern sitzen nicht die, deren Verstand krank ist, sondern die, die ihn gebraucht haben. Haha, alles Irrtum.« Er schloß die Augen, fuhr sich mit der Hand über die Stirn. »Auf das russische Kapital fluchen sie, das ausländische lassen sie rein.«

Mich ritt der Teufel. »Wer sich stets von den richtungsweisenden Beschlüssen der Partei leiten läßt, macht alles richtig.« Ich hätte das nie gesagt, hätte der Ausflug an die Wolgaquelle geklappt. Im gleichen Augenblick schämte ich mich. Jetzt, wo es so leicht und ungefährlich ist, das System zu verhöhnen, muß man sich fast schämen, wenn man mitschreit. Alle starrten mich an. Der Weißbärtige lachte, klatschte in die Hände:

»Irrtum, Genosse, alles Irrtum!«

Ich fühlte mich wieder wohl. Alle um mich herum waren nette Menschen, und nun endlich fragte mich auch einer, woher ich käme. Am liebsten hätte ich sie alle eingeladen, mit aufs Schiff zu kommen. Ich erzählte, daß ich die Wolga hinunterfahren wolle, und sie wünschten mir Glück. Der Weißbärtige sagte: »Ich war noch nie an der Wolga.«

»Da steht er und jammert!« Sie hatte strähnige schwarze Haare, zwischen den fetten Wangen saß eine krumme Nase. Die Augen waren klein, und sie kniff sie dauernd zusammen. Schmuddelig, abgetragen waren Rock und Bluse. Am abschreckendsten waren ihre nackten, dicken Beine, behaart und von Schorf verunstaltet. Mit den abgebrochenen, knallrot lackierten Zehennägeln in ausgetretenen Latschen wirkte sie halb lächerlich, halb schrecklich.

»Ich kenne die Wolga«, geiferte sie los. »Mein Vater hat auf einem Schlepper gearbeitet. Meine Mutter auch. Die beiden haben jede freie Minute gesoffen. Wenn sie voll waren, kam der Kapitän zu mir. Das war ein Schwein. Da fing ich auch an zu saufen. Einmal erwischte mein Vater den Kapitän, wie er mir grad das Hemd auszog. Die haben sich geschlagen — ich dachte, die schlagen sich tot. Aber der Kapitän prügelte meinen Vater aus der Kabine hinaus, und dann verdrosch mich mein Vater und schimpfte mich eine Schiffer-Hure. In Jaroslawl bin ich abgehauen. Die Wolga kann mir gestohlen bleiben.«

Sie spuckte auf die Straße. Was sie erzählt hatte, war mindestens zwanzig Jahre her, aber vielleicht sah sie auch nur doppelt so alt aus wie sie war.

»Mit dir hab' ich kein Mitleid.« Er war ein großer, magerer Mann. »Wahrscheinlich warst du eine eitle Nudel und ganz zufrieden damit, daß dich der Kapitän plattwalzte. Ich kenne das. Erst plustert ihr euch auf, und dann schreit ihr, wenn man euch die Federn rupft. Ich würd' gern die Wolga rauf und runter fahren. Mir würd's gefallen.«

Die anderen lachten. Ein Junge gab sich einen Ruck: »Beinahe wäre ich mal an die Wolga gekommen. Mit der Schulklasse bei einem Ausflug, zwei Tage sollte er dauern. Aber mein Vater ließ mich nicht mitfahren. Die Wolga läuft dir nicht weg, hat er gesagt. So hab' ich Ziegel geschleppt, Kopeken rangeschafft.« Die Schlampe strich ihm über das Haar.
Einer wandte sich an mich: »Was kostet denn so eine Wolgafahrt?«
Sie murmelten ein paar Worte vor sich hin, sahen mich abschätzend an, nachdem ich von dem Flug, dem Schiff, den Reisekosten und dem Drum und Dran gesprochen hatte. Ich versuchte, alles leichthin zu sagen.
»Na, dann gehen Sie, lassen Sie es sich gutgehen auf unserer Wolga.«
Die Stimmung war nicht mehr so freundlich und aufgekratzt wie noch vor wenigen Minuten. Ich verstand sie gut.
Sie rannten von einem staatlichen Laden zum anderen, um ein paar schrumpelige Kartoffeln zu bekommen. Seit sie denken konnten, wurden sie mit Versprechungen abgespeist, und wenn sie sich gegenseitig zuhörten, hörten sie wohl auch nicht viel Erfreuliches. Vielleicht dachten sie auch an den Krieg, an den Sieg und daß nun schon wieder die Deutschen die Wolga herunter fuhren. Unschlüssig standen sie da, und so sagte ich ihnen Lebewohl.

Ein Taxi zu bekommen, war nicht so einfach. Sie hatten mir den Weg zur Anlegestelle beschrieben, nun stand ich am Kutusowskij Prospekt. Dreißig Minuten, vierzig Minuten. Es war zum Verrücktwerden. Die Taxifahrer fuhren einfach weiter. Endlich hielt einer an. Als er hörte, wohin ich wollte, schüttelte er den Kopf.
Zu Hause hätte ich mir zu helfen gewußt — ein Telefonanruf bei einer Taxihaltestelle oder bei der Zentrale ... Aber auf meine Frage nach der nächsten Telefonzelle zuckten alle

mit den Achseln. Sie empfahlen mir, jedem Auto zu winken, manchmal hielte eines an und nähme einen mit. Ein Mann erbarmte sich meiner. Seelenruhig blieb er neben mir stehen, streckte mal den rechten, mal den linken Arm aus. Schließlich winkte er mit beiden Händen einem Taxi, sprach mit dem Fahrer, winkte mich heran. Der Taxifahrer musterte mich von Kopf bis Fuß.
»Zum Flußbahnhof.« Ich war richtig dankbar, als er nickte und losfuhr. Es zog, aber es war unmöglich, die Fensterscheiben hochzukurbeln. Die Kurbeln waren vollständig ausgeleiert. Das Sitzpolster war fleckig, zerrissen, Papierfetzen lagen auf dem Boden, überall waren Aschenreste, leere Flaschen kullerten hin und her. Ich lehnte mich etwas zurück, sah den Fahrer von der Seite an. Sein Anzug war schmutzig, Ölflecke auf den Hosenbeinen, auf der Jacke. Der Anzug sah aus, als hätte er ihn heute morgen aus der Mülltonne geholt. Der Fahrer hatte kräftige Hände, er ließ das Lenkrad keine Sekunde los. Er war breitschultrig, mittelgroß, etwa sechzig Jahre alt. Auf drei Tage schätzte ich seinen Stoppelbart, und am liebsten hätte ich mir die Nase zugehalten, so stank er.
An Moskau und den Moskauern ließ er kein gutes Wort. In der ersten Freude, mitgenommen zu werden, hatte ich ihm eine Packung Zigaretten in die Jackettasche gesteckt. Er sah sich die Packung an und steckte sie wieder weg. Es war nicht schwer, ihn zum Sprechen zu bringen. Er konnte hundert Fragen beantworten. Er war voller Wut, voller Anklagen. Jedesmal, wenn er mich ansah, nickte ich. Er sah mich an, als würde er mich aus dem Taxi werfen, wenn ich nicht nickte.
»Moskau ist ein Drecknest, mehr Ratten als Menschen, alle Wohnungen verdreckt, muffig, so muffig, daß wir sogar im Winter Mücken haben. Die Kanalisation verdreckt ... Viele waschen sich tagelang nicht. Das Wasser stinkt, keiner weiß, was alles darin ist. Wenn man sich damit wäscht, wird man

noch dreckiger, als man vorher war.« Er zeigte auf die Straße. »Mehr Löcher als Asphalt. Und keiner tut was dagegen.«
Der Rückspiegel war fleckig, das Armaturenbrett zerkratzt. Sein Taxi, sein Anzug, der Dreck unter seinen Fingernägeln, seine auf dem Autoboden hin- und herkullernden leeren Schnapsflaschen — warum tat er nichts dagegen? Ich ärgerte mich über meine Gedanken. Jeder soll so leben, wie es ihm Spaß macht. Aber es machte ihm offenbar keinen Spaß.
»Hier geht alles kaputt. Den Alten geht's am allerdreckigsten. Zwei Millionen Rentner haben wir in Moskau — wovon die leben?« Achselzucken. »Die leben von der Wurst, in der dreißig Prozent Rattenfleisch ist, oder sie gehen auf den Markt, wo Aas verkauft wird. Sie glauben mir nicht — aber ich erzähl' Ihnen keine Märchen.« Einer leeren Wodkaflasche gab er einen Fußtritt. »Es wird Zeit, daß einer kommt, der aufräumt.«
Für die Fahrt verlangte er drei Rubel. Ich gab ihm fünf. Er steckte sie ein, wortlos. Dann blickte er auf die weißgestrichenen Wolgadampfer. Ein paar Leute rannten auf das Taxi zu, sagten, sie wollten zum Roten Platz. Er schüttelte den Kopf, fuhr los. Die Wartenden schimpften.

Später, beim ersten Abendessen an Bord, dachte ich nicht an Stalins Grab, nicht an Lenins Mausoleum und auch nicht an die Turbankuppeln der Basiliuskathedrale. Ich dachte an die paar Menschen, mit denen ich gesprochen hatte. So nah waren sie mir, daß ich mich an der lebhaften Unterhaltung kaum beteiligte und meine drei Tischnachbarn Mühe hatten, ihren Unmut über den stummen Mitreisenden an ihrem Tisch nicht offen zu zeigen.

2.

Sechzehn Uhr war es geworden, Mittwoch, als der Dampfer ablegte. Alle Passagiere drängten sich an der Reling, jeder sprach mit jedem. Lachen, Händewinken vom Schiff zum Kai, vom Ufer zum Schiff. Die einzige ruhige Stimme war die Stimme des Kapitäns. Klar und deutlich hörten wir seine Kommandos.

Für mich war es noch immer ein kleines Wunder, auf einem russischen Schiff zu sein, betreut und bedient. Jeder Russe auf dem Schiff war um unser Wohlergehen bemüht, und ich wunderte mich über meine Landsleute, die das hinnahmen, als wäre es die selbstverständlichste Sache von der Welt. Als könnte es gar nicht anders sein — 50 Jahre nach der Schlacht von Stalingrad.

Leider waren nicht viele junge Menschen an Bord, jedenfalls nicht unter den Passagieren; etwa ein Dutzend, so auf den ersten Blick. Die Fünfzig- bis Sechzigjährigen waren in der Überzahl; eine halbe Busladung voll schätzte ich auf dreißig bis vierzig und eine ähnliche Anzahl auf siebzig und älter. Jeder auf der Suche nach seinem Rußland …

Langsam schob sich die »Isaak Lewitan« in die Kanalmitte. Der Flußbahnhof verschwand im Dunst, Docks, Kräne, Silos, Fabriken, Kioske, Hochhäuser und Straßenschluchten blieben zurück. Einschmeichelnd kam eine Mädchenstimme durch den Lautsprecher: »Hier spricht der Bordfunk des Schiffes ›Isaak Lewitan‹.« Ein herzlicher Willkommensgruß wurde uns allen entboten, dann war von Mütterchen Wolga die Rede, von russischen Dichtern und ihren Hymnen auf den Strom. Wir wurden nicht etwa mit Zahlen und Daten über die Stromlänge, die Schleusen, die Industriekombinate am Ufer oder über die durch Wasserkraft gewonnene Energiemenge auf die Flußreise eingestimmt — es begann mit einem Gedicht von Jewtuschenko:

Wir Russen alle sind erzogen
von ihr, der Wolga. Tief und rein
sind ihre langsam-schweren Wogen,
gewichtig wie das Felsgestein.

Geliebt von Rußland ist sie ewig.
Es sehnen sich nach ihrer Näh
Kuban und Dnjepr, Lena, Newa
und Angara und Jenisej.

O daß im Grame wie im Glücke
ich singend so mein Dasein künd,
als ob auf hohem Uferrücken
ich immer vor der Wolga stünd!

Ich werde mich schlagen, mag versagen,
doch zwänge nichts mich in die Knie.
Werd Schrammen, Beulen, Wunden tragen!
Doch klagen und verzagen: nie!

Denn leben werd ich jugendtoll,
werd brausen, blühen, sturmumstiebt,
solang es auf der Welt die Wolga,
solang es dich, mein Rußland, gibt …

Ein Hund bellte vom Ufer zum Schiff herüber. In einem Boot saß ein Junge mit nacktem Oberkörper und hielt eine Angelrute in den Strom. Das Kanalwasser war braun, lehmig. Auf einem klapprigen Traktor fuhren zwei Landarbeiter die Uferstraße entlang. Irgend jemand winkte ihnen zu; sie reagierten nicht. Ein Holzhaus, braun der Sockel, grün das Dach, weiß die Fensterläden, stand einsam auf einem

Hügel, dahinter nur weite Wiesen, ein paar Birken. Und durch den Lautsprecher kam diese klare, freundliche Mädchenstimme und bat uns, in einer halben Stunde aufs Kapitänsdeck zu kommen, dort würde den Passagieren die Schiffsmannschaft vorgestellt. Eine halbe Stunde blieb uns, um an Jewtuschenkos Gedicht zu denken.

»Wie findest du ihn?«
»Sieht gut aus.«
Zwei Damen sprachen über den Kapitän. Ich saß in der ersten Reihe der Passagiere. Die Sonne wärmte noch ein wenig, die Luft war mild. Russen in Uniform — Russen in Zivil — ein paar Meter vor uns standen sie lächelnd, ungezwungen. Offiziere, Matrosen, Musiker, Köche, Kellnerinnen, Dolmetscherinnen. Der Chefreiseleiter sagte ein paar Worte, die Chefdolmetscherin folgte, und dann sprach der Kapitän. Er sprach von der Freude, uns an Bord begrüßen zu können, von den erlebnisreichen Tagen, die vor uns lägen, daß die Menschen, die Wolga und das Schiff — alle zusammen — zum Gelingen dieser Reise beitrügen; er und die ganze Mannschaft hofften, daß wir die Wolga nie vergessen würden. Er dankte und wünschte uns einen guten Abend, zuerst auf russisch, dann auf deutsch. Etwa siebzig Prozent der Passagiere kamen aus Deutschland.
Die Stimmung war aufgekratzt. »So eine Reise muß man festlich beginnen, heute abend leiste ich mir eine Portion Kaviar«, hörte ich im Vorbeigehen. Ich blieb auf dem Oberdeck stehen. Die Willkommensworte waren verweht. Ich dachte an die, die diesen Kanal gebaut hatten und an die Bücher, die damals die Unterwerfung der Wolga verherrlichten. »Nägel macht aus diesen Männern«, Tichonows Verszeilen fielen mir ein; Pogodins Gedicht von der Axt, in dem die Erfindung einer rostfreien Stahlsorte gepriesen wird, die dem Wolgawasser widersteht; und Sostschenkos »Geschichte eines Lebens«.

Vergessen? Nein, vergessen sind diese Bücher nicht, in denen geschildert wird, wie Häftlinge und Polizisten gemeinsam für den Aufbau der Sowjetunion arbeiten. Die Häftlinge sind keine schlechten Menschen; sie sind vom Klassenfeind Verführte. Die KGB-Aufseher haben das Herz auf dem rechten Fleck. Sie sind rauhe Burschen, aber auch sie wissen, daß man ab und zu ein Auge zudrücken muß, und schließlich sehen die »Politischen« ein, daß sie Hirngespinsten nachgelaufen sind. Beim Bau der Wasserkraftwerke kommen sie zur Vernunft ...
Solche Bücher machen mich schwermütig. Wenn ich mit Bekannten darüber sprach, sagten sie: Warum liest du sie dann? Sie lasen andere Bücher, für sie war es ganz natürlich, daß die Russen aus ihrem Riesenstrom etwas »Nützliches« machen wollten. Und daß sie mit ihren Menschen so grausam umgingen — waren sie nicht schon immer so gewesen? Sie fingen an, mir unsere Schandtaten ins Gedächtnis zu rufen und sprachen davon, was heute alles an Lumpereien in der Welt passierte. Diese Aneinanderreihung von Verbrechen brachte das Gespräch jedesmal in eine andere Richtung. Die Betroffenheit wurde allgemein, die einzelnen Schandtaten verschwanden dahinter, es war so, als sprächen wir über Krebs als Weltübel, aber alle, die darüber sprachen, hatten keinen Krebs, und von ihren Angehörigen war auch keiner an Krebs zugrunde gegangen.

Das Schiff hielt sich genau in der Kanalmitte. Sicherlich wäre jede Regierung gepackt gewesen von der Vorstellung, einen Riesenstrom, den die Natur nicht in ein Meer, sondern in einen Binnensee münden läßt, durch technische Eingriffe in eine Wasserstraße zu verwandeln, die den Zugang zu fünf Meeren ermöglicht. Die Moskauer muß dieses Projekt besonders gereizt haben. War die Wolga erst einmal bezwungen und ein Kanal von der Metropole bis zum Strom gebaut, dann war Moskau auch noch der wichtigste Binnenhafen des Reiches. Dann ging man in Moskau an Bord eines Flußdampfers und fuhr nach Leningrad oder nach Rostow am Don, ohne das Schiff auch nur einmal verlassen zu müssen. »Ein Strom ist nicht nur Wasser, ein Strom ist ein Weg, ein Strom ist ein Energiespender.« Wie oft hatte ich das als Kind gehört! Und jetzt, als wollten sie mich auf den Arm nehmen, kamen auch die Durchsagen, die ich vorhin schon erwartet hatte.

»Der Stalinkanal hat die Passage von der Ostsee zum Weißen Meer geöffnet; durch ein vielgliedriges Kanalsystem ist die Wolga mit der Ostsee verbunden. Über zahlreiche Nebenflüsse erzwangen wir die Zufahrt ins Nördliche Eismeer. Der Bau des Wolga-Don-Kanals hat den Weg zum Schwarzen und zum Asowschen Meer geschaffen. Die Wolga ist bezwungen. Früher mußten die Menschen damit vorliebnehmen, was sie ihnen gab, heute zwingen wir sie, für uns zu arbeiten.«

Geschichte, Wirtschaft, Technik, die Entwicklung der Kanalgebiete — alles wurde erwähnt. Es war ein kleines Meisterstück, in nur dreißig Minuten das Wesentliche über die Zähmung der Wolga zu sagen. Tatsächlich vermieden sie Propagandatöne, manchmal nur klangen sie noch an:

»In nur fünf Jahren — von 1932 bis 1937 — entstanden die erste Staumauer mit dem Kraftwerk und der Kanal zur Hauptstadt. Beinahe vergessen ist diese Tat, wie unser Land in Rekordzeit ein Vorhaben verwirklichte, das den Vergleich mit dem Bau des Suez- oder des Panamakanals nicht zu scheuen braucht. Warum ist diese Leistung so schnell in Vergessenheit geraten? Noch weit gewaltigere haben sie in den Schatten gestellt.«

Weiße Kumuluswolken zogen über uns hinweg nach Westen. Die Kanalufer waren menschenleer. Dicht unter der Erde lagen die Menschen, die bei der Zwangsarbeit gestorben waren, Tausende, Hunderttausende. Kein Grab, kein Denkmal erinnert an sie. Keiner sprach damals darüber.

Und Filme und Bücher, die den Kanalbau verherrlichten, wurden mit Staatspreisen ausgezeichnet. Heute heißt es darüber: »Preisgekrönt war die Lüge, stumm blieb die Wahrheit.«

»Einen Tee, etwas Gebäck?«
»Den dritten an diesem Tag«, sagte Leila, aber sie nahm meine Einladung an. »Ich freue mich, wenn ich mit Passagieren in Kontakt komme. Das ist das Schöne auf einem Schiff, man kann mit jedem sprechen. Manche Passagiere sind am ersten Tag noch ein wenig zurückhaltend, andere fragen gleich das Blaue vom Himmel herunter, aber das macht nichts, wir Russen reden gern, und wenn es Tag und Nacht dauert. Ausruhen können wir später.«
Sie lächelte freundlich, zeigte dabei ihre kräftigen weißen Zähne, sprach munter drauflos und fragte auch gleich, wo ich herkäme, ob es meine erste Rußlandreise wäre und wo ich Russisch gelernt hätte. Sie hatte ein breites, rundes Gesicht, volle, warme Lippen, hellblaue Augen, kurzgeschnittene braune Haare. Sie war etwa fünfundzwanzig Jahre alt. Später würde sie wahrscheinlich dick und behäbig sein, aber jetzt wirkte alles an ihr weich und üppig. Ungezwungen saß sie im Sessel und gab sich Mühe, ihren schwarzen Rock nicht über die runden Knie hochrutschen zu lassen.
»Erzählen Sie — erzählen Sie, wo Sie Russisch gelernt haben.«

Ich sah meinen Lehrer wieder vor mir, sein blasses Gesicht, seine grauen Haare, seinen Armstumpf. Er war im 1. Weltkrieg schwer verletzt worden. In einem Gefangenenlager in der Nähe der Wolgamündung bei Astrachan mußte er mit seinem Schmerz und seiner Verlassenheit fertig werden. Er ließ das Leben nicht los, auch wenn es noch so kümmerlich war. Er wollte etwas tun. Nichts Leichtes durfte es sein, schwer sollte es ihm fallen, um die Schmerzen zu überwin-

den, die körperlichen und die seelischen. So lernte er die Sprache seiner Bewacher.
Balnoi (krank), Schaschda (Durst), Golod (Hunger), das waren seine ersten Worte in der fremden Sprache, Worte aus der Welt der Gefangenen, der Kranken, der Verletzten. Er war geduldig und ließ sich weder durch Pein noch durch Schwäche davon abbringen, immer weiter zu lernen. Vielleicht war es das, was den Russen imponierte. Als im Frühjahr 1919 die Wolga eisfrei war, wurde er auf einem uralten Kahn, mit ein paar hundert anderen, nach Nishnij Nowgorod transportiert. Von dort ging es in offenen Güterwaggons zurück in die Heimat.
Er gab mir nicht so ohne weiteres Russisch-Unterricht. Er wollte wissen, was mich dazu bewog, mitten im Krieg mit Rußland, diese Sprache zu lernen. Erst als er merkte, daß mich Neugier und Abenteuerlust trieben, stimmte er zu. Reka (Fluß, Strom), Blokgauz (Blockhütte), Metjel (Schneesturm) lernte ich in der ersten Stunde. Damals wünschte ich mir, Lehrer zu werden, Unterrichtsfächer Deutsch, Geschichte, Russisch.
»Darauf müssen wir anstoßen«, sagte Leila. Ehe ich mich versah, stand ein Glas Wodka vor mir. Sie strahlte mich an, und ihr Lächeln brachte Eisberge in mir zum Schmelzen. Es war ganz unmöglich, ihr zu erzählen, was über meinen ersten Russisch-Lehrer noch berichtet werden mußte. Vier Monate lang war ich jede Woche zweimal die vier Stockwerke hochgehastet. Eines Nachmittags zeigte er mir den Einberufungsbefehl. Bisher hatten ihn der Armstumpf und sein Alter davor bewahrt. Beim Abschied war er guter Dinge.
»Mach dir keine Sorgen um mich. Ich komme nicht an die Front, ich werde im Hinterland als Dolmetscher eingesetzt.«
Aber Partisanen schießen auch auf Dolmetscher ...

Ich spendierte ihr einen Wodka.
Sie lachte: »Wir müssen aufhören, sonst kommen wir zu

sehr in Schwung. Sie dürfen das, aber ich muß arbeiten. Vor dem Abendessen muß ich noch ansagen, was heute abend alles geboten wird, und wenn ich Ihnen einen Tip geben darf — alles mitmachen, alles. Schlafen können sie zu Hause.«

3.

In Uglitsch wollte ich nichts anderes als mit den anderen mitschlendern, zuhören, was die Reiseleiter erzählten und abwarten, ob mich irgend etwas von der Gruppe weglocken würde. Uglitsch war die erste Stadt an der Wolga, an der das Schiff anlegte. Dubna hatten wir nachts passiert. Dubna, die Stadt der Atomphysiker, die Stadt, in deren Nähe der Kanal endet, wo die Schiffe nach Passieren der großen Schleuse in die Wolga hineinschwimmen.
Die »Isaak Lewitan« legte dicht am Land an. Im Handumdrehen errichteten ein paar Matrosen einen Brückensteg vom Schiff zum Ufer. Die Passagiere eilten die Deckgänge entlang. Ich spürte etwas von Feststimmung, von Neugier und Erwartung. Ein wenig Abstand voneinander haltend, zogen die Gruppen los. Ich fotografierte den Stadtpark, die Blumenbeete, einen alten Mann auf einer Bank, der Sperlinge fütterte, eine Blumenverkäuferin; dann eine Menschenschlange vor einer Kooperative, die Hauptstraße; sie war breit und staubig, Löcher in der Fahrbahn, Löcher im Bürgersteig, Löcher, in denen ein Fußball Platz gehabt hätte. Durch die Büsche und Blumenstauden des Parks sah ich den Strom, auch das Schiff.

Ein paar Jugendliche standen noch immer am Kai herum. Unsere Gruppen hatten sie ziemlich ungeschoren gelassen, sie sprachen die wenigen Fremden an, die allein oder zu zweit umherschlenderten. Sie hielten uns Postkarten entgegen, Anstecknadeln, auf denen Lenins Kopf zu sehen war, Wolgadampfer, Anker und die Sowjetflagge. Die Geschäfte am Ort waren leer. Keine Reklame, kein Anreiz zum Kaufen. Niemand lockte uns in Souvenirläden. Im Hof des Uglitscher Kreml gab es einen Wimpel mit dem Abbild der Spasski-Kathedrale für 20 Kopeken zu kaufen. Im Museum gehörte ich schon zu den letzten Besuchern, so waren die wenigen Bildbände und die Kunstpostkarten bereits vergriffen.

Leila zwinkerte mir zu. Mit einem vergnügten Lächeln trug sie all die historischen Schandtaten vor, die diese Stadt erlitten hatte.
»Hungersnöte, Plünderungen, Brände. Uglitsch erlitt alles, womit der Satan Unschuldige quält.«
Dann erzählte sie von der Ermordung des neunjährigen Dimitrij: »Der kleine Prinz lebte 1591 mit seiner Mutter fern der politischen Ränke und des hauptstädtischen Trubels im Schloß von Uglitsch. Als Sohn des verstorbenen Iwan des Schrecklichen hatte er Anspruch auf den Thron.«
Leila führte uns im Schloßhof herum.
»Das Kind wurde mit durchschnittener Kehle gefunden. Aber die von Boris Godunow gedungenen Mörder entkamen nicht ungestraft. Das Volk lynchte sie.«
Ahnten die Einwohner der Stadt, wer der Anstifter des Verbrechens war? Godunow brachte alle zum Schweigen, die ihm gefährlich werden konnten. Siebzig Uglitscher Familien ließ er nach Sibirien verbannen. Zum erstenmal in der russischen Geschichte wurden Menschen in die Verbannung geschickt, niemals zuvor hatte es in Rußland diese Strafe gegeben. Seitdem haben sie Millionen Unglückliche erlitten.
Eine Katze huschte über den Hof, ein Vogel floh aus einer Hecke, wir hörten Leila zu, und ich stellte mir vor, wie die Mörder in diesen stillen Hof kamen, wie sie dem Kind zusahen, das im Schloßhof spielte, wie sie es nach seinem Halsschmuck fragten und, als es den Kopf hob, um den Fremden den Schmuck zu zeigen, mit einem Dolch zustießen.
So ein Verbrechen erlaubt Gott nicht; das war die Meinung des einfachen Volkes. Ein Zarewitsch stirbt nicht durch Mörderhand. Die Mörder haben einen anderen umgebracht, irgendeinen Unglücklichen. Dimitrij lebt, er wird

wiederkommen. Der Glaube an ein Wunder war so stark, daß ein aus Polen kommender Abenteurer zunächst ein leichtes Spiel hatte, als er zehn Jahre nach Dimitrijs Tod behauptete, der Sohn Iwans IV. zu sein. Den polnischen Politikern war bei diesem Poker um den Thron Rußlands sicher nicht ganz wohl zumute. Als der falsche Dimitrij jedoch versprach, der römisch-katholischen Kirche den Weg nach Osten zu bahnen, fand er in Warschau offene Unterstützung.

Der Schwindel flog auf. Der falsche Zar wurde umgebracht, seine Leiche der öffentlichen Verfluchung durch die Menge preisgegeben, dann verbrannt, die Asche in ein Kanonenrohr gestopft und in Richtung Westen abgeschossen.

Meine Landsleute entsetzten sich ein bißchen, als sie das hörten.

»Wollen Sie Dimitrijs Sarg sehen und die Glocke, die Sturm läutete, als das Verbrechen geschah?«

Wir gingen ein paar Schritte hinüber zu einer alten Kirche mit roten Mauern. »Dimitrij auf dem Blut« heißt das Gotteshaus. Den Namen bekam es nach der Mordtat. Vor dem Sarg falteten viele die Hände und blieben stumm davor stehen. Ich ging auf die Glocke zu. Was die Mächtigen ihr damals angetan haben, sagt mehr aus über die Brutalität der Zeit, als es viele Worte vermögen. Sie wurde wie ein lebender Mensch mißhandelt. Zwölf Peitschenhiebe vor der Deportation und hundert Jahre Verbannung mußte sie ertragen. In einem dunklen, feuchten Kellergewölbe Sibiriens blieb sie eingesperrt, bis ihr die Heimkehr nach Uglitsch erlaubt wurde.

Als Leila den Glockenklöppel leicht gegen das graue Erz stieß, klang der Ton hell, unversehrt, als wäre der Glocke nie ein Schaden zugefügt worden.

Alte Frauen mit Körben voller Kirschen standen vor der Kirche, als wir auf den Vorplatz hinauskamen.

»Ist es hundertprozentig erwiesen, daß Boris Godunow diesen Mord angestiftet hat?« fragte ich Leila.

»Hundertprozentig?« Sie zuckte mit den Achseln. »Unsere Historiker kämen in Verlegenheit, wenn sie sagen sollten, ob sie hundertprozentig sicher sind. Aber Godunow war der Nutznießer des Verbrechens. Er wollte Zar werden. Die Gesetze, die er später erließ, verraten seine Unsicherheit. Jeder, der eine Verschwörung anzeigte, wurde fürstlich belohnt. An allen Ecken und Enden des Reiches wurden daraufhin plötzlich Verschwörungen enthüllt. Frauen zeigten ihre Männer an, Kinder ihre Eltern, Soldaten ihre Offiziere. Keiner war mehr sicher. Kam es heraus, daß ein Denunziant gelogen hatte, so wurde ihm vor der Enthauptung die Zunge herausgerissen — die Zunge, die falsch geschworen hatte. Kam es nicht heraus, lebte der Verleumder in Saus und Braus. ›Nu, nitschewo‹, wird sich so mancher gesagt haben, ich setze alles auf eine Karte.

In Uglitsch, nur zwei Tagesritte von Moskau entfernt, waren die Menschen dem Mißtrauen und dem Zugriff der Herrschenden besonders ausgesetzt. Die Leute nahmen das hin, aber sie drückten ihr Leid auf ihre Weise aus. Uglitsch, die Gemarterte, so nannten sie heimlich ihre Stadt — dann nicht mehr ganz so heimlich, und so behielt sie diesen Namen.«

Sie zeigte auf die Kirche. »Alles war so, wie ich es erzählt habe. Nichts ist Legende. Es ist Geschichte, Wahrheit. Und wahr ist auch, daß wir Russen unsere Geschichte im Blut haben. Unser ganzes Leben bestimmt die Geschichte. Manchmal macht uns das unsicher. Wir wissen nicht, wie wir uns verhalten sollen. Dann fühlen wir uns wie auf einer Kreuzung, in die drei Straßen münden. Die Leute sagen: Folgt man der linken, verliert man seine Freiheit. Folgt man der rechten, verliert man sein Hab und Gut. Geht man geradeaus, verliert man seinen Kopf. — Also«, sie lachte, »gehen Sie weder nach rechts noch nach links und auch nicht

geradeaus, sondern folgen Sie mir durch viele kleine krumme Gassen zurück aufs Schiff.«
Leila machte ihre Sache ausgezeichnet, sagte nicht alles dreimal und erzählte nichts, was ihre Zuhörer langweilen konnte. So schlimm die Ereignisse waren, über die sie berichtet hatte — niemand quälte sich offensichtlich damit herum. Im Gegenteil, einige wollten noch mehr davon hören. Es war alles schon so lange her. Für ihr Leben hatte es keine Bedeutung.

»Hat nicht Schiller ein Drama über den falschen Dimitrij geschrieben?«
»In einem Gastspiel der Moskauer Oper habe ich Boris Godunow gesehen, in München, phantastisch, eine Aufführung, sowas an Pomp, an Stimmen — ein Genuß für Auge und Ohr, ich war wie betäubt.«
Auch diese Bemerkungen werden mir zu Hause wieder einfallen, genauso wie: »Wie gut haben wir es doch, ich bin so dankbar dafür, daß wir das alles noch erleben dürfen« und dann der Satz eines jungen Mädchens zu ihrem Freund: »Viel alter Kram, immer diese Sch ... Geschichte.«

4.

Ich blieb am Heck stehen, als die Haltetaue des Schiffes gelöst wurden, und blickte zur Kirche des ermordeten Dimitrij zurück. Im Sonnenlicht funkelten die vergoldeten Kreuze, und die roten Mauern spiegelten sich im Stromwasser. Wie ein Märchenpalast stand sie am Ufer, einsam, wie verwunschen. Ihre äußere Pracht war von der Wolga her weit besser zu erkennen, als wenn man sich ihr auf einem Fußweg näherte.

Die Schiffsmaschine begann zu arbeiten, und der Dampfer glitt noch eine Weile an der Uferpromenade entlang, bevor er uns stromabwärts von Uglitsch wegführte. Obgleich erst 24 Stunden seit dem Reisebeginn vergangen waren, fühlte ich mich auf der »Isaak Lewitan« schon heimisch. Das Tukkern der Schiffsmaschine war angenehmer als das Rattern eines Zuges oder der Düsenlärm eines Flugzeugs. Felder, Wiesen und Wälder »flogen« nicht an meinen Augen vorbei. Gemächlich schwamm das Schiff in der Mitte des Stromes, ein guter Sportler hätte am Ufer mit ihm Schritt halten können. Wir wurden nicht möglichst schnell von einem Ort zum anderen transportiert, sondern wir hatten Zeit; Zeit zum Lachen, zum Essen, Schlafen, Lesen, Plaudern, Zeit für Deckspaziergänge, Zeit zum Schauen, Fotografieren, Träumen; Zeit, um Bekanntschaften zu machen, und auch Zeit genug, uns in uns selbst zurückzuziehen und nur unseren Gedanken nachzuhängen.

Zu Hause hatten mich Freunde vor dem vergifteten Strom gewarnt, vor dem Qualm der Fabriken am Ufer, der die Sonne verfinstere und die Bäume auf den Strominseln in blattlose Skelette verwandle; gewarnt vor Überfällen während der Landgänge, vor Bettlerhorden und jugendlichen

Banden, die an den Kaimauern die Passagiere abfingen; vor verseuchten Lebensmitteln und der sprichwörtlichen slawischen Schlamperei, die alle Programmpunkte durcheinanderbrächte; vor nicht funktionierenden Schleusen, die die Weiterfahrt verzögerten, und vor einer wodkaseligen Mannschaft.

Nach 24 Stunden an Bord war ein Urteil verfrüht, aber ich lief an Deck auf und ab, als wäre ich der Kapitän des Schiffes. Ich ahnte, daß meine Erinnerungen mich einholen würden, daß sie mich mitten in einem Wald, in der Montagehalle einer Fabrik, im trüben, kalten Dunst morgendlichen Nebels oder bei lauten russischen Flüchen plötzlich erschrecken würden, aber ich sah auf das helle Wasser, und Wärme wehte mir dort entgegen.

Meine Kabine lag am Oberdeck. Die Geräusche der Schiffsmaschine waren dort kaum zu hören, und die Bar war so weit entfernt, daß weder Tanzmusik noch lärmender Übermut beschwipster Nachtschwärmer die Ruhe stören konnten. Aufs Geradewohl wanderte ich durch die Schiffsgänge, überall helles Holz, blankgeputzte Messinggriffe, dunkelroter Bodenbelag. Eine Treppe führte zum Speisesaal auf dem Mitteldeck. Er war verschlossen. Dicht neben dem Haupteingang hing das »Weiße Brett« mit den Bordinformationen. 98 Mann Besatzung, 300 Passagiere. Brennstoffverbrauch 9 Tonnen pro Tag. Höchstgeschwindigkeit 23,5 Stundenkilometer. Schiffslänge 122,6 Meter. Schiffsbreite 18,10 Meter.

Ich schlenderte zum Unterdeck hinunter, vorbei am Fitnessraum, an der Sauna, am Friseursalon. In die Bibliothek ging ich hinein — an Büchern kann ich nicht vorbeigehen. Wer auch immer diese Bordbibliothek mit Lesestoff ausgestattet hatte, Bücher über die Wolga waren ihm nicht besonders wichtig gewesen. Nur einige Bände von Konstantin Simonow fielen mir auf, Gorkijs Briefwechsel mit Schaljapin, Gontscharows »Die Schlucht« und ein Bildreiseführer über

»Städte und Staudämme an der Wolga«. Von Semjon Kirsanow stand der Gedichtband »Die sieben Tage der Woche« in einem Regal.

Gedichte habe ich schon als Kind in mein Herz geschlossen. Beim Lesen von Gedichten kam ich ins Träumen, fand schnell eine Zeile, die mir Freude bereitete oder mir eine Stimmung schenkte, in die ich bei Gesprächen oder gar der Lektüre von Sachbüchern nie versetzt worden war. Eine Zeile erschloß mir oft das Leben eines Menschen, seine Trauer, sein Sehnen; ein Vers machte mir einen fernen Kontinent vertraut — oder er schien direkt an mich gerichtet zu sein. Wie es Reiner Kunze sagte: »Wo bliebe das Wort ... wäre ... der Hallraum nicht eines Herzens.«

Ich schlug Kirsanows Gedichtband auf:

> »In der Hand halten alle den Stein,
> der ihnen bisher die Brust bedrückte ...«

Was oder wen meinte er mit dem Stein? Ich blätterte noch ein paar Seiten hin und her.

> »Es drängte mich,
> jene, deren Herzen erstarrten,
> auszustatten mit starken
> neuen Herzen ...«

Ich nahm diese Worte auf wie eine Botschaft. Sie hatten eine heimliche Angst berührt und gaben doch zugleich Hoffnung.

An Deck schlenderten die Passagiere hin und her, standen in Gruppen zusammen. Manche hatten sich bereits einen Liegestuhl besorgt, einige schrieben schon die ersten Postkarten nach Hause und kritisierten, daß sie alles an Bord in Dollar oder Deutscher Mark bezahlen mußten, auch die Briefmarken. Es gab einige spöttische Bemerkungen, aber niemand regte sich sonderlich auf.

Eine junge Russin balancierte ein Tablett mit Biergläsern an

uns vorbei, und ein dicker, kleiner Mann mit Glatze, Hängebacken, Tränensäcken und einem vergnügten Lächeln um die Mundwinkel sagte: »Service wie im Hilton.«
Ein paar Frauen, so um die Vierzig, unterhielten sich lebhaft. »Das Schiff ist mir wichtiger als die Route.«
Die das sagte, war schlank und blond. Als ich mich neben sie an die Reling stellte, sah sie mich einen Augenblick intensiv mit ihren hellgrünen Augen an. Sie klassifizierte das Schiff sofort als »mittlerer Standard«, keine Sekunde hatte sie mit ihrem Urteil gezögert. Vielleicht gehörte sie zu den Passagieren, die man häufig auf »Traumschiffen« trifft, die auf den sieben Meeren kreuzen. Wo der Gast aller Sorgen enthoben, von Eleganz umgeben ist, nicht gestört wird von herumtollenden Kindern oder gelangweilt von Leuten, die über persönliche Sorgen sprechen. Passagiere, die es für selbstverständlich halten, daß die Einbauschränke im Vorraum ihrer Kabinen genügend Platz für Abendroben und Pelze haben und daß sie ihre Kosmetika, Medikamente und Schminkutensilien orkanfest hinter magnetisch gesicherten Glastüren aufstellen können. Wo kein Gespräch in einen Disput ausartet, sondern jede Äußerung nur bestätigt, daß man unter seinesgleichen ist. Auch die Landgänge verdüstern die Stimmung nicht. Es gibt nun einmal mehr Arme als Reiche auf der Welt. Jeder wünscht allen Freiheit und Wohlstand. Unausgesprochen jedoch halten es diese Passagiere mit Churchills Maxime: »Der Arme wird nie frei, er wechselt höchstens seinen Herrn.«
Ich habe mir meine Freunde immer danach ausgesucht, ob sie das beruhigt oder beunruhigt.

Ich schlenderte weiter, blieb stehen. Zwei alte Damen bezogen mich in ihre Unterhaltung ein: »Wir sind schon ganz schön herumgekommen, aber eine Rußlandreise fehlte uns noch. Wir lassen es langsam angehen, wir wollen uns nicht verausgaben. Es soll doch eine schöne Reise werden.«

Ein älterer Herr, weißgraues Haar, Oberlippenbart, schlank, sichtlich bemüht, kerzengerade zu gehen, lächelte uns im Vorbeigehen an. Wir nickten ihm zu, und er gesellte sich zu uns. »Auf diese Reise habe ich mich schon lange gefreut. Früher hatte ich keine Zeit für solche Reisen, und noch weiter zurück fehlte das Geld dafür. Jetzt kann ich mir das leisten. Wer hätte das 1945 gedacht?«

Hinter uns sagte ein Mädchen zu ihrer Freundin: »Öde, diese Ufer, immer dasselbe, drehen wir noch eine Runde. Der Bordspeck muß weg.« Sie trugen Trainingsanzüge. Diese Reise hatten sie gebucht, weil es für Rußlandreisen noch ausreichend freie Plätze gab. Umbruchzeiten in der GUS, Unruhen in den Städten, Streiks im ganzen Land. Auf den Wolgadampfern war noch genügend Platz.

»Wir haben uns gesagt, wir riskieren es, ja, und bis jetzt war es ja eine Wucht. Nun brauchen wir Bewegung. Machen Sie mit? Zehn Runden vor jeder Mahlzeit, zehn Runden danach, immer rund ums Oberdeck, dann noch zehn Kniebeugen.«

»Ein andermal.«

»Dann bis später.«

Ich ging zum Bug des Schiffes, stützte meine Ellbogen auf die Reling und sah auf das unendlich langsam fließende lehmbraune Wasser des Stromes.

Niemand konnte wissen, was wir in diesem Land erleben würden. Als wir in München abflogen, konnten die Russen in der »Moskowskije Nowosti« lesen, die Regierung müsse sich entscheiden: Massenarbeitslosigkeit oder Hyperinflation.

Als wir in Moskau ankamen, gerieten wir während der Fahrt durch die Innenstadt in eine Demonstration gegen die Wohnungsnot. »Nur 23 Prozent der Bevölkerung haben bei uns eine eigene Wohnung. Wo sonst auf der Welt gibt es das noch?« stand auf einem Transparent.

In der Zeitschrift der russischen Juristen wurde zum ersten-

mal die Zahl der Gewaltverbrechen veröffentlicht. 15 000 Morde in einem Jahr schrien nach Modernisierung des Polizei-Apparates und der Justiz, meinte der Kommentator.
Vor zwei Tagen war es in Taschkent, der Hauptstadt Usbekistans, zu blutigen Auseinandersetzungen mit Demonstranten gekommen, die Peking aufforderten, die Nomaden-Völker Zentral-Asiens in ihrem Kampf um völlige Unabhängigkeit zu unterstützen; das stand in der »Iswestija«.
In der Fachzeitschrift der Russischen Akademie der Wissenschaften beschuldigte der Chef des Instituts für Kernforschung Teile der Presse einer systematischen Hetze gegen Atomphysiker, die jetzt als schädlich für das Land und die Menschheit diffamiert würden. Er wies auf die Folgen für die Betroffenen hin, die unversehens von einstmals gefeierten Helden des Volkes zu überflüssigen Menschen degradiert würden.

Der Wirtschaftsberater der Regierung sprach in einem Interview mit dem Moskauer Rundfunk davon, daß die Russen die Politik der westlichen Staaten ohne Scheuklappen und falsche Sentimentalität sehen müßten. Das Ausland habe nicht die Absicht, mit ihnen zu teilen, sondern es achte darauf, daß Rußland einen Platz einnähme, auf dem es mithelfen könne, die Interessen des Westens zu fördern — im Nahen Osten, in Afrika, in Asien — ohne selbst so stark zu werden, eine völlig unabhängige Politik nach eigenem Ermessen treiben zu können. Die westliche Wirtschaftshilfe sei Hilfe zu einer Stabilisierung, die Rußland gerade so weit stärke, daß es im Korps der anderen mitmarschieren könne, ohne ihnen ernstlich zur Last zu fallen. »Wenn wir nicht aufpassen«, so fuhr der Politiker fort, »besteht die Gefahr der Umwandlung der Gemeinschaft Unabhängiger Staaten in ein Rohstoffhinterland der USA und ihrer Verbündeten.«
Am gleichen Tag drohten in Saratow, der größten Stadt der ehemaligen Republik der Wolgadeutschen, aufgebrachte

Russen, die Rückkehr der Deutschen mit Gewalt zu verhindern, aber in Wolgograd beschlossen die Stadtverordneten, auch für die in der Schlacht um Stalingrad gefallenen deutschen Soldaten die seit langem geplante Gedenkstätte zu errichten.

Im Moskauer »Kulturkalender« stand ein ausführlicher Bericht über die skandalumwitterte Aufführung »Der feurige Engel« von Prokofjew. In der Geschichte des russischen Theaters hätten sich Schauspielerinnen auf der Bühne noch nie nackt ausgezogen, nun gäbe es auch das. In dem Stück entkleideten sich vom Teufel besessene Nonnen ihrer letzten Hüllen, aber das Publikum blieb stumm. Der Skandal blieb aus, ebenso wie der Beifall. »Auch nackte Nonnen auf der Bühne können uns offenbar nicht mehr empören; uns empören nur noch der Hunger, die Kriminalität, die Wohnungsnot und die Skandale des Alltags.«
In der Zeitschrift »Iskustwo« (Kunst) pries ein Kritiker die Ausstellung ehemals »inhaftierter Gemälde« in einem Moskauer Gefängnis. Durch die Gitterstäbe der Zellen hindurch könne der Besucher auf die »von der Sowjetunion Verurteilten« blicken. Nun wäre die Kunst frei, schloß er seine Betrachtungen, aber »wohin mit dem Hauptverbrecher, dem Staat von gestern?«

Ich hatte mich rasch informiert. Am Flughafen, in den Buchgeschäften und an den Zeitungskiosken der Flußbahnhöfe erhielt ich ohne Mühe alle Periodika, nach denen ich fragte. Vor 20 Jahren war ich das erstemal in Rußland. Damals hieß es noch: »Die Presse ist die ideologische Waffe der Partei. Journalisten sind aktive Kämpfer für deren Sache.«
Wer die herrschende Gesellschaftsordnung mißbilligte, wurde erst gar nicht Journalist. Viele nahmen die Verbote und Vorschriften nicht so genau und verschlüsselten so manchen Text, damit er durch die Zensur kam. Aber alle kannten den

Standpunkt der Machthaber: »Pressefreiheit gewähren, hieße, den Journalisten einen unangemessenen Einfluß auf politische Entscheidungen und Entwicklungen einzuräumen, für die sie nicht die Verantwortung tragen. Ihre Aufgabe ist es, die Maßnahmen der Regierung dem Volk zu erklären und es dafür zu begeistern.«
Inzwischen brauchen russische Journalisten keinen Mut mehr zu haben, um offen ihre Meinungen zu sagen. An Bord waren einige. Schon bei einem ersten, zufälligen Gespräch erklärte mir ein Redakteur der Zeitschrift »Kunst und Leben«: »Am meisten gewonnen durch die Perestroika und den Umsturz hat die Presse. Endlich können wir so schreiben, wie wir wollen.«
In meine Gedanken hinein kam eine Borddurchsage, die alle Passagiere aufforderte, auf das Kapitänsdeck zu kommen.

Ich setzte mich auf einen Stuhl und ließ keinen Blick von einer rothaarigen, schlanken jungen Russin, die uns dazu animieren wollte, mit ihr Bordgymnastik zu treiben, Lieder zu singen und die uns auch noch Plinsen kochen und Piroggen backen beibringen wollte. Sie hatte ein hinreißendes Temperament, flüsterte ihren Namen Sonja in das Mikrofon, bat einige Matrosen darum, Notenblätter zu verteilen, gab der Bordkapelle einen Wink und forderte uns auf, sie nicht allein singen zu lassen. Sie warf die Haare zurück, schloß die Augen, wiegte sich in den Hüften, bewegte rhythmisch die Schultern, wippte auf den Zehen und schien uns zu vergessen. Sie sang, sang mit geschlossenen Augen ihre russischen Lieder, animierte uns mit Handbewegungen, mit Zunicken. Bei »Kaljuschka« hatte sie ein leichtes, unbewegtes Lächeln um die Mundwinkel, schaute auf die Passagiere, übersah die wenigen, die nicht mitsangen und konzentrierte sich auf die Sängerinnen und Sänger. Die Russen waren ausgelassen, klatschten in die Hände, stampften mit den Füßen, sangen kraftvoll und laut, viel lauter als die Ausländer. Sonja probierte ein paar gewagte Tanzschritte, warf Kußhände in die Menge, streichelte das Mikrofon und bedankte sich bei allen fürs Zuhören und Mitmachen.

Ich stand auf und drängelte mich zu Sonja durch. Sie war lebhaft und sympathisch, wirkte vital und entschlossen. Sie sprach kein Wort über Politik oder die Sorgen des Alltags. Sie wußte, daß sie uns allen gefallen hatte, und das machte sie fröhlich und sicher.

Wahrscheinlich fiel es mir um so mehr auf, weil die Russen, mit denen ich bisher gesprochen hatte, schon nach wenigen Minuten auf Probleme und Schwierigkeiten angespielt hatten. Reine Lebensfreude war selten. Sonja, so schien es mir jedenfalls, brauchte niemanden, der ihr half oder ihren Klagen zuhörte. »Dieser Tag hat schon am Morgen wunderschön begonnen«, sagte sie, »alle Passagiere kommen und sind nett zu mir, alle wollen, daß ich singe, wollen mir zusehen. Und sogar jede Menge Männer melden sich an, um bei mir zu lernen, wie man Plinsen kocht.«

Sie strahlte. »Bis später.«

Ohne Eile ging ich in den Speisesaal. Es war Essenszeit. Ein Ehepaar und ein etwa fünfzigjähriger Mann im sportlichen hellblauen Anzug saßen bereits an meinem Tisch. Die Frau war ausgesprochen hübsch; lange dunkle Haare, tiefbraune Augen, ein schmales Gesicht, feingliedrige Finger, die Figur an der Grenze zwischen schlank und mager. Sie war mindestens zwanzig Jahre jünger als ihr Mann. Er war groß gewachsen, breitschultrig, mit Stirnglatze und einem dichten schwarzen Haarkranz. Seine Lippen waren leicht verzogen, die Hände sehnig, durch seine dicken Brillengläser sah er mich freundlich und ein wenig prüfend an. Jeweils vier, sechs oder acht Personen saßen an einem Tisch zusammen.

Drei junge Männer kamen herein, blickten sich suchend um

und wurden sofort von einer Kellnerin an einen Tisch geführt, an dem ein junges Mädchen saß.
»Guten Appetit.« Die Suppe wurde serviert, und jeder griff nach seiner Serviette. »Der Koch scheint gut zu sein.« Der erste Satz war ausgesprochen, das Eis gebrochen. In ein paar Tagen würde jeder so tun, als wären wir schon wer weiß wie lange miteinander bekannt.

Die Essenszeiten waren nach Sitzungen geordnet. 90 Minuten lang konnten wir schlemmen. Wer in den ersten fünf Tagen der ersten Sitzung zugeteilt war, kam in den folgenden fünf Tagen in die zweite, dann wechselte es wieder. So bekam jeder seine Mahlzeiten eine Zeitlang zu dem frühen und dann zu dem späten Termin. Vorträge und Filmvorführungen, die in eine Essenssitzung fielen, wurden zu einer anderen Zeit wiederholt, und diese Regelung besänftigte die Gemüter. Es genügen ja manchmal unerhebliche Kleinigkeiten, um auf einer Reise die Stimmung zu beeinträchtigen. Aber auch die gewohnheitsmäßigen Nörgler fanden bis jetzt an »den Russen« nichts auszusetzen.

Mein Nachbar zur Rechten war erstaunlich gut informiert über die Mitreisenden. Mit einer kaum merklichen Kopfbewegung wies er auf einen Tisch, an den die Reiseleitung einen britischen Journalisten mit drei Holländern gesetzt hatte. »Auch die Romanen sitzen zusammen«, sagte er. Meiner Frage zuvorkommend, sprach er von Italienern und Franzosen, die an einem langen Tisch in der Nähe des Buffets Platz gefunden hatten. Für die russischen Passagiere waren sechs Tische reserviert. Österreicher, Schweizer und Luxemburger saßen mit Deutschen zusammen. Wie ich später hörte, fanden einige das zwar von der Sprache her in Ordnung, wären aber doch gern gefragt worden, ob sie damit einverstanden seien.

Mir kam in den Sinn, was mir ein ägyptischer Kapitän während einer Nilkreuzfahrt erzählte, als er die verschiedenen Nationalitäten charakterisierte. Am liebsten hatte er Italiener und Franzosen an Bord.

»Pünktlich sind sie fast nie, aber dafür immer guter Laune. Sie überziehen ständig die Essenszeiten, und bereits am 4. oder 5. Tag ziehen es viele vor, in ihren Liegestühlen an Bord zu bleiben, anstatt an den Besichtigungen teilzunehmen. Dauernd muß improvisiert werden, es klappt wenig, es kommt auch zu Streit. Dennoch sind diese Reisen vergnüglich, denn zum Schluß löst sich alles in Wohlgefallen auf.

Sind vor allem Deutsche an Bord, braucht sich der Kapitän keine Sorgen zu machen, alles läuft nach Plan. Sie lassen keinen Programmpunkt aus. Bei Veranstaltungen schauen sie auf die Uhr, ob sie auch pünktlich anfangen. Zu den Mahlzeiten kommen sie nie zu spät, lieber stehen sie noch ein paar Minuten vor einer verschlossenen Eingangstür.

Die Briten sind zurückhaltend, legen viel Wert auf Garderobe, verziehen jedoch bei den Bordfesten keine Miene und nehmen auch fast nie aktiv daran teil.

Die Amerikaner sind ungezwungen, fühlen sich nach einer Stunde an Bord wie zu Hause und machen, genau wie die Deutschen, alles mit, was geboten wird.

Im Gegensatz zu den Deutschen haben die Angelsachsen kein schlechtes Gewissen, wenn sie aus ganzem Herzen den Luxus genießen, der ihnen auch in armen Ländern auf einer Kreuzfahrt geboten wird. Der Besatzung geben sie von Anfang an das Gefühl, sie müßte ununterbrochen für sie da sein — dabei sind sie nicht anmaßend oder herablassend. Diese Haltung, sich mit der größten Selbstverständlichkeit als Herr des Schiffes zu fühlen, scheint ihnen angeboren zu sein.«

Die Kellnerin, blond, blauäugig, üppig, stellte ein Fischgericht auf den Tisch. Ich sagte noch einige Sätze über meine

Reisen nach Sibirien und Kasachstan und über mein berufliches Interesse an dem Land.
»Geschichte ist auch meine große Leidenschaft«, erwiderte mein Tischnachbar. Er war Arzt, Chirurg. »Vielleicht dürfen wir uns gleich vorstellen ...«
Ich nannte meinen Namen, und dann sahen wir auf den dritten Mann an unserem Tisch. Er war Priester in Salzburg und unternahm diese Reise, um mit Menschen in Berührung zu kommen, denen über zwei Menschenalter hinweg eine freie Religionsausübung untersagt worden war. Er wußte von den Strapazen, die viele Russen auf sich genommen hatten, um wenigstens einmal in ihrem Leben an einem richtigen Gottesdienst teilnehmen zu können, auch wenn sie dafür eine Woche unterwegs sein mußten.
»Wie leicht ist es bei uns, in eine Kirche zu gehen, allein im Salzburger Land gibt es mehr Kirchen und Klöster als in ganz Ostsibirien.« Er sprach von einem »Licht nach langer dunkler Nacht«, und wir waren nicht überrascht, als er ein Dutzend Bibeln erwähnte, die er mithatte und verschenken wollte. »Ich habe lange überlegt, was ich bei nur 20 Kilogramm Gepäck mitnehmen kann. Aber Bibeln sind wichtiger als ein zweiter Anzug.«

Als Nachtisch wurde uns Vanille-Eis mit heißen Himbeeren serviert. Als der Priester sagte: »Davon könnte ich drei Portionen essen«, stimmten wir ihm zu. Es fing gut an. Zu den kleinen Katastrophen auf einer Schiffsreise gehören Mitreisende, mit denen man bei den Mahlzeiten zusammensitzen muß, ohne daß man sich etwas zu sagen hat oder die einem mit endlosem leeren Gerede die Laune verderben.
Der Abend war noch lang. Das Arztehepaar wollte nach dem Abendessen in die Bar gehen, der Priester die Tageseindrücke niederschreiben und dann einen Blick in den Musiksalon werfen.

Ich ging in meine Kabine, schlenderte später drei-, viermal um das Oberdeck, hörte leise Tanzmusik aus der Bar. Die Luft war frisch, die Schiffsscheinwerfer tasteten die Ufer ab. Ich ging zum Kapitänsdeck hinauf. Mir schien es, als führen wir in eine endlose Dunkelheit hinein, die doch immer wieder von den Lichtbahnen der Scheinwerfer erhellt wurde, von ein paar Lichtpunkten an Land, einem flackernden offenen Feuer, schwefelgelb leuchtenden Schleusenlampen.
Ein Matrose rannte an mir vorbei. Ein Pärchen schlenderte über Deck, blieb einen Atemzug lang an der Reling stehen, engumschlungen, ging weiter. Die meisten Passagiere waren in ihren Kabinen. Einige tanzten in der Bar, andere saßen schon im Musiksalon, wo eine Folkloregruppe russische Volkslieder vortrug.

Es war die Ziehharmonika, deren Klänge schwach, abgerissen, wie von weither zu mir herüberwehten und die Erinnerungen weckten.

5.

Ich rannte am Güterbahnhof vorbei, über die Gleise, vorbei an den städtischen Ladespeichern am Winterhafen, rannte zu den brachen, ungenützten Oderwiesen hinüber, zum Strom, kauerte mich an die äußerste Spitze der von Strudeln und Wasserwirbeln umspülten, weit in die Oder hineingebauten Buhne und blickte zum östlichen Ufer hinüber, dorthin, wo es sumpfig war, wo die Überschwemmungsfluten wochenlang stehenblieben und Störchen und Fischreihern zum Paradies wurden; wo Land und Äcker und Wiesen braun, grün, flach waren, wo wilder Flieder wuchs und es kein Kornfeld ohne rote Mohn- und blaue Kornblumen gab.

Am anderen Oderufer begann für uns der Osten. Er hat unsere Phantasie beschäftigt, diese Landmasse, die erst am Stillen Ozean endet. Kosaken, Wolgaschiffer, rußlanddeutsche Siedler, Steppenreiter — davon träumten wir, wenn wir von Rußland träumten. Schneesturm über Sibirien, Blockhäuser am Rand der Tundra, Wolfsrudel — das lebte in unseren Vorstellungen. Kommunismus, Proletariat, Revolution waren Worte, vor denen es uns grauste, vor denen wir uns verschlossen, weil sie die Erwachsenen in Wut versetzten — ablehnende oder zustimmende. Unsere Sehnsucht nach dem Osten war keine Sehnsucht nach Sonne, Wärme, Blütenpracht und leidenschaftlichen Menschen, wie sie die Nordländer in den Süden lockt, kein Traum vom »Blonden Glück«, von sozialer Gerechtigkeit und Wohlstand durch Fleiß, dieses Klischee, das die Südländer nach dem Norden zieht, es war eine kindliche Sehnsucht nach Weite, nach Wanderzügen ohne Ende. Man ging los und kam nie ans Ziel. Es war das reine, ungetrübte Vergnügen am Grenzenlosen. Es war das totale Gegenteil von dem, was täglich von uns gefordert, vor uns gepriesen und als einzig sinnvolle Lebensgestaltung dargestellt wurde: systematisch zu arbeiten, sich in überschaubaren Räumen einzurichten, zu lernen und noch einmal zu lernen, um dann geradewegs auf das gesteckte Ziel zuzumarschieren. Es war die Sehnsucht nach einem Leben, in dem nichts wirklich wichtig war —außer zu leben. Bei uns war alles wichtig. Es war wichtig, mit geputzten Schuhen aus dem Haus zu gehen und zu den Mahlzeiten pünktlich zu Hause zu sein.

»Ob die Schuhe geputzt waren oder nicht, darauf achtete niemand, und die Kinder sollten selbstverständlich mit den Eltern die Mahlzeiten einnehmen; aber wenn sie zu spät hereinstürmten, erhielten sie ihr Essen ohne Vorwürfe.«

Das erzählte meine Tante im Kreise der Familie. Sie wohnte bei uns; 26 Jahre hatte sie als Erzieherin auf einem Gutshof in Rußland gelebt, von 1888 bis 1914.

Die damaligen politischen Verhältnisse sind schnell geschildert.

Die Aufhebung der Leibeigenschaft lag 1888 schon über ein Vierteljahrhundert zurück (1861), ebenso die Abschaffung der Prügelstrafe für Erwachsene (1863). Aber immer noch zog ein Heer von geschundenen, jeder Willkür ausgesetzten, bettelarmen ehemaligen leib- und frondienstpflichtigen Bauern, auf der Suche nach Arbeit und neuen Dienstherren durch Rußland. Von der Lösung der Agrarfrage hing das Schicksal des Reiches ab. Zar Alexander III. forderte die adligen Landbesitzer auf, große Teile ihres Besitzes an »kapitalkräftige Personen« zu verkaufen oder zu verpachten. Die Einnahmen sollten für den Aufbau moderner landwirtschaftlicher Gutsbetriebe verwendet werden, und das Land sollte durch intensive Bewirtschaftung in die Lage kommen, seine Bevölkerung zu ernähren und Ernteüberschüsse ins Ausland zu verkaufen. Adel, Bürger und Bauern galten zwar nicht als gleichrangig, aber Arbeit konnte nun auch »Freigelassene«

zu Besitz führen, und Besitz führte zu Ansehen. Hatte sich vorher noch jeder Bürger vor einem Adligen in den Staub geworfen, es widerspruchslos hingenommen, wie ein Knecht geduzt zu werden und kaum gewagt, an die Bezahlung seiner Warenlieferungen zu erinnern, so durfte er nun mit am Tisch der »Herren« speisen, man hörte ihm zu, wenn er von seinen Geschäften sprach, und brachten diese es mit sich, daß er auf einem Gutshof übernachten mußte, so wurde er nicht mehr beim Gesinde untergebracht.
Die Herren nahmen das Geld, aber sie verachteten die, die es brachten. Riesige Ländereien wurden an die »Koofmichs« abgestoßen. Abgestoßen, das klang so, als ließe man etwas fallen, das man selbst nicht mehr wollte. Je fleißiger die »Koofmichs« rafften, desto luxuriöser lebte der Adel; leidenschaftlich wandte er sich den schönen Dingen des Lebens zu. Weitgehend schuldenfrei durch Landverkauf, noch immer reich an Äckern, Wäldern, Wiesen und nun auch noch an Bargeld, lachte er über die Emporkömmlinge, die aus den »Turgenjewschen Wäldern« profitabwerfende Gurkenfelder machten.

Die Bauernbank und das Ausland gaben Kredite. Ein weiteres Gesetz führte 1906 zur Auflösung eines Teils des bäuerlichen Gemeindeeigentums, das von altersher neben dem Staatsland und dem privaten Grundbesitz bestand. Der frei gewordene Boden wurde den Armen zugeteilt. Kam es auch in Rußland zu einem bäuerlichen Mittelstand, war die Gefahr der Proletarisierung der Massen gebannt. Die Regierung sprach von fünfzig Jahren Frieden, die notwendig wären, um die »innere Kolonisation« gelingen zu lassen. Damals gab es in Rußland 3 Millionen Großgrundbesitzer, 23 Millionen wohlhabende Bauern — aber noch immer weit über 90 Millionen Menschen, die nichts hatten als ihre Arbeitskraft. Die Gegner der Monarchie und der Bourgeoisie wollten keine Reformen, sie wollten die soziale Revolution.

Sie warnten das Volk davor, in die »neue Falle« zu laufen.
Sie fachten den Neid an, und sie wiesen auf die zum Himmel schreienden Mißstände in den überall entstehenden Fabriken hin. »An die Stelle des Herrn Baron ist der Herr Fabrikant getreten.«
Von der Fabrikarbeit kehrten Millionen verbittert in ihre Dörfer zurück. Neben den paar Kopeken und ein paar Fetzen Stadtkleidung brachten sie vor allem eins mit: revolutionäre Parolen. War früher so mancher Gutshof verwüstet worden, kamen nun die Gehöfte der reichen Bauern an die Reihe.

Die »freie Landwirtschaft« kämpfte gegen die Mißgunst der Besitzlosen und gegen die Staatsdiener, denen der neue Kurs nicht paßte. Die Kaufleute Rußlands wiederum erwarteten wenig von der Aristokratie, nichts von der Masse ihrer Landsleute, aber viel Verständnis für ihre Anliegen im Ausland. Um am Weltmarkt russisches Getreide, Holz und Pelze verkaufen zu können, mußten die Waren zu den Häfen an den Grenzen des Imperiums und zu den Handelszentren in Mitteleuropa transportiert werden. Nur der Export versprach Gewinn.
Die Kaufkraft der russischen Bevölkerung war minimal. Im Russischen Kaiserreich gab es auf 100 qkm Fläche 1,5 Kilometer Eisenbahnschienen (Großbritannien: 106 km; Deutsches Reich: 80 km). Das sich bildende russische Bürgertum forderte die verkehrsmäßige Erschließung des Landes mit Hilfe westeuropäischer Banken und Unternehmen. »Was wir selbst tun können, ist nur ein Tropfen Wasser im Weltmeer«, so sagten sie. Mit dem Fremdkapital kamen auch fremde Ideen. Die Staatsgesetze gegen Revolutionäre, Unruhestifter, Anarchisten, Terroristen und Verschwörer wurden verschärft, gleichzeitig wurde die Rückbesinnung auf das »unverfälscht Russische« von der Regierung gepriesen und pro-

pagiert. Die Einflußnahme des Auslands wurde als russische Großzügigkeit hingestellt: Rußland breitete seine starken Arme aus und zog die Europäer an seine breite Brust.
1914, mit dem Ausbruch des 1. Weltkrieges, war das alles zu Ende. Wer weiß, was uns allen erspart geblieben wäre, wäre Rußland seine »innere Kolonisation« gelungen.

Warum hat mich das alles immer so bedrückt? Wenn meine Tante von der Geschichte Rußlands erzählte, so gab es kaum Ereignisse, die mich fröhlich oder optimistisch gestimmt hätten. Es war, als ob sie alle in einem riesigen Sumpf gestanden und sich gegenseitig dafür die Schuld zugeschoben hätten, anstatt gemeinsam den Morast trockenzulegen.

An meiner Tante war nach den langen Jahren im Ausland etwas haften geblieben, was ihr Wesen so veränderte, daß sie uns in manchen Augenblicken wie eine Fremde erschien. Widerfuhr ihr eine Kränkung, wehrte sie sich nicht. Sie preßte die Lippen zusammen, blickte den Übeltäter mit ihren dunkelbraunen Augen starr an, verließ das Zimmer und bekreuzigte sich. Sie war fest davon überzeugt, daß er seine Strafe bekäme. »Es rächt sich alles auf Erden, aber man darf sich nicht einmischen, und man darf nicht ungeduldig werden«, wie oft habe ich das von ihr gehört! Sie mochte es, wenn ich im Winter stundenlang am Fenster meines Kinderzimmers stand und auf die unaufhörlich vom Himmel herabfallenden Schneeflocken blickte. »In Rußland ließen wir sie liegen«, bemerkte sie, wenn auf unseren Straßen die Schneeschipper auftauchten. Und sie lächelte, wehmütig, nachdenklich.
Bis zur Abenddämmerung saß ich zuweilen auf dem breiten Fensterbrett, auf einem Kissen, warm angezogen, und ließ mir keinen Augenblick dieses Schauspiels der unentwegt fallenden weißen Flocken entgehen. Schneeflocken waren

nicht zu zähmen, nicht herbeizuwünschen, nicht hinwegzubeschwören, und man konnte sie auch nicht herumkommandieren. Sie fielen, wie sie fielen. Tausende, Hunderttausende, Millionen. Keine Flocke unterschied sich von der anderen. Kaum waren sie auf die Erde niedergefallen, waren sie als Flocken nicht mehr zu erkennen.

»Du würdest nach Rußland passen«, sagte meine Tante, »die Russen konnten auch stunden- und tagelang dem Wirbel der Schneeflocken zuschauen oder dem Wogen des Steppengrases, wenn der Wind darüberweht. Sie sind stark.«

Was das mit Stärke zu tun hatte, verstand ich nicht, und sie erklärte es mir auch nicht.

Die Fensterscheiben überzogen sich mit Eisblumen. Ein scharfer Ostwind wehte. Immer weniger Menschen und Fuhrwerke waren auf der Straße zu sehen. »Nun wird es richtig schön«, sagte sie verträumt, streichelte mir über den Kopf. Sie war immer heiter und freundlich und in allem, was sie tat, ruhig und selbstsicher. Bestimmt war auch ihr Schlimmes zugestoßen, doch wenn wir danach fragten, wehrte sie ab. »Auch das Übel kommt von Gott.« Mehr sagte sie nicht dazu. Jeden Morgen und jeden Abend las sie ein Kapitel in der Bibel, zuerst schweigend und dann noch einmal laut für mich. Dieses zweimalige Lesen rührte mich, es versetzte mich auch in Spannung, und ich fragte mich, ob sie wohl einmal sagen würde: »Das ist nichts für dich.« Oder: »Das verstehst du noch nicht.« Aber das sagte sie niemals. Weinte ich, wie bei der Kreuzigung Christi, so tröstete sie mich. »Jesus hat gewußt, was mit ihm geschehen würde. Er hat es angenommen. Diese Annahme seines Schicksals gab ihm die Kraft und die Stärke, alles zu überstehen.«

Das paßte zwar nicht in meine Vorstellung von der Macht des Gottessohnes auf Erden, aber daß gerade er, ungeachtet seiner Macht, sich kreuzigen ließ, daß ihn das heraushob unter allen Mächtigen, das sah ich ein. Lieber wäre es mir gewesen, er hätte eine Hand gehoben, und daraufhin wären alle tot umgefallen, die ihm nach dem Leben trachteten. Doch: »So etwas darfst du nicht sagen und nicht einmal denken.«

Sie war die einzige Katholikin in unserer Familie. Ihr Vater war Zollbeamter gewesen, irgendwo in einer Grenzstadt zwischen Deutschland und dem damaligen Russisch-Polen. Er wurde mehrfach versetzt. Als meine Tante geboren wurde, lebte die Familie in einer Stadt, die außer einer Synagoge nur zwei römisch-katholische Kirchen hatte. So wurde sie katholisch getauft und blieb ihr Leben lang dieser Konfession treu. Ihr verdanke ich, daß ich protestantisch und katholisch zugleich aufwuchs. Sie nahm mich häufig mit zu ihrem Gottesdienst in den Dom, begleitete uns aber auch dann und wann in die evangelische Kirche »Schifflein Christi«. Nie, auch nicht mit einem Satz, versuchte sie, mich zum Katholizismus zu bekehren. Nur zu den Heiligen führte sie mich.

»Die Heiligen sind wichtig im Leben eines Menschen. Gott und Jesus Christus — du kannst nicht mit allem, was dich bedrückt oder erfreut, zu ihnen kommen, aber mit den Heiligen kannst du reden. Daß ihr keine Heiligen habt ...«

Sie war ehrlich betrübt darüber. Auf mich wirkte es so, als wären die Heiligen den Protestanten vorenthalten worden. Sie löste mein Problem mit der Bemerkung:

»Sei du nur gut evangelisch und bete trotzdem zu den Heiligen. Dann ist schon alles in Ordnung.«

Dann lachte sie und umarmte mich.

Zwei Tätigkeiten gab es, bei denen niemand sie stören durfte: beim Patiencenlegen und beim Malen. Auf der Leinwand schuf sie sich ihr Bilderland. Mir schenkte sie damit die ersten Eindrücke von Rußland. Birkenwälder. Pferdeschlitten auf verschneiten Wegen. Dorfläden. Bärtige Bauern. Gutsherren mit schmalen Händen und energischen Gesichtszügen. Bildschöne, zarte junge Frauen, ganz in Weiß gekleidet, im Damensitz auf feurigen Rappen reitend. Sie malte mit nie nachlassender Freude und Hingabe. Selten sagte sie ein Wort über die Menschen und die Landschaften. Sie erwartete auch kein Verständnis, nicht einmal höfliche Aufmerksamkeit. Sie malte, völlig verzaubert von ihrer Erinnerung.

Sie war glücklich dabei, genauso wie beim Klavierspielen. Eines Tages brachte sie mir ein paar Fingerübungen bei. Mit sanfter Beharrlichkeit zwang sie mir die Notenblätter in die Hand, und später spielte ich fast täglich eine Stunde mit meiner Mutter zusammen. Musik war eine Sprache, eine Kraft, der es vielleicht sogar gelingen konnte, Haß und Krieg zu überwinden. Alles war voller Lüge und falscher Triumphe — auf allen Seiten —, und keiner vermochte sich vorzustellen, wie eine Versöhnung aussehen konnte.

Meine Tante starb 1941, einen Monat nach dem Beginn des Krieges gegen die Sowjetunion. Sie sprach zuletzt kaum noch. Einmal sagte sie: »Ich möchte jetzt schlafen und schlafen, nur schlafen, so lange, bis alles vorüber ist.« Und ein anderesmal: »Es wird hundert Jahre dauern, bis das wieder in Ordnung kommt. Egal, wer den Krieg gewinnt.«

Ich wollte nicht schlafen. Ich wollte so viel wie möglich miterleben. Bis ich den ersten Russen kennenlernte, verging noch einige Zeit.

Er lächelte. Er hatte breite Lippen, kräftige weiße Zähne, etwas hervorstehende Backenknochen, ein rotwangiges, glattrasiertes, längliches Gesicht und kurzgeschnittene blonde Haare. Er war groß und breitschultrig und sah kein bißchen anders aus als ein Deutscher. Er trug die Uniform der deutschen Panzergrenadiere. Meiner Mutter überreichte er einen Blumenstrauß, sah sich neugierig in der Wohnung um, lobte mit den Worten »gut, gut« die vielen Bücher, beteiligte sich aber kaum an der Unterhaltung. Mein Vetter Siegfried hatte ihn mitgebracht. Seine Einheit lag im Raum Kursk. Igor Armanskow war zu den Deutschen übergelaufen. Einer der

Million Russen, Ukrainer und Krimtataren, die mit der Wehrmacht gegen die Rote Armee kämpften.
Überläufer? Überzeugungstäter, Patrioten, Verräter?
»Zu Igor kamen wir wie die Jungfrau zum Kind.« Siegfried hatte eine Ausdrucksweise, die bei uns zu Hause verpönt war, aber niemand sah ihn mißbilligend an. »Wir lagen in einem Waldstück. Plötzlich meldete der Posten einen auf uns zukommenden Russen. Er trug keine Waffen. Der hat die Schnauze voll, der ist stiften gegangen, hieß es. Wir riefen ihn an. Er blieb stehen und nahm die Arme hoch. Wir brauchten nicht lange zu fragen, er erzählte alles, was wir wissen wollten. Sein Kompaniechef war ein Sadist. Seine Eltern waren bei der Kollektivierung der Landwirtschaft von den Bolschewisten umgebracht worden. Seine Leute hatten die Nase voll. Wenn wir noch ein bißchen nachhalfen, würden sie laufen wie die Hasen. Wir gaben Igor etwas zu essen, und dann sagte der Feldkoch: ›Der ist grad recht zum Hühnerklauen und zum Kartoffelschälen.‹ Na ja, so blieb er bei uns. Einen Fronturlaub hat er sich redlich verdient. Aber wo sollte er hin? Da hab' ich ihn mitgebracht.«
Ich sah ihn an. Ruhig saß er an der Kaffeetafel, ängstigte niemanden. Auf Fragen blieb er einsilbig, und so stopften wir ihn mit Kuchen voll. Er blieb stumm, aß. Es ärgerte mich, er sollte etwas sagen! Da hatten wir nun einen richtigen Russen bei uns, und er sagte kein Wort. Siegfried meinte: »Er kann wenig deutsch, und er fühlt sich wohl auch fremd hier.«
»Er soll russisch reden!«
Siegfried übersetzte, und der Russe lachte, er blickte mich freundlich an und redete. Wir verstanden kein Wort. Alle schwiegen, hörten diesen fremden Lauten zu. Er sprach leise, freundlich, aber es erschreckte uns. Die deutsche Uniform, die er trug, war vergessen. Spürte er das? Er hielt inne, aß Kuchen.
»Was hat er gesagt?«

»Oh, nur daß er sich freut, hierzusein, und daß es ihm leid tut, so wenig deutsch zu können, und dann fragte er, ob jede Familie in Deutschland ein Klavier hätte.«
Als er ging, fragte ihn meine Mutter, ob er einen Wunsch habe.
»Ich bekomme nie Post. Mir schreibt niemand.«
Briefpartner auftreiben für einen Russen, der in einer deutschen Panzergrenadier-Division an der Ostfront kämpfte! Ich versprach ihm hoch und heilig, er würde mehr Feldpost bekommen, als er lesen könnte. Alle lachten, auch Igor. Er gab mir die Hand und drückte sie kräftig.

Acht Jahre später, als Siegfried aus sowjetischer Kriegsgefangenschaft heimkam, fragte ich ihn nach Igor Armanskow.
»Er ist tot. Einer von uns hat ihn erschossen, eine Stunde vor der Gefangennahme. Wir waren eingekesselt. Er hat es so gewollt.«
Er erzählte es so, als wäre er gar nicht daran beteiligt. Warum stand ich nicht auf und schrie ihm meine Empörung ins Gesicht? Bis zuletzt hatte er mit unseren Soldaten durchgehalten, und dann erschossen sie ihn! Das konnte doch nicht wahr sein. Warum sagte er solche Gemeinheiten?
Warum log er so unverschämt? Sah er mir an, was ich dachte? Er hustete, stand auf, setzte sich wieder. »Frag nicht weiter, du verstehst es doch nicht.« Abgemagert zu Haut und Knochen saß er vor mir, mit Wasser in den dick geschwollenen Beinen, vier Vorderzähne fehlten ihm. Ich fragte nicht, wo und wie er sie verloren hatte. Über den Krieg und über die Gefangenschaft hat er nie geredet, nie mehr auch über Igor Armanskow.
Ich konnte ihn nicht vergessen, genausowenig wie den ersten russischen Kriegsgefangenen …

Der Wachtposten ging auf einem Frachtkahn mit umgehängtem Gewehr auf und ab. Ein paar Männer schaufelten Kohle in Säcke und schleppten sie dann auf ihrem Rücken über einen Steg zu den am Verladekai stehenden Lastwagen. Die nackten Oberkörper waren rußverdreckt, die Gesichter verschwitzt. Einer fiel mir auf. Er hatte Muskeln wie ein Schwergewichtsboxer. Ein Riesenkerl, fast 1,90 Meter groß. Keiner sah mich an. Russen, richtige Russen, die auf unsere Soldaten geschossen hatten. Ich nahm eine Wurstsemmel aus meiner Schultasche, biß hinein. Plötzlich blieb der große Kerl zwei Armlängen weit vor mir stehen, warf den Kohlensack auf die Erde und streckte mir beide Hände entgegen. »Chleb« (Brot). Ich starrte ihn an, aß weiter. Nie vergesse ich den Ausdruck in seinen Augen. Ich kann ihn nicht beschreiben. Fassungslosigkeit, Schmerz, Verzweiflung, Wut, Enttäuschung, blanker Hunger — alles auf einmal. Er schüttelte den kahlgeschorenen Kopf, packte den Kohlensack und schleppte ihn zu einem Lastwagen. Auch dort stand ein Wachtposten. »Verschwinde«, rief er mir zu. »Na, wird's bald?«

Die Gefangenen gingen langsam zu dem Kahn zurück. Ich ging nach Hause. Der Blick des Gefangenen, die unverständlichen Laute — sie verfolgten mich. Da waren unser Haus, unsere Wohnung, unser Garten, mein Zimmer, da war das Radio. Ein Frontbericht schilderte russische Grausamkeiten, die die Rote Armee an Hilflosen begangen hatte. Ich stellte den »Volksempfänger« ab. Die Augen, undeutliche Laute, eine Wurstsemmel, ein Gefangener, der Hunger hat, der seinen Hunger nur mit einer Geste und einem Wort in seiner Sprache ausdrücken kann, der von einem Kind einen Bissen Brot erfleht — und dieses Kind ißt weiter ... Sogar dem Wachtposten hat es mißfallen. Kein Wort der Zurechtweisung an den Gefangenen, als er stehenblieb, den Kohlensack auf die Erde warf. Verschwinde! — zu mir.

Dunkel ist das Wasser der Wolga, tiefschwarz sind die Ufer. Ich sehe die Augen des Gefangenen wieder vor mir, höre die unverständlichen Laute. Angenommen, ich hätte ihn am nächsten Tag getroffen, als ich mit einem Stück Brot an die Verladerampe kam. Vielleicht hätte es ihn gerettet und mich freigesprochen vom Versagen. Aber ich hatte keine zweite Chance. Er hätte die Hände nicht noch einmal ausgestreckt, das wußte ich, aber er hätte zugegriffen. Vielleicht hätte der Wachtposten wieder »Verschwinde!« gerufen, aber dann wäre ich davongesprungen wie ein Fohlen auf der Weide. Nicht mehr zu ändern? Es gutmachen an anderen, auch solchen, die es vielleicht nicht verdient haben? Jeder hat es verdient, jeder, Menschsein ist schwer genug.

Zwei Matrosen gingen hinter mir her über das Deck. Sie unterhielten sich, das Wort »Charkow« fiel. Wo er wohl hergekommen war, aus welchem Teil Rußlands er wohl stammte, der Gefangene, der mir seine Hände entgegengestreckt hatte? Es hielt mich nicht mehr an Deck. Es war mir auch unmöglich, in die Bar zu gehen und nach der harten Methode Hemingways dem Whisky das letzte Wort in dieser Nacht zu geben. Es blieb nur eins: in die Kabine zu gehen, nicht davonzulaufen vor den Erinnerungen. In meiner Kabine war es still. Ich schaltete das Licht aus, dann hörte ich auf das leise Tuckern der Schiffsmaschine ...

6.

Zu den klassischen Fragen, die in Rußland immer wieder gestellt werden, gehört »Was tun?«. Der Schriftsteller und allen Russen bekannte Kritiker Tschernyschewskij stellte sie bereits 1863 in seinem revolutionären Werk in der Zeitschrift »Der Zeitgenosse«. Viele wollten davon nichts wissen, viele verfluchten den Fragesteller. War die Gegenwart nicht schon schlimm genug? Wer wußte, ob bei radikalen Veränderungen nicht alles noch schlimmer würde?
Die Erstausgabe der Veröffentlichung befindet sich im Haus des Verlegers, Schriftstellers und Journalisten Nikolaj Alexandrowitsch Nekrassow auf seinem Landsitz Karabicha bei Jaroslawl. Unter allen Umständen wollte ich dorthin und mich in dieser Schatzkammer der russischen Literatur umsehen. Nicht nur um »Was tun?« ging es mir. Unglaublich viel an Büchern, Briefen, an Zeitschriften-Aufsätzen, die mithalfen, Rußland zu verändern, ist dort aufbewahrt; auch Aufzeichnungen, die den weitreichenden Einfluß der Kritiker auf Literatur und Politik dokumentieren.

Gogols Erzählung »Der Mantel« kennt wohl jeder, der die russische Literatur liebt. Erst der Kritiker Belinskij interpretierte dieses Werk nicht nur als eine das Gemüt bewegende Geschichte von einem einfachen, armen Menschen, dessen ganzes Sinnen und Trachten von einem langen, pelzgefütterten Mantel erfüllt ist — den er bekommt und wieder verliert —, sondern als sozialen Sprengstoff, der die Ohnmacht der einfachen Menschen vor den Mächtigen zum Thema hat. Belinskij gilt als Begründer der realistischen literarischen Kritik gesellschaftlicher Vorgänge.
Belinskij suchte auch das Gespräch mit dem jungen Dostojewskij. Der Roman »Arme Leute« enthielt für ihn den »Vorstoß zum Wesen der Dinge«.

»Nichts anderes war mehr wichtig, nur noch, dieses Buch bis zur letzten Zeile zu lesen.« Er eilte zum Autor, wollte mit ihm sprechen, solange der Eindruck noch ganz frisch war. Dostojewskij hat über dieses Gespräch im »Tagebuch eines Schriftstellers« berichtet:
»Wissen Sie denn selbst, was Sie da geschrieben haben?« war eine der ersten Fragen an den zwanzigjährigen Dostojewskij. »Haben Sie den Sinn der grauenhaften Wahrheit erfaßt, die Sie uns da verkünden? ... Wir Kritiker suchen ... durch Worte die Dinge klarzumachen ... Dichter offenbaren in einem Bild das Ganze ... Das ist das Geheimnis des Künstlertums, das ist die künstlerische Wahrheit.«

Ich habe so ausführlich zitiert, weil dies Gespräch die russische Literatur über sich selbst hinausführt und ihr eine zusätzliche Funktion im politischen Leben gibt — man könnte auch sagen, der Literatur zu ihrer ureigensten Aufgabe, Kunstwerk zu sein, noch eine weitere aufbürdet. »Arme Leute« war für Belinskij der erste soziale Roman in der russischen Literatur. Es war ihm nicht wichtig, ob der Stil ausgewogen, realistisch oder naturalistisch war, wichtig war ihm die politisch verwertbare brisante Aussage.

Auch Dostojewskij (wie vor ihm Gogol) hat sich später dagegen zur Wehr gesetzt, einen sozialen Roman geschrieben zu haben. Nach dem Erscheinen von Tschernyschewskijs Werk »Was tun?« hielt er die Zeit für gekommen, öffentlich der Ansicht zu widersprechen, daß der Kampf der Erniedrigten und Beleidigten dieser Welt gegen die Tyrannen, gleich welcher Rasse, Religion oder Nationalität sie angehören, eine sozialistische Antwort erfordere. Für Dostojewskij war die Begegnung mit dem russischen Volk entscheidend, mit dem Volk, das, wie er sagte, keinerlei Zugang zu den Ideen der Intellektuellen hatte. Im Volk fand er vor allem eins: den Glauben.

Einen »neuen Menschen« wollten die Dichter ebenso wie die Kritiker. Die Dichter durch Rückkehr zum Glauben, die Journalisten durch »Gerechtigkeit auf Erden«. Als wolle er direkt auf das allgemein Menschliche zugehen, ohne das Politische sofort in den Vordergrund zu rücken, gebrauchte Tschernyschewskij in der Schrift »Was tun?« kein einziges-mal die Worte Sozialismus oder Kommunismus.

Er schilderte Menschen, die sich sozial verhalten und durch gegenseitige Hilfe vor der Erniedrigung schützen. Er schrieb von denen, die ihren Gefühlen gehorchen und von der leidenschaftlichen Liebe zur menschlichen (nicht himmlischen) Gerechtigkeit, die stark genug ist, alle Gesetze der Gesellschaft und des Staates zu sprengen. Er beschrieb, welche Schwierigkeiten die Unwissenden überwinden müssen, um überhaupt einmal an ein Buch heranzukommen, wie sie Kopeke um Kopeke erarbeiten und dann ein Buch davon kaufen, das, vom gemeinsam Ersparten erworben, zum gemeinsamen Besitz aller wird; wie Lesen-Lernen, Lesen-Können, Lesen-Dürfen sie allmählich zum Bewußtsein eines eigenen Lebens führt. Das gibt ihnen die Kraft, auch nach zehn Stunden harter Arbeit auf dem Gutshof am Abend nicht nach der Wodka-Flasche zu greifen oder sich gleichgültig gegen alles auf die Matratze fallen zu lassen, sondern mit erschöpften Körpern, müden Füßen, rissigen Händen loszugehen zu Gleichgesinnten, die keine Worte haben für das, was sie wollen, die aber fühlen, wie der Hunger nach einem neuen Leben in ihnen erwacht und wie sie aus namenlosen Leibeigenen und aus heruntergekommenen Stadtproletariern zu »neuen Menschen« werden.

Lange vor Lenin, lange vor Mao Tse-tung hat Tschernyschewskij die Frage nach dem »neuen Menschen« gestellt und dabei stets berücksichtigt, daß er sie in Rußland stellte.

»Alle reden über das Elend, über die Grausamkeit, über Verkommenheit, über Knechtschaft, über das Recht, das uns mit der Peitsche eingebläut wird, aber alle reden nur darüber; schließlich zuckt man die Achseln, ringt die Hände, umarmt sich schluchzend oder brüllt Flüche, betrinkt sich bis zur Besinnungslosigkeit, prügelt seinen Nächsten und stellt dann doch nur wieder fest: Was können wir schon dagegen tun? So ist nun einmal das Leben. Gott mag wissen, warum es so ist.«

Nekrassow, Gutsbesitzer, Herr über Leibeigene, schlug sich auf die Seite von Tschernyschewskij. In seinem Gedicht »Wer in Rußland glücklich lebt« formulierte er tief pessimistische Aussagen über das Leben im Reich des Zaren. Er sprach sie alle an: die Gleichgesinnten, die Adligen und die Leibeigenen, die Vermögenden und die Bettelarmen, die, die herrschten, und die, die gehorchten. Niemand ist in Rußland glücklich, sagte er, nicht einmal der Zar.

Als ich zum erstenmal in diesen Büchern las, war ich auf ironischen Haß und flammende Anklagen gefaßt gewesen, nicht aber auf diese tiefe Traurigkeit, die sich in diesen Versen ausdrückt. Ich besorgte mir ein altes Foto von Nekrassow. Er sah darauf aus, wie Berühmte auf Porträts im 19. Jahrhundert auszusehen pflegten, ein elegant gekleideter Herr mit einem ovalen Gesicht, das Haar seitlich von der Stirn über die Ohren zurückgekämmt. Er trug eine Samtjakke, ein weißes Hemd mit Stehkragen und schwarzer Fliege. Dieser Nekrassow hätte mich nicht vom Stuhl gerissen. Aber seine Gedichte bereiteten mir schlaflose Nächte. Bei Nekrassow gibt es niemanden, der aus der »falschen Gesellschaftsschicht« kommt und deshalb für den Sozialismus verloren ist. Menschlichkeit entscheidet, nicht die Klassenzugehörigkeit.

Bis heute habe ich keine Antwort gefunden auf die Frage, was Nekrassow, Tschernyschewskij, Belinskij, deren Werke mithalfen, die Oktober-Revolution herbeizuführen, deren Aufschrei keiner überhören konnte, die sich noch einen Rest an Gefühl für Recht und Gerechtigkeit bewahrt hatten — was sie nach der Machtergreifung der Bolschewisten getan hätten und wie sie mit dem Mißbrauch der sozialistischen Idee fertig geworden wären.

Nekrassows Gedichte über russische Frauen, sein literarisches Loblied auf die Hilfsbereitschaft und den Opfermut der Frauen aus dem Volk und aus dem Adel, erinnerten mich an das selbstlose Verhalten der Deutschen Jenny von Westfalen, der adligen Frau des Karl Marx aus Trier. Heinrich Böll hat über sie geschrieben, und sicher hätte er Gelächter geerntet, wäre er auf den Einfall gekommen, sie in Anlehnung an das russische Vorbild in einem Band unter dem Titel »Deutsche Frauen« zu würdigen. In Bölls Zeilen über die Ehe von Marx und Jenny schwingt Empörung mit über die Undankbarkeit der Sozialisten dieser Frau gegenüber, mit der sie offenbar Schwierigkeiten hatten, weil sie nicht ins Klischee der proletarischen Abstammung paßte. Böll schreibt über sie:

»... Marxens Werk, sein Leben, wäre ohne seine Frau undenkbar, und doch zeigen sich kaum irgendwo Ansätze, ihr jene Aufmerksamkeit zu schenken, die man weit weniger würdigen Frauen ... zollt ... Ein Bild der Freiin Johanna Bertha Julie Jenny von Westfalen, die einen gewissen Doktor Karl Marx heiratete ... hätte eher einen Platz über dem Bett der Verkäuferin verdient, die ohne diesen Marx, der wiederum ohne seine Frau nicht denkbar ist, noch heute nicht nur um ihren Achtstundentag ... vielleicht auch noch um das Recht, sich hin und wieder zwischen der Arbeitszeit setzen zu dürfen, kämpfen müßte. Aber über den Betten nicht nur der Verkäuferinnen, auch der Studenten hängen die Bilder der Verbreiterinnen von Bewußtlosigkeit ... Die Ehe ... Karl Marx' hat keine Aussicht, als Leitbild zu gelten für Treue und Unbeirrbarkeit; (diese Ehe) die Marx wahrscheinlich vor dem Schicksal bewahrte ... Selbstmord zu begehen oder wahnsinnig zu werden.«

Für mich gehörte Marx zu denen, deren Bücher mitgeholfen haben, Stalin Hammer und Sichel in die Hand zu drücken. An der Willkür der Stalin-Epoche gemessen, erschien mir der Despotismus der Zaren vergleichsweise milde.
Die Zusammenhänge zwischen dem einen und den anderen wurden mir erst im Laufe der Zeit klar, und so fuhr ich nach Karabicha, wo der geistige Sprengstoff der Revolution im Original aufbewahrt wird.

Genug erinnert — wir standen vor dem Landhaus von Nekrassow. Es war Montag, 10 Uhr vormittags Moskauer Zeit.
»Nicht geöffnet.« Ich war wie vom Donner gerührt; in acht Stunden würde der Kapitän der »Isaak Lewitan« das Kommando zur Abfahrt geben.
»Warten Sie bis Dienstag«, sagte der Pförtner, dessen Aufgabe heute darin bestand, niemanden hereinzulassen.
Er lehnte an der geschlossenen Tür, unwillig, mißmutig, Ablehnung in jeder Geste, und schaute mich nicht an.
Den Park könnten wir besichtigen, meinte er, und dann warf er mir doch einen kurzen Blick zu: »Ich werde Ihnen eine Broschüre über das Museum geben.«
Eine Broschüre als Ersatz für eigene Eindrücke! Ich will keine Erklärungen, bevor ich selbst gesehen habe, was ich sehen wollte. Vielleicht sind die Abbildungen brauchbar, aber die Unterschriften verraten oft weniger über die Menschen oder die Landschaft, die das Foto zeigt, als über die Absichten der Verfasser.
Ich stand einfach da und ging nicht weg. Leila packte den Türhüter am Arm, drängte ihn gegen die Tür, erzwang sich mit harten Worten und Fußaufstampfen den Eintritt in sein Büro. Sie erklärte ihm, welche Bedeutung ein Besuch im Haus des Dichters Nekrassow für mich habe, daß ich extra aus Deutschland hierhergekommen sei, daß mich weder die alten Kirchen in Jaroslawl noch die Brücke über die Wolga

interessierten, sondern nur das Museum. Der Mann zuckte mit den Achseln. Er glaube das alles, und er freue sich, daß ich hergekommen sei, aber Vorschrift sei Vorschrift.
»Die Angestellten, die in den Sälen aufpassen, sind nicht da. Niemand ist da, der etwas erklären könnte.«
»Wir brauchen keine Erklärungen, wir wollen nur durch die Räume gehen und uns die Originalmanuskripte, die Zeitschriften mit den Erstveröffentlichungen und die alten Fotos und Briefe ansehen.« Leila zeigte auf das Telefon.
Der Mann wehrte ab: »Es ist niemand zu erreichen.«
»Versuchen wir es doch wenigstens!«
Der Pförtner nannte ihr die Telefonnummer des Direktors. Sie erreichte ihn, sprach, gab den Hörer an den Pförtner weiter. Ich stand nur da, spürte, wie meine Hände vor Erregung feucht wurden. Der Mann legte den Hörer auf, schüttelte verwundert den Kopf und war plötzlich ganz vergnügt, als freue er sich, mir sagen zu können, was er nun sagte: »Ausnahmsweise — kommen Sie.«
Eine Frau wird uns führen, eine, die nicht mehr im Dienst ist und der wir daher nicht ihren freien Tag wegnehmen. Er ruft sie an; wieder banges Warten. Aber heute habe ich meinen Glückstag. Zehn Minuten später kommt sie. Der Pförtner gibt ihr die Schlüssel.
Das Wohnhaus besteht aus fünf großen Räumen. In der Vorhalle hängt ein Bild der Zarin Katharina II. Die alte Frau sagte: »Nekrassow hat den ganzen Besitz von der Familie Golitzyn gekauft. Die Golitzyns gehörten zum Hochadel, dies Gemälde war in ihrem Besitz. Nekrassow gefiel es, und er ließ es an der Stelle hängen, an der die Fürstin es angebracht hatte. Wenn er Besuch bekam und den Gast noch nicht so richtig kannte, dann mußte der unter dem Bild Katharinas auf dem Ledersofa oder in einem der beiden Sessel Platz nehmen. Während der Gespräche, so erzählten seine Besucher, blickte der Dichter ab und zu zur Zarin hoch. Seine Freunde berichteten auch, er habe sich vor dieses Gemäl-

de gestellt und der Zarin lange Vorträge gehalten — gleich darauf habe er dann seine Gedanken zu Papier gebracht.«

Der nächste Raum ist so richtig dafür geeignet, mit auf dem Rücken verschränkten Händen hin und her zu gehen und dabei laut vor sich hin zu reden. Auf der linken Seite ist ein Kamin in die weiße Mauer eingebaut. Auf dem Sims stehen ein ausgestopfter Steppenvogel, zwei Enten und ein Rebhuhn. Eine langläufige Flinte hängt an der rechten Zimmerseite, und auf dem Rauchtisch liegt ein Kartenspiel.

In der rechten Saalecke steht die Büste von Sir Walter Scott. Auch diese Büste hat der »Dichter der Revolution« von den Golitzyns übernommen. Scott begann als Advokat, beschäftigte sich in seiner Freizeit mit »antiquarischer schottischer Heimatforschung«, wurde Sheriff, machte am Edinburger Gerichtshof Karriere, erhielt den Titel Baronet, ließ alles stehen und liegen, wurde Schriftsteller — und verlor sein ganzes Vermögen, als sein Verleger Bankrott machte.

Aber wo andere aufgegeben hätten und zu den sicheren Pfründen einer juristischen Laufbahn zurückgekehrt wären, entschloß sich Scott, nur noch der Literatur zu leben. Geschichte war für Scott — genau wie für Nekrassow — der Schlüssel zum Verständnis des menschlichen Verhaltens. Geschichte machte er zum Inhalt seiner Romane. Er wurde zum Begründer des historischen Romans.

»Ivanhoe«, »The Bride of Lammermoore«, kannte Nekrassow diese Bücher? Lief er bei seinen Monologen von Walter Scott zu Katharina der Großen, hin- und hergerissen von den skeptischen Blicken des Schotten und der Pracht der Zarin?

In diesem Saal las er die Manuskripte, las auch eine der ersten Arbeiten des damals noch fast unbekannten Dostojewskij, »Der Jüngling«, und publizierte sie. Allein dadurch schon hätte er seinen Platz in der Literaturgeschichte verdient. Sein Schreibtisch im Arbeitszimmer ist mit einem ro-

ten Filztuch bedeckt. Dicht über dem Tisch hängen die Bilder der Dichter, die er ansah, wenn er von der Arbeit hochblickte. In der oberen Reihe Schiller und Cervantes, in der Mitte darunter ein Gemälde des russischen Dichters Brylow, darunter Chateaubriand und Molière. Das waren seine Vertrauten, mit denen er Zwiesprache hielt. Eine Kaiserin und fünf Autoren: ein Schotte, ein Deutscher, ein Spanier, ein Russe und zwei Franzosen.
In der Bibliothek stehen die Werke Heinrich Heines in russischer Sprache. Er bekam sie 1864 von dem deutschen Verleger Peter Weinberg als Geschenk.
»Er war verliebt in deutsche Dichter«, sagte die alte Frau. »Noch auf dem Sterbebett bat er darum, ihm Heinrich Heines Gedichte vorzulesen.«
Neben Heines Werken steht die »Geschichte der slawischen Völker«.

»Das Land der Dichter und Denker«, das war Deutschland einmal für die Russen. Spürte Lena, was in mir vorging?
»1941, als der Krieg begann«, sagte sie, »gab es Grenzabschnitte, an denen unsere Leute nach den ersten Feuerüberfällen der Wehrmacht Schilder aufstellten mit der Aufschrift ›Deutsche Soldaten, ihr kommt ins Land eurer slawischen Brüder‹.«
Ich hörte so etwas zum erstenmal. Aber ich behielt meine Zweifel für mich. Können diese Wunden heilen? Vielleicht, wenn wir über alles frei sprechen, auch über die Kriegsparole »Nur ein toter Deutscher ist ein guter Deutscher«. Die Haßblüten der Propaganda verdorren, ihr Gift wird schwächer, aber den Schmerz spüren wir noch.

Von dem Wohnhaus Nekrassows gingen wir ein paar Schritte hinüber in das Haupthaus. Im 1. Stock steht quer über die weißgekalkte Wand gepinselt Nekrassows Bekenntnis: »Ich widme meine Dichtung meinem Volk.« Darunter sind

Fotos angebracht. Neben einem Porträt Gogols stehen die Worte des Kritikers Belinskijs: »Gogol hat der Jugend den Weg gewiesen«; neben dem Foto Belinskijs der Ausspruch Nekrassows: »Belinskij war für mich die Rettung.«
Über die Gespräche mit dem Kritiker sagte er:
»Wir haben die ganze Nacht geredet ... Und dann wieder Tag und Nacht ... Belinskij hat das Genie Dostojewskijs entdeckt ... Belinskij hat mich zur deutschen Philosophie geführt. Schelling, Fichte, Hegel, Feuerbach, von dort fand ich den Weg ... Er hat mich gelehrt, die philosophische Wahrheit als unumstößliches Gesetz anzuerkennen ... Ihm gelang es, wonach wir alle streben, die Literatur zum Anliegen aller Menschen zu machen ... Von ihm weiß ich, erfuhr ich, lernte ich, daß die Literatur das Bindeglied zwischen den ewigen Ideen der Menschheit ist ... Die Idee bestimmt immer die Geschichte, und die Geschichte bestimmt auch das Schicksal unseres russischen Volkes ... Beginnen wir mit der Erforschung der konkreten Tatsachen und lassen uns nicht mehr irreführen ... Sprengen wir die Mauern, eröffnen wir der Menschheit neue Horizonte ... Erkennen wir, was ist und wie es dazu kam, und wir kennen die Gesetze der Geschichte.«
Der nächste Schritt war logisch. Wer Rußland kannte, konnte nicht gutheißen, was er sah. Die Literatur wurde zu einer Waffe der Kritik, und die Kritik veränderte die Politik. Es ging um mehr soziale Gerechtigkeit — von Kommunismus war kaum die Rede, und wer in diesen Kreisen von der Diktatur des Proletariats gesprochen hätte, wäre hart zurückgewiesen worden. Von Diktatur wollte im Hause Nekrassow niemand etwas wissen.
Ich ging einige Schritte weiter zu der Glasvitrine, in der die Bände der Zeitschrift »Der Zeitgenosse« lagen. Aufgeschlagen war der Jahrgang 1863, Nr. 2, Seite 5. Nun endlich stand ich vor dem Werk Tschernyschewskijs »Was tun?«, das damals ganz Rußland erschütterte.

Werfen wir einen Blick auf die Zimmerwand. Das Gemälde läßt keinen unbeeindruckt: »Wolgaschiffer«. In etwa einer Woche werde ich an dem Hügel der mittleren Wolga vorbeikommen, wo der Maler Repin seine ersten Skizzen für dieses Gemälde entwarf. Es zeigt die Geschundenen, die Gepeinigten, die Ausgepeitschten, die Ausgemergelten, die mit ihren Körperkräften die Wolgakähne stromaufwärts zogen. Nekrassow brauchte nur an das wenige Kilometer entfernte Ufer der Wolga zu gehen, und er sah sie, hörte ihre Rufe, ihre Flüche, sah die von den Stricken blutigen Hände und die durchgescheuerten Schultern. Der Lohn dieser Menschen: Schnaps und ein paar Kopeken.

Nekrassow sah nicht mehr den Glanz dieser eigentümlichen Stromlandschaft, die Weiten der sich an beiden Ufern hinziehenden Wälder und Wiesen, die gewaltigen weißen Wolkenmassen, die langsam, schwerfällig, vom Ostwind getrieben, nach Westen ziehen, das Grün der Gräser im Frühling, das Leuchten der Sonnenblumen im Sommer und die leise gegen die Ufersteine glucksenden Wellen; er sah nur die Menschen, die die Kähne zogen.

»Ich weinte, als ich am Ufer dieses Flusses stand,
ein Fluß, der mir mein alles war.
Nun sah ich ihn von einer anderen Seite,
und nun erkannt' ich ihn,
es ist der Fluß der Sklaven und der Trauer.«

In einem seiner Gedichte über die russischen Frauen stehen die Sätze: »(Sie sind) Sklavinnen, deren Los es ist, die Frau eines Sklaven zu sein, die Mutter eines Sklaven zu werden und einem Sklaven bis ans Grab zu gehorchen.«

Sein Blick gewöhnte sich nie daran. Gott hat es so gewollt? Er widersprach. »Das ist Menschenwerk. Jemand hat ihnen gesagt, das sei ihr Los, und sie meinen, es müsse so sein. Wir wissen, daß das nicht stimmt. Und wir müssen den Mut haben, ihnen das zu sagen.«

An Mut fehlte es ihm nicht. Aber er nahm an, was der Zar ihm an Annehmlichkeiten bot. Nikolaus II. befreite den Herrn auf Karabicha vom Militärdienst. Der Publizist, Verleger und Dichter an der Wolga griff die russischen Zustände schonungslos an, aber in direkte politische Aktionen, in öffentliche Demonstrationen, Attentate, Konspirationen war er nicht verwickelt. Was er ersehnte, was ihm am Herzen lag, konnte jeder in seinen Zeitschriften lesen, doch das gute Leben, das er selbst führte, ließ er sich nicht nehmen. Manche seiner Gegner verspotteten ihn auch ein wenig als den »russischen Chateaubriand«. »Geistig ein Mönch, aber das Leben voll genießend ... Glänzendes Parkett, Ballfreuden in glitzernden Spiegelsälen, große Geheimnisse im Umgang mit den Intellektuellen, Verschwörung im Geistigen, ein lächelndes Gesicht beim Empfang am Hofe. Gegen die Zeit schreibend, für sich lebend.«

Sechzehn Jahre lang hatte er eine Geliebte. Ihr Bild steht so im Salon, daß die Büste Nekrassows auf sie herabblickt. Ein feines, schmales Gesicht, dunkle Haare, Mittelscheitel. Drei Romane schrieb er mit ihr zusammen — aber die Welt der Romane genügte ihr nicht, sie verließ ihn. Niemand konnte mir sagen, was aus Frau Panajewa geworden ist, welches Drama der Trennung vorausging.

Auch als Geschäftsmann fühlte Nekrassow sich keinesfalls dem Satz des französischen Sozialistenführers Proudhon verpflichtet: »Eigentum ist Diebstahl.« Der Kauf Karabichas beweist es. Von der Familie Golitzyn erwarb er nicht nur das Herrenhaus, die Wohn-, Gesinde-, Stallgebäude, eine Orangerie und einen Park, um den ihn jeder Künstler beneiden konnte. Wer Karabicha besaß, dem gehörten auch die Menschen des zu diesem Grundstück gehörenden Dorfes.

Nekrassow als Herr über Leibeigene — das ist wieder eine dieser Ungereimtheiten des intellektuellen Rußland. Vielleicht waren diese »Seelen« sogar glücklich, ihm zu gehören. Man weiß, daß er ihre Hilflosigkeit nicht ausnutzte. Wenn

er um Hilfe gerufen wurde, half er. In einer Vitrine ist einer der Briefe ausgestellt, die Nekrassow an den Popen schrieb. Darin gibt er die Genehmigung zur Hochzeit eines seiner Bauern. Der Dichter geißelte das System, aber seine Leibeigenen behielt er. In seinen Versen, Briefen, Gesprächen, Romanen, in der uneingeschränkten Unterstützung, die er den revolutionären Geistern der Epoche zuteil werden ließ, da ging er nicht nur mit, da ging er voran, da bekannte er, da forderte er, was er für menschenwürdig hielt.
»Warum gab er seinen Leibeigenen nicht die Freiheit?«
Die alte Frau verstand zuerst meine Frage nicht, dann sagte sie zögernd: »Er war ein Herr, ein Dichter, ihn interessierten nur die großen Dinge.«

Der nächste Saal ist dem Andenken an die Dekabristen gewidmet; dem Andenken an die russischen Offiziere, die bei der Verfolgung Napoleons Westeuropa kennenlernten und die zusammen mit den Preußen in Paris einmarschierten. Sie hatten die französische Armee besiegt — aber die französische Zivilisation besiegte die Sieger.
»Erst jetzt wissen wir, wie rückständig Rußland ist ... Ein Kutscher lebt in Frankreich besser als bei uns ein Graf.«
Sie forderten Reformen. Worte entzündeten militärische Taten. Die Petitionen wurden vom Monarchen zurückgewiesen, ein Umsturzversuch niedergeschlagen. Auf die Reformer wartete der Galgen und auf die Begnadigten Sibirien. Seit damals, seit 1825, hat die Furcht vor der »Infektion durch den Westen« die Männer im Kreml nicht ruhig schlafen lassen. Drei Ausnahmen gab es in tausend Jahren: Peter I., Katharina II., Gorbatschow.

Im nächsten Saal hängen eine Axt, ein Degen und eine Eisenkette an der Wand. Geben wir Nekrassow selbst das Wort:

»O du meine Heimat,
ich träume in meinen Gedanken,
noch viele Jahre wirst du leiden,
aber du wirst es überstehen,
ich bin dessen ganz sicher,
du wirst die schlimmen Zeiten überwinden,
es muß damit zu Ende sein.
Das russische Volk nimmt seine Kräfte zusammen
und lernt, frei zu sein.«

Die Russen nehmen die Literatur ernst. Alles ist so eingerichtet, wie es zu Lebzeiten Nekrassows in seinem Wohnhaus war. Die Verantwortlichen haben sich bemüht, seine Werke und die Menschen, die Nekrassow beeinflußten, in den Zusammenhang der Zeit und der Geschichte seines Lebens zu stellen. Nekrassow ist einer der geistigen Wegbereiter der sozialistischen Revolution. Seine »adligen Allüren« werden als unwichtig beiseite gelassen. Er selbst ist da ehrlicher: »Ich habe Karabicha gekauft und dafür viel Geld bezahlt. Ich bereue es nicht ... Ich will hier keine Geschäfte machen. Ich will auf diesem Landsitz im Sommer gut leben.«

Ein Herrenleben. Wir bummelten im Park umher. Die schmalen Wege waren von Birken gesäumt. Wo sich die Pfade kreuzten, standen grüne Bänke. Einige Linden, ein Ahornbaum begrenzten ein Rasendreieck. Ich empfand es als Geschenk, in diesem Park auf einer Bank sitzen und auf die Birken blicken zu können. Nur ein paar Schritte entfernt stand der Landsitz mit seinen weißen Säulen, den großen Fenstern, den hellen Wänden und der prächtigen Auffahrt.

Nekrassow zögerte nie, über sein Leben zu sprechen, seine Erfolge zu genießen. Wirklich wichtig ist wohl vor allem die Tatsache, daß er in seinen Zeitschriften alle zu Wort kommen ließ, »deren Stimmen nicht verstummen dürfen«.

Es paßt ins Bild der Zeit, daß er auch darauf hinwies, daß

ihm weder Reichtum noch literarischer Erfolg in den Schoß fielen. »Mit 26 Jahren habe ich von meiner Hände Arbeit gelebt ... Durch das Studium habe ich mich hindurchgehungert ... Tagelang hatte ich oft nichts zu essen ... Lieder haben mich satt gemacht, die Lieder des Volkes, sie gaben mir Kraft.«

Die alte Frau drückte uns die Hand. »Er hat die Deutschen gemocht«, sagte sie und blickte mich mit ihren müden, wäßrig-blauen Augen an, als wäre sie sicher, mir mit dieser Bemerkung eine Freude zu machen. Unsere Dankesworte wehrte sie ab.
Vor dem Zaun wuchsen Gras und Wiesenblumen. Leila gab mir einen leichten Kuß auf die Wange: »Ich hatte Karabicha auch noch nie gesehen. Nekrassow — wir kennen ihn alle, aber kaum einer liest ihn noch.«

Noch vor einigen Jahren wäre dieser Besuch undenkbar gewesen. Nach Jaroslawl durfte kein Ausländer — abgesehen von ein paar offiziellen, von Parteimitgliedern begleiteten Delegationen. Wir waren allein durch diese Räume gegangen, die alte Frau war keine Aufpasserin, sie freute sich, uns da und dort ein paar Erklärungen geben zu können. Sie drängte uns ihre Worte nicht auf. Sie schwieg, wenn sie spürte, daß wir schweigen wollten, und sprach, wenn wir darum baten.
»Nicht geöffnet« stand auf der Eingangstür — aber das Tor war aufgegangen.

7.

Alte, graue Mauern, rostrote Eisengitter, weißglänzende Wälle, grüne Rasenplätze, auf denen Krähen herumflatterten und ihre krächzenden Jungen fütterten, Fichten und Birken dicht neben den festungsartigen Wehrtürmen und dann, alles überragend, jeden Blick auf sich ziehend, die Kirchenkuppeln, golden glänzend, grün, blau, gekrönt von dem Kreuz mit schrägem Querbalken. Klöster, Kathedralen und Kirchen sind wieder geöffnet, sie »arbeiten« wieder, wie die Kommunisten früher sagten. Das Geräusch von vielen Menschen, die Rufe der Erwachsenen, das Geschrei der Kinder, das Schlurfen Tausender Schritte und die Worte der Priester, Gebete, Kirchengesang füllen die Innenräume.

Eine blondhaarige Schönheit, Tränen in den Augen; ein Alter in ärmlich zerknittertem Anzug, die Rockärmel zerfranst, die Schuhe ausgetreten; eine Matrone, rundes Gesicht, fetter Hals, dicke, fleischige Arme; ein junger Mann in weißem Hemd und dunkler Hose; ein altes Paar, sich an der Hand haltend, zerfurchte Gesichter, schüttere Haare; ein junges Paar, beide blond, beide ernst, Erwartung in den Augen — alle drängen sich dem Priester entgegen zur Erwachsenentaufe. Tausende, so scheint es, die im »heiligen Jaroslawl« der Partei gehorchten und den Weg zur Kirche nicht wagten, kommen nun, Gebete auf den Lippen; jeder sieht es auf den ersten Blick: Liebe, Vertrauen, Hoffnung führte sie hierher. Das Versprechen eines besseren Lebens wurde nicht eingehalten, die Hoffnung auf Erlösung durch Politik erwies sich als Illusion, nun glauben sie wieder an Gott. Vielleicht haben sie immer an ihn geglaubt, aber jetzt sind sie bereit, sich dazu zu bekennen. Neben der Menge, die zu den Geistlichen drängt, um die Erwachsenentaufe entgegenzunehmen, stehen die Schlangen der Mütter und Väter, die ihre Kinder den Priestern entgegenhalten.

Vor den Gotteshäusern sitzen die Bettler in Scharen, einer neben dem anderen; alte Frauen mit Kopftüchern, mit zittrigen Händen, unförmig aufgeschwemmt manche, zum Skelett abgemagert andere; Männer mit Armstümpfen, mit zerzausten schwarzen Bärten und blutunterlaufenen Augen; Kranke, Sieche, Hungernde. Aus welchen Hinterhöfen, Gassen, Bruchbuden, aus welchen Dörfern, welchen Städten kommen die alle? Wem soll man helfen? Ein, zwei Schachteln Zigaretten sind im Nu aufgeteilt, jedem eine Zigarette, jeder dankt, jeder macht ein Kreuzeszeichen, und man fühlt sich hundsmiserabel dabei; 25 Rubel aufgeteilt in 1-Rubel-Scheine — an der Kasse, wo man für 2 Rubel eine Kerze kaufen kann —, und 25 Frauen habe ich damit ein Dankgebet auf die Lippen gezaubert. Ein paar Kopeken in die Rocktasche eines Schwerversehrten, aber alles, was man tun kann, ist noch nicht einmal soviel wie der berühmte Tropfen auf den heißen Stein.
Das Elend zeigt sich. Die Armen, die Verlassenen, die Gescheiterten, die Kranken und die Geschundenen, sie müssen sich nicht länger verstecken — das Bild eines strahlenden Volkes wird niemandem mehr vorgegaukelt. Die Propagandaplakate wurden abgenommen, und was sie verdeckten, liegt nun vor jedem offen da: ein Land voller Armut, ein Volk, gedemütigt, belogen, ausgenutzt. Der Glaube an den Sozialismus ist bei den meisten gestorben, nun suchen sie wieder Halt bei der Kirche, noch immer hoffend, daß auch für sie das Leben einen Sinn hat und sich noch alles zum Besseren wenden wird.

In der Nähe der Gotteshäuser sind die Stände mit den Gütern für den leiblichen Bedarf aufgestellt: Gurken, Tomaten, Preiselbeeren, Kirschen, Pflaumen, Kartoffeln. Freier Markt.

Ich ging mit einem Russen an die Verkaufsstände, er fragte nach den Preisen. »Reiner Wucher«, sagte er. Die Verkäufer hielten mir eine Schüssel mit Walderdbeeren entgegen. »Beste Qualität, 20 Rubel!« Für uns sind das Pfennige, für die Russen ist es enorm viel Geld.
In den Kirchen werden Grütze, Kohlsuppe und Brot verteilt. Ein paar Schritte neben den Täuflingen dampfen die Kessel. Straßenlärm und Staub dringen von außen herein, das Läuten der Glocken läßt alle nach oben blicken, aber nur einen Atemzug lang, dann hört man wieder die Worte der Priester, das Weinen der Säuglinge, das Gemurmel der Menge, das Scharren der Füße.
»Sie haben uns verfolgt, sie haben uns verboten, sie haben versucht, uns umzubringen, wir haben alles überstanden«, sagte ein Priester zu mir. Er war von seinen eigenen Worten ergriffen. »Die Menschen glauben nicht mehr an Wunder — aber ist das, was heute in den Kirchen geschieht, nicht ein Wunder? Die Glocken läuten wieder in Rußland«, sagte er, und es klang so, als verkünde er die Auferstehung. »Der Justizminister hat dem Patriarchen von Moskau und ganz Rußland, Alexij II., die erste amtliche Registrierurkunde einer Religionsgemeinschaft übergeben, das heißt, wir dürfen nun ungehindert unsere Arbeit tun, die bisherigen Verbote und Einschränkungen sind aufgehoben.« Er bekreuzigte sich. »Es ist unmöglich, die Zukunft der russisch-orthodoxen Kirche vorherzusagen. Neue Probleme, neue Aufgaben stellen sich uns, aber was kann schwerer sein als das, was wir hinter uns haben?« Er faltete die Hände und lächelte mich an. »Die Gegenwart ist voller Freude.«

Vor den Altarbildern wurden die Kerzen entzündet. Rechts neben das Kreuz stellte man die Kerzen für die Lebenden, vor das Kruzifix die für die Verstorbenen. Die kleinen Flammen flackerten im Windzug der Vorbeigehenden. Ihr Lichtschein erhellte den Goldlack der Ikonen. In den dunklen

Winkeln brannten die Öllampen, keine Kopeke konnte zu Boden fallen, so dicht gedrängt voller Menschen war die Elias-Kapelle, ebenso wie alle anderen Kirchen, die ich besuchte.

»Wir haben nie gezweifelt«, sagte der Priester. »Tausende unserer Gotteshäuser wurden zerstört. Kneipen, Warenlager, Geräteschuppen, Kinderhorte, Munitionslager und sogar Tanzlokale hat man daraus gemacht. Heute bekommen wir unser Eigentum zurück.« Er hob den Zeigefinger. »Der Glaube ist stärker denn je. Viermal am Tag taufen wir. Erwachsene, Kinder, Sie sehen es ja. Der Andrang ist kaum zu bewältigen. Wir fragen nicht mehr nach Ausweisen. Früher wurde jeder registriert, der sich taufen ließ — und die Namen wurden leider nur zu oft von ungetreuen Priestern an die Staatsorgane weitergegeben. Heute wird jeder getauft, der kommt. Selbst ehemalige Funktionäre lassen sich taufen.« Er dachte eine Weile nach. »Es gab sie, die Agenten des KGB im Priesterrock, so daß ein Gläubiger nie wußte, wem er beichtete. Auch heute gibt es sie noch. Aber wir werden sie aufspüren und entfernen.«

Immer noch drängten neue Menschenschlangen in die Kirche hinein, neue Kerzen wurden aufgestellt, Kopeken in die Opferschalen gelegt, Brot aufgestellt und Kinder dem Priester zur Taufe übergeben. Junge Paare und alte, die jahrzehntelang ohne kirchlichen Segen zusammenlebten, kommen, um sich vor dem Altar trauen zu lassen. Oft stehen die Kinder der Neuvermählten neben ihren Eltern. Ich fragte einen sechzehnjährigen Jungen, was er von der späten Eheschließung seiner Eltern hielte. Mit ernster Miene sagte er: »Nun hat es ein Ende mit der Sünde gegen Gott, gegen den Nächsten und gegen das eigene Leben.«

Über 70 Jahre bestimmte die atheistische Erziehung das religiöse Leben im Land. In diesen Tagen ist es so, als hätte es sie nie gegeben.

Der Bischof von Jaroslawl unterstützt die demokratischen Kräfte in Rußland: »Ob verboten oder nicht, ob aufgelöst, geduldet oder — unter was für Namen auch immer — sich neu formierend, die marxistische Idee und der Kommunismus leben weiter. Parteien kann man verbieten, Ideen nicht. Ihre Macht ist nun begrenzt, aber noch immer können sie unendliches Leid über uns bringen. Die Kirche unterstützt die Demokratie, denn sie garantiert auch die Religionsfreiheit.«

Die jungen Theologen im Priesterseminar waren weit offener und radikaler in ihren Äußerungen als ihre alten Lehrer. Das Gartentor stand sperrangelweit offen, ich trat ein und war nach wenigen Schritten von Seminaristen umgeben, die aus der Kirche kamen, einzeln, zu zweit, in Gruppen, Bücher unter dem Arm, diskutierend oder schweigend. Einer blieb vor mir stehen und fragte mich nach meinem Fotoapparat, woher er sei, was er gekostet habe und wieviel das in Rubeln sei. So kamen wir ins Gespräch, das erst ganz allmählich zu theologischen und politischen Fragen führte. Immer mehr Seminaristen blieben stehen, tuschelten miteinander, sahen mich forschend an und waren voller Unruhe, loszuwerden, was sie mir sagen wollten. Nicht nur zur Kirche, auch zur Presse, zur Meinungsfreiheit, zu den Medien und den — wie sie das nannten — Irrtümern der Intellektuellen.
»Sie meinen, die Kirche habe ihre Unterstützung nötig. Was für ein Irrtum!« Er hatte rote Haare, Sommersprossen im Gesicht und auf den Handrücken, war etwa zwanzig Jahre alt, 1,70 Meter groß und stand keine Sekunde ruhig, während er sprach. »Es ist doch genau umgekehrt. Sie brauchen uns, wenn sie ihre Seele retten wollen.«
»Was haben sie denn für den Glauben getan in den letzten hundert Jahren?« Der Sprecher war klein und gedrungen, hatte ein rundes, pausbäckiges Gesicht und hellblaue Augen. Bei jedem Wort neigte er den Kopf und lächelte. Seine

freundliche Art verblüffte mich, denn seine Sätze waren voll Härte.
»Die ganze Intelligenzschicht muß erst wieder beten lernen; glauben, beten und zuhören. Zuhören vor allem, sie warten doch immer nur darauf, anderen ihre Vorstellungen vorzutragen, nun sollen sie erst einmal lernen, zuzuhören.«
Alle, die um den Pausbäckigen herumstanden, pflichteten ihm bei. »Wir haben keine intellektuellen Ratgeber nötig. Was wir brauchen, sind Menschen, die beten.«
Meine Frage nach der Vielfalt der Meinungen konterten sie, lebhaft durcheinandersprechend: »Wozu? Wenn man mehrere Meinungen zu einem Problem hört, wird man dadurch ein besserer Christ?«
In diesem Augenblick kam ein Priester an uns vorbei, blieb stehen, hörte eine Weile zu und sagte: »Die öffentliche Meinung, der Name sagt es, bietet Meinungen, aber Meinungen klären keine Fragen. Wenn Sie den Fernsehapparat anstellen, da kommt nach den Worten des Patriarchen Marschmusik, dann Sport, dann ein Lustspiel, dann ein Liebesfilm. Die Zuschauer können wählen. Das ist gut so, aber in der Religion kann man nicht wählen. Die Religion ist kein Kaufhaus, in dem man sich nur das aussucht, was einem gefällt. Religion ist Verpflichtung, Glaube, Hingabe. Religion verträgt keine Privatisierung.«
Niemand unterbrach ihn. Alle sahen ihn an, nur ab und zu warfen sie einen neugierig-hoffnungsvollen Blick auf mich. War ich bereit zu akzeptieren, was ich hörte? Der Priester dämpfte seine Stimme ein wenig, ergriff meine Hände.
»Der Glaube ist verbindlich.« Er sah mir ernst in die Augen. »Die öffentliche Meinung, die Presse, das Fernsehen verdekken die Wirklichkeit, sie stellen Interessen zufrieden, sie füllen die Leere, sie vertreiben die Langeweile. Sinngeber des Geschehens treten auf und nennen sich Kommentatoren, dabei kommentieren sie nur das, was sie politisch interessiert. Sie wollen den Glauben ersetzen durch Information,

aber was ist Information?« Er schwieg einen Augenblick und gab dann selbst die Antwort. »Ein Tausendstel der hunderttausend Ereignisse, die täglich auf der Welt geschehen. Sie wählen aus, was ihnen paßt und nennen es Information.«

Aus der Kirche heraus erklang Gesang. Durch den Garten strömte eine große Menschenmenge auf das Gotteshaus zu. Frauen und Männer, Jungen und Mädchen, Greise, Schwangere, Mütter mit Säuglingen im Arm. Wir blickten auf die Menge. Ein Seminarist sagte: »Sie kommen alle, um die Kirchenlieder zu hören — ihre Kraft ist heute noch so stark wie zu den Zeiten, da sie komponiert wurden. Keines der politischen Lieder und der revolutionären Gesänge hat so viel Würde und Schönheit, und wenn man es bedenkt — wie kurzlebig waren sie doch, gemessen an unseren Chorälen.«

Er war fest davon überzeugt, daß die russisch-orthodoxe Kirchenmusik mithelfe, die Menschen zum Glauben zurückzuführen.

»Wenn sie erst einmal in der Kirche sind und unsere Gesänge hören, dann spüren sie, daß sie heimgefunden haben. Unsere Seelen haben gehungert«, sagte er, und dann sprach er davon, wie die Menschen stundenlang vor den Ikonen stehenblieben, wie der Glanz der Gemälde auch ihr Inneres verwandele und sie bereit mache, wieder zu glauben.

»Die Menschen lassen sich die Religion nicht nehmen, man kann sie eine Zeitlang unterdrücken, ausrotten kann man sie nicht.«

Nach siebzig Jahren mörderischer Verfolgung verstand ich nur zu gut den Überschwang und das Glück über die Wiedergeburt des Glaubens in dem Land, das einst vor der ganzen Welt verkündet hatte: »Religion ist Opium für das Volk.« Unwillkürlich dachte ich an den Schriftsteller Maxim Gorkij und seine Schilderung der Arbeit in einer Ikonenwerkstatt. Wie er vom »lässigen Pinselstrich über das Gesicht der Madonna« spricht, von den unheiligen Gedanken der dort arbeitenden Männer, ihren Zoten und Anzüglichkeiten; auch von einigen, die die Hand aufs Herz hielten, wenn das Bild fertig war, wie sich dies Gefühl aber schnell wieder verflüchtigte, wenn von den »geilen Weibern« die Rede war, die es sich ins Schlafzimmer hängen würden; wie die Popen nach dem Geld gierten und Schachern und Wuchern ihren Seelen offenbar wohl tat.

Heute ist es ein Kinderspiel, den Kommunisten eins auszuwischen; ein Kinderspiel ist es auch, der russisch-orthodoxen Kirche eine allzu passive Haltung in den vergangenen Jahrzehnten und ihre Kriegsgebete vorzuwerfen. »Soldaten — hört die Stimme der Kirche. Bewahrt die Heimat. Opfert euer Leben … Tut Buße und seid gehorsam!«
Stalin konnte damit durchaus zufrieden sein. Aber wo, von einzelnen Widerstandsgruppen abgesehen, handelte die Kirche anders? Kein Kindergottesdienst, zu dem ich sonntagmorgens ging, in dem wir nicht für den Sieg unseres Vaterlandes gebetet hätten. Es schmerzt mich heute noch, wenn ich daran zurückdenke und wenn ich mir vorstelle, wie in Canterbury, in Chicago, in Marseille, Palermo, Budapest und Warschau Kinder ihre Hände falteten und darum baten, daß Gott in diesem Krieg auf ihrer Seite sei. War er auf Stalins Seite?

Später, in einer Diskussion in Kostroma, nach einem Besuch im Ipatiew-Kloster, sprachen wir darüber mit Priestern, heftig, um Worte ringend, voller Zweifel, wohl wissend, daß es darauf kaum eine Antwort gibt. Vielleicht kann man dem Priester Alexij zustimmen: »Gottes Mühlen mahlen langsam. Er hat euch gestraft mit der Niederlage, er hat uns den Sieg geschenkt, und nun müssen wir zahlen für den Hochmut und all das Böse, das wir getan haben. Aber aus dem

Leiden entsteht das Verständnis, auch das Mitgefühl mit dem Gegner. Es entsteht das Bewußtsein, daß unsere beiden Völker, die sich so Unsagbares angetan haben, vor Gott verpflichtet sind, sich zu versöhnen, sich gegenseitig zu helfen, damit Ähnliches nie wieder geschieht.« Nach einer Pause: »Zeigen Sie mir einen einzigen Menschen in Rußland oder Deutschland, der dagegen ist.«

In der Kirche wurde ein neuer Choral angestimmt; der Text war dem 135. Psalm entnommen. Er handelte von der Allmacht Gottes und der Ohnmacht der Götzen.

Alle Priester, Mönche, Nonnen, denen ich in Jaroslawl begegnete — im Spasskij-Kloster, in der Kirche Johannes des Vorangehenden, in der Alexander-Newskij-Kathedrale, in der Nikolaj-Nadin-Kirche und im Metropolitenpalais — waren voller Zuversicht, Ruhe und Bescheidenheit. Sie hatten ihrem Leben einen neuen Sinn gegeben, hatten es in den Dienst des ewigen Glaubens gestellt. Das klingt pathetisch für unsere Ohren, aber in Rußland sind pathetische Sätze für niemanden etwas Ungewohntes. Sie lösen fast immer Zustimmung oder Freude aus, als spürte der andere, daß man sich mitreißen läßt von seinen Gefühlen. Unsere weltlichen Wünsche und Leidenschaften taten sie mit einer nachsichtigen Geste ab: »Wie kurz ist dieses Leben, gemessen an der Ewigkeit«, eine banale Weisheit, aus der sie dennoch Kraft schöpften.

Sergej, ein Mönch, berichtete über das Leben im Kloster; ihr Tag begänne vor Sonnenaufgang, sieben Stunden täglich sei Gottesdienst, ihre Kräfte gehörten dem Wiederaufbau der verfallenen Kirchen. Wenn ich mehr Zeit hätte, würde er mich mitnehmen, damit ich mit allen selbst sprechen könnte: mit der ehemaligen Kunststudentin, die den Fußboden schrubbt; der früheren Tänzerin des Bolschoj-Theaters, die Ziegel schleppt; dem Offizier, der schweigsam seinen

Dienst tut, nicht raucht, nicht trinkt, der die Toiletten reinigt und niemandem mehr etwas befiehlt; dem Fabrikarbeiter, der im Klostergarten Gemüsebeete anlegt und mit vielen anderen, die noch vor wenigen Monaten voll Sehnsucht waren nach einer Wohnung in Moskau oder in einer anderen Stadt, so weit wie möglich im Westen des Landes; die reisen wollten, nach Rom, Paris und London; die von Afrika träumten und die nun zu zweit, zu dritt in einer engen, schmucklos-nüchternen Klosterzelle leben, »die ihr Ich nicht überwinden, nicht auslöschen, sondern es wachsen lassen im Dienste Gottes«.

Ich wollte den Mönch nicht provozieren, doch ich sagte ihm, daß die russisch-orthodoxe Kirche immer staatstreu war, gehorsam, obrigkeitshörig, ob es nicht eine Versuchung für die Kirche gäbe, jetzt, da sie nicht länger der Übermacht des Staates ausgeliefert sei, selbst diktatorisch gegenüber den Gläubigen vorzugehen. Denn demokratisch, das gab er ohne weiteres zu, demokratisch ist die Kirche nicht.

Ich zitierte aus dem Gedächtnis:

»Im Jahre 988 wurde das Christentum im Land der Slawen eingeführt, und der Fürst befahl alle zur Taufe am Dnjepr mit den Worten: ›Wenn sich morgen einer nicht am Fluß einfindet, er sei reich oder arm, der soll mir ein Feind sein ...‹ Alle kamen, und es war große Freude im Himmel. Der Teufel aber sprach: ›Weh mir, daß ich nun aus diesem Land vertrieben werde.‹«

Sergej freute sich sichtlich, daß ich diesen Text aus der Altrussischen Chronik kannte.

»Das war ein guter Befehl. Es kommt nicht so sehr darauf an, ob die Menschen von sich aus zu einer Entscheidung kommen oder ob sie ihnen befohlen wird, wichtig ist, daß sie zum Guten führt.«

Er hatte nicht mehr viel Zeit und verabschiedete sich von mir. Aber dieser junge russische Mönch, der sein Leben geringschätzte und voller Ruhe und Zuversicht war, der den

Menschen ein Paradies im Himmel schaffen wollte, für den der Teufel heute noch genauso real existierte wie einstmals der »real existierende Sozialismus«, führte mich noch zu einem Priester, der sich aktiv politisch betätigte.

Roman Alexandrowitsch fragte mich sogleich, was mich nach Jaroslawl führte, was ich gesehen, mit wem ich gesprochen hätte und wie es mir in Rußland gefiele. Er fragte, aus welcher Stadt in Deutschland ich käme, woher mein Interesse stammte, ob ich Protestant oder Katholik sei, und er lächelte zufrieden, als ich alle Fragen beantwortet und hinzugefügt hatte, wie wohltuend es sei, nun ohne Scheuklappen und ohne Furcht mit jedem in diesem Land sprechen zu können.

»Die Russen lassen sich das nicht mehr verbieten, aber man muß etwas dafür tun. Rußland kommt als einer der letzten Staaten dieser Erde zur Demokratie, aber vielleicht gelingt es uns dadurch, die Fehler der anderen zu vermeiden.«

Verstimmt war er über die Meinungsverschiedenheiten zwischen dem hohen Klerus und den einfachen Priestern. Er warf dem Patriarchen vor, zu lange und zu beflissen auf die Wünsche der Staatsmacht eingegangen zu sein, als daß er jetzt voll glaubwürdig mit seinen Bekenntnissen sei.

»Ein Held, ein Kirchenfürst, ein Märtyrer, der schweigt? Nun tut er uns und aller Welt kund, was er gelitten, gefühlt und getan hat, um Schlimmeres zu verhüten. ›Seine Heiligkeit‹ nennen ihn heute schon wieder die Menschen, die unsere Kirchen füllen. Ein Wink von ihm, und sie kommen, ein Wink von ihm, und sie gehen.«

Roman Alexandrowitsch war Deputierter der demokratischen Reformbewegung im russischen Parlament.

»Zurückhaltung in den Zeiten der Diktatur gilt jetzt plötzlich als Beweis der Umsicht«, sagte er bitter. »Alle, die ihre hohen Ämter behalten haben, sind nach wie vor der Meinung, während der Zeit der Diktatur richtig gehandelt zu

haben, und manchmal kommt mir der Verdacht, ihre Bestätigung im Amt ist der Grund für diese Überzeugung. Ich mache ihnen keine Vorwürfe, aber eine allzu große Macht kann auch vom Patriarchen mißbraucht werden. Was geschieht, wenn Demagogie und Fanatismus ins Spiel kommen? Es ist durchaus denkbar, daß in unserem Land eines Tages an die Stelle des Klassenfeindes der Andersgläubige tritt.
Wir haben eine lange Tradition, die Menschen in zwei Lager einzuteilen: Wir — und die anderen. Ich bete zu Gott, daß wir nicht aus einer Falle herausgekommen sind, um in einer anderen gefangen zu werden.«
Seine letzte Bemerkung werde ich nicht so schnell vergessen: »Es gibt bei uns auf allen Ebenen noch zu viele Gestalten aus der Tiefkühltruhe der Geschichte.«
Auch Roman Alexandrowitsch berief sich auf die Geschichte. Wenn er darin nach demokratischen Vorbildern sucht, wird er wenig finden. Als erriete er meine Gedanken, sagte er:
»Viele von uns gehen in die Vergangenheit zurück und wollen dort wieder anknüpfen, wo ihrer Meinung nach im kirchlichen Leben noch alles rein und unbefleckt war. Sie schauen zurück und meinen, sie gingen vorwärts. Aber alles findet nur einmal statt. Für viele ist dieser Gedanke unerträglich. Ich jedoch finde, er gibt uns die Freiheit der Neugeburt«, und um jedes Mißverständnis auszuschließen, fügte er hastig hinzu: »Neugeburt, nicht Wiedergeburt.«

Wem werden die Gläubigen folgen? Den Traditionalisten oder einem Priester wie Roman Alexandrowitsch?

»Sie kommen nach Kostroma?«
»Morgen bin ich dort. Von Jaroslawl sind es vier Stunden mit dem Schiff, so etwa 80 Kilometer stromabwärts.«
»Ich wünschte, ich könnte Sie begleiten, aber ich muß nach Moskau.«

Dann sprach er über alltägliche Dinge, begleitete mich noch ein paar Schritte, gab mir zum Abschied die Hand und bat mich, für Rußland zu beten. »Für Rußland«, sagte er, nicht für den Glauben und auch nicht für die russisch-orthodoxe Kirche. Für Rußland …

8.

Alle an Bord schliefen. Ich lag da und kam nicht zur Ruhe, wälzte mich von einer Seite auf die andere, und die Gedanken kamen. Die russischen Klöster und Kathedralen, die Nonnen und Mönche ließen mich wieder an die Nonnen im »Kloster der heiligen Hedwig«, der Schutzpatronin von Schlesien, denken. Als die Rote Armee sich Breslau näherte und die meisten Einwohner die Stadt verließen, entschieden sie sich zu bleiben. Sie hofften, die Not, die nun bald über die Deutschen kommen würde, durch ihr Mitleiden erträglicher zu machen. Sie hofften, Kirchen und Klöster könnten den Drangsalierten Schutz geben.

Ich sehe die toten Kinder am Straßenrand vor mir, die während der Flucht starben, ich höre die Hilfeschreie der Frauen, denke an die brennenden Häuser der sich in Asche verwandelnden Orte und erinnere mich an die Männer. Sie wurden zusammengetrieben, in Viehwaggons gepfercht und abtransportiert; auf den Waggons stand: Deutschland kaputt. Nie vergesse ich den sowjetischen Offizier, der eine Flasche Milch ausgoß vor einer Schar von Kindern, die seit Wochen keine Milch gesehen hatten, und die Greisin, die dem Offizier mit der Faust drohte und ihm zuschrie: »Es sind doch Kinder!«

»Faschisten-Kinder«, schrie er zurück, »Faschisten-Kinder!«

Als der Trupp Rotarmisten weitergezogen war, sagte die alte Frau zu uns: »Wenn sie nicht Gott aus Rußland vertrieben hätten, wären sie nicht solche Teufel in Menschengestalt.«

Keine einzige sowjetische Truppeneinheit hatte einen Feldgeistlichen. Hätten sie die Ausschreitungen verhindern können? Was konnten die Pfarrer auf der deutschen Seite der Front verhindern …?

In Rußland war die Kirche zu allen Zeiten eine nationalrussisch gesinnte Kirche. Wie der Patriarch auf einer Konferenz in Moskau sagte: »Die heilige Muttererde Rußlands zu verteidigen, gehört zu den Pflichten der russisch-orthodoxen Kirche. Wir haben sie verteidigt gegen die Tataren, gegen die Papisten (Polen), gegen Napoleon, gegen die Faschisten. In allen Anfechtungen stehen wir für das ewige, heilige Rußland.«

»Wie reagiert die Seele des Menschen auf ein Höchstmaß an Erniedrigung?« fragte mich der Abt des Spasskij-Klosters, nachdem ich seine Fragen nach meinem Leben im Jahr 1945 beantwortet hatte. »Sie kann mit Wahnsinn reagieren«.
Ich verstand ihn nicht. Aber er meinte nicht mich, er meinte die Soldaten. »Erniedrigt waren sie durch den Haß und all das Böse des Krieges, und in ihrer Erniedrigung verloren sie alles menschliche Maß.«
Eine fast dostojewskijsche Antwort zum Thema der Erniedrigung der Erniedrigten durch Erniedrigte.

Ich ging die Uferstraße von Kostroma entlang und blickte über den Strom hinüber auf das im gleißenden Sonnenlicht liegende Ipatiew-Kloster. Der Himmel war hell, von einem durchsichtigen, flimmernden Blau. Weiße Wolken zogen langsam nach Osten und warfen Schatten auf das Grün der Wiesen und die Häuser am Straßenrand. Die goldenen Kirchenkuppeln glänzten im Sonnenlicht, die weißen Mauern blendeten die Augen. Auf der anderen Seite des Ufers standen rote, schmucklose, an Gefängnisse erinnernde Fabrikgebäude und Wohnblocks. Warum um alles in der Welt hat der Marxismus-Leninismus einen so niederdrückend gleichförmigen, häßlichen Baustil entwickelt? Warum zwang er die Menschen dazu, in genormten Steinkästen zu leben, in denen außen monotone Gleichheit und innen bedrückende Enge, Mief, Lärm, Dunkelheit und Verfall herrschen? Welcher Kraft der Herzen bedarf es, in dieser Umgebung seinen

Nächsten zu lieben, Kinder zu gebären, mit Freude zu arbeiten, Initiativen zu entwickeln? Wieviel Zustimmung würden die sowjetischen Städtebauer erhalten, könnten sie auf menschenfreundliche, umweltgerechte Städte hinweisen. Betrachten wir die Plakate, so ist in den Wohn- und Arbeitsbezirken alles licht und hell. Also wußten sie doch, was das Volk will. Warum versäumten sie, in die Wirklichkeit umzusetzen, was in jeder politischen Ansprache mindestens einmal beteuert wurde: »Unser Ziel heißt, dem Volke dienen«?

Im Innenraum des Ipatiew-Klosters drängten sich die Reisegruppen aus Europa, Asien und Amerika. Je länger ich auf dem Klostergelände blieb, desto mehr wurden es. Vor der Ikonenwand blieb ich stehen. Über den Gemälden der Heiligen, die fünf Wandreihen ausfüllten, war Christus zu sehen; er trug eine goldene Krone.

Eine Dolmetscherin erklärte: »Die Verehrung des Abbildes geht auf das Urbild über. Im Dargestellten erfaßt der Gläubige die Gegenwart Christi ... Gott selbst ist nicht darstellbar — faßbar wird er in der Menschwerdung Christi. So teilt Er, der Grenzenlose, sich uns, den Begrenzten, mit. Wie Johannes sagt: ›Niemand hat Gott je gesehen, der Sohn hat ihn uns kundgetan.‹«

Ich stand inmitten der Besucher, hörte zu, sah nach rechts, wenn alle nach rechts blickten, hob den Kopf, wenn alle ihn hoben. Es war unwichtig, wo ich stand, überall gab es laute Erklärungen, und alle sagten das gleiche.

»Die inneren Flächen der Ikonen sind dunkler als die äußeren, aber ganz von innen heraus strahlt das goldene Licht, das Licht, das alles zum Leben erweckt. Maria, die Gottesgebärerin, wird fast nie ohne Christus dargestellt. Die Orthodoxie ist gegen Bilder, die der Mensch sich macht, sie ist gegen Phantasien und Eigenmächtigkeiten. So werden in unseren Kirchen nur die überlieferten Darstellungen akzeptiert.«

Ich drängte mich ins Freie, hoffte auf ein Nachlassen des Besucherstroms, um mich noch einmal, weniger abgelenkt, den Ikonenwänden zuwenden zu können.

Zwölftausend leibeigene Männer hatten dem Kloster gehört. Gegen Essen, Unterkunft und Kleidung arbeiteten sie für die Kirche und den Zarenthron. Mit unendlicher Geduld taten sie, was man von ihnen verlangte.
Als Rußland auf der Schwelle zum 17. Jahrhundert in Chaos und Aufruhr zu versinken drohte, als die Dörfer brannten, die Städter von plündernden Truppen drangsaliert wurden, flüchteten die Menschen mit den Resten ihrer Habe in die Wälder oder hinter die Kirchenmauern. Und die Priester riefen Heerführer und Fürsten dazu auf, nach Kostroma an der Wolga zu kommen, um sich »im Angesicht der Gottesgebärerin und der Heiligen« zu einigen und das russische Land und seine Menschen zu retten.
Hinter den gewaltigen Mauern des Ipatiew-Klosters wurde um den Bund zwischen Thron und Altar gerungen. Als Übereinstimmung darin bestand, den sechzehnjährigen Sohn des Metropoliten Philaret zum Zaren zu krönen, war der Bund besiegelt. So begann im Jahre 1613 die Dynastie der Romanows. Der Vater des »Jünglings auf dem Thron« nutzte die Gunst der Stunde. Er half seinem Sohn bei der Führung der Regierungsgeschäfte; er wühlte das Volk auf mit gewaltigen Predigten, malte ihm die Schrecken der Hölle aus und erklärte sich bereit, dem »gequälten Volk und der gegeißelten Kirche« zu helfen und die Last des Patriarchenamts auf sich zu nehmen, »um die Seelen und das Land zu retten«. Die Fürsten wußten genau, was hinter diesen Worten steckte, aber sie widersprachen nicht. Das Volk schwieg ebenfalls. Und so wurde der Vater des Zaren 1619 zum Patriarchen von ganz Rußland gewählt. Damit waren Zarenkrone und Kirchenzepter in den Händen einer Familie.
Der im Nordwesten des Ipatiew-Klosters stehende Romanow-

Turm markiert die Stelle, wo sich 1613 der junge Zar auf den Sattel seines Pferdes schwang und aufbrach nach Moskau.

Vor dem Kloster standen die Intourist-Busse. Auf einen, der abfuhr, folgten drei, die ankamen. Ein alter Mann bot mir an, mich in seinem Auto für Deutsche Mark oder Dollar in Kostroma herumzufahren.
»Kostroma ist eine Stadt der Zaren und der Kirche«, erklärte er. »Im Bürgerkrieg waren die Einwohner zarentreu, dafür wurde ihnen zur Strafe nach der Revolution die Universität weggenommen; ein großes Lenin-Denkmal erhielten sie erst 1928. Aber das spricht ja heute schon fast wieder für uns.«
Er sah mich erwartungsvoll an. Ich unterhielt mich eine Weile mit ihm und schlug ihm schließlich vor, zu unserem Dampfer zu fahren und den Passagieren seine Dienste anzubieten. Er fuhr sofort los. Wie ich später hörte, wurden seine Erwartungen nicht enttäuscht.
Mir blieben noch fünf Stunden bis zur Abfahrt.

Der junge Mann, der sich eine Zigarette in den Mund steckte und mich fragte, ob ich Streichhölzer hätte, zuckte mit den Achseln, als ich verneinte und holte seelenruhig ein Feuerzeug aus seiner Hosentasche. Es funktionierte, und er zwinkerte mir zu. Er war vierundzwanzig Jahre alt, verheiratet, hatte drei Kinder, keine Arbeit und kein Geld. Er war Jugendfunktionär gewesen; das Parteibüro war geschlossen worden, das Parteivermögen beschlagnahmt.
»Und wer hat jetzt das Geld?«
»Nun, die, die jetzt regieren.«
Er wohnte weit weg vom Ipatiew-Kloster. Aber er hoffte, hier Fremde zu treffen, mit denen er ab und zu ein kleines Geschäft machen konnte.
»Leider trifft man selten einen Alleinreisenden«, sagte er,

ohne zu erklären, warum er an ihnen besonders interessiert war. Das Haus, in dem er wohnte, stand in der Nähe einer alten Textilfabrik, die nun stillgelegt werden sollte.
»Vielleicht kommt nun wieder so einer wie Tredjakow«, meinte er und zeigte mit einer Handbewegung zum östlichen Ufer. »Da drüben hatte er seine Fabrik. Waren Sie in der Tredjakow-Galerie in Moskau?«
Ich verneinte. »Sie war wegen Renovierung geschlossen.«
»Wenn die so weitermachen, wird bald ganz Rußland wegen Renovierung geschlossen sein.«
Aber er wollte noch von Tredjakow sprechen.
»Zweitausend Gemälde hat er dem Zaren geschenkt, das war der Anfang der Galerie. Eineinhalb Millionen Rubel waren sie wert, damals schon.« Mit einem Blick schätzte er mich ab. »Von seinen Arbeitern, wette ich, hat keiner auch nur ein Gemälde zu sehen bekommen.«
»Was wollen Sie damit sagen?«
»Nun, die Arbeitskraft seiner Textilarbeiter hat mit dazu beigetragen, daß Herr Tredjakow so großzügig sein konnte. Hätte er seine Arbeiter besser bezahlt, hätte er vielleicht nur halb so viele Bilder verschenken können. Was meinen Sie?«
»Mag sein, daß Sie recht haben. Aber die Arbeiter und Tredjakow sind tot — doch die Gemälde in Moskau werden noch jahrhundertelang den Menschen Freude machen.«
Er nahm es achselzuckend hin. Wir gingen über die Brücke. Ich blieb stehen und schaute noch einmal zum Kloster zurück. »Was für ein märchenhafter Anblick!«
Er nickte. »Genauso märchenhaft wie die Gemälde in der Tredjakow-Galerie.«
Er gefiel mir. Er gab keine Phrasen von sich, war jung und überzeugt davon, daß der Zusammenbruch des Kommunismus eine Katastrophe war. Die Wendehälse tat er mit einer verächtlichen Handbewegung als Gesindel ab.
»Natürlich hat die Partei Fehler gemacht — kennen Sie eine politische Bewegung, die keine macht? Wir haben den Bo-

gen überspannt, aber meinen Sie im Ernst, die Kirche, die Demokratie oder der Kapitalismus könnten Rußland retten?«

»Ich weiß nicht, ob diese Kräfte Rußland retten können, aber Sie haben jetzt etwas, was Sie nie hatten: Freiheit.«

»Freiheit!« Sein Tonfall verriet mir, was er davon hielt. »Freiheit ist gut für die Reichen. Führt Freiheit zur sozialen Gerechtigkeit?«

»Nicht unbedingt, aber das muß man dann in Kauf nehmen. Das ist der Preis, den man manchmal bereit sein muß zu zahlen.«

»Bleiben Sie doch in Rußland«, sagte er, »Sie könnten hier Karriere machen. Sie sagen, was uns bevorsteht.«

Wir kamen am Markt vorbei und schlenderten zu den Verkaufsständen.

»Was kosten die Äpfel, die Pflaumen?«

»1 Kilo 18 Rubel.«

»Frechheit!« Und zu mir gewandt: »Es sind Georgier, die haben es schon immer verstanden, Geschäfte zu machen. Sie haben es nie so schwer gehabt wie wir Russen. Sie leben in einem von der Natur begünstigten Landstrich, und was ist ihr Dank dafür? Sie verlangen von denen, die nicht so begünstigt sind, unverschämte Preise für ihre Produkte. Ist das Kapitalismus?«

Wir bummelten die Straßen entlang, die von der Stadtmitte zum Wolgaufer führen. Die Waren wurden vom Strom her zum Markt transportiert. Das war schon immer so. Sogar die Straßennamen erinnern daran: Milchstraße, Tuchstraße, Lederstraße ... Wir gingen durch die alten Handelsarkaden, die Speicherstraßen, kamen an einem Zeitungskiosk vorbei, und ich blieb stehen, um zu sehen, was die Leute kauften.

»Prosto Anekdod«, eine Witzzeitung, wurde mehrmals verlangt, ebenso »Stolitza« (Hauptstadt).

Das Titelblatt schmückte eine blonde Schönheit, die ihre

Nacktheit mit der roten Sowjetflagge verhüllte. Um ihren hübschen Hals lag eine schwarze Sichel. Ich kaufte das Heft, sah mir die Rückseite an. Es zeigte ein Mädchen, das eine dunkle Sonnenbrille, silberne Ohrringe, ein durchsichtiges schwarzes Bikini-Höschen und einen hauchdünnen schwarzen Büstenhalter trug. Im Bauchnabel steckte ein Parteiabzeichen der KPdSU, und am Büstenhalter und dem Slip baumelten Medaillen, auf denen Hammer und Sichel, rote Flaggen und fünfzackige Sowjetsterne zu sehen waren. Das Mädchen lachte dem Betrachter mit offenem Mund entgegen, hielt den Kopf etwas schief. Unterschrift: »Nimm den Plunder von mir ab, dann hast du mich so, wie du mich willst.«
»Das ist sie, die freie Marktwirtschaft«, sagte er, »sie verdirbt die Leute. Sie bringt nun sogar schon Prostituierte in die Zeitschriften. Aber es gibt genug Idioten, die diesen Mist kaufen, und so kann man damit schnell Geld verdienen.«
Es wird nicht lange dauern, und er wird Handzettel verteilen, in denen er zum Kampf gegen die »westlichen Porno-Seuchen« aufruft, und er wird Leute finden, denen das gefällt.
»Was machen wir mit dem Heft?«
»Nehmen Sie es doch mit und zeigen Sie es Ihren Leuten zu Hause.«
»Die nehmen das nicht so ernst«, sagte ich. Er zuckte nur wieder mit den Schultern. Offenbar interessierte ihn nicht, was bei uns los ist. Der Westen! In seinen Vorstellungen war er sicherlich noch der Feind, dem der Kommunismus nun nicht mehr gewachsen war.
»Meine Frau trinkt«, sagte er völlig abrupt, »und sie lädt sich dazu immer alle unsere Nachbarn ein. Verstehen Sie das?«
Nun war es an mir, mit den Achseln zu zucken.

Wir kamen an ein Sportartikelgeschäft, und wieder konnte er an dem Laden nicht vorbeigehen. »Werfen wir einen Blick auf die Waren.«
In den Regalen lagen ein Paar Boxhandschuhe und drei Tennisbälle. Sein Hang, in jedes Geschäft zu gehen, an dem wir vorbeikamen, irritierte mich. Irgendwie paßte das nicht zu seinen politischen Bekenntnissen. Er hatte eine Sackleinentasche an einer Schnur über der Schulter hängen. Aber die Tasche war leer. Ich lud ihn ein, mit auf den Dampfer zu kommen und mein Gast beim Abendessen zu sein. Er war sofort einverstanden.

Wir kamen am Sussanin-Denkmal vorbei. Michail Sussanin führte 1613 einen Trupp polnischer Soldaten, die den jungen Herrscher Rußlands entführen wollten, absichtlich in die Irre und wurde dafür von den Polen umgebracht. Das wuchtige Denkmal des Bauern- und Volkshelden Sussanin wurde nie angetastet, nur der Zar und die zaristischen Adler, die ursprünglich mit auf dem Sockel standen, wurden von den Kommunisten entfernt.
Die Geschichte der russischen Denkmäler zu schreiben, müßte eine lohnende Aufgabe sein. Ich sprach mit meinem Begleiter darüber, und er sagte arglos: »Die Sockel bleiben immer unangetastet.«
Wir gingen zu den Grünanlagen am Wolgaufer, und er führte mich zu einem Pavillon. Wir blickten auf den Strom, die Schiffe am Kai, die im Sonnenlicht flimmernde Stahlbrücke, die Kirchenkuppeln und auf den Qualm der Fabrikschornsteine, der sich weitab vom Stadtzentrum zu dunklen Wolken zusammenballte. Ohne ein Wort zu sprechen, standen wir so etwa zehn Minuten nebeneinander. Plötzlich sagte er:
»Es ist eine Schande«, und dann fing er an, Stalin zu verteidigen. Er hätte in einer grausamen Zeit gelebt und gar keine andere Wahl gehabt, als brutal und gewaltsam das im

Chaos versinkende Land hochzureißen, es aus dem Sumpf zu ziehen. Mit schriller Stimme sagte er:

»Die Unwissenheit in Rußland ist entsetzlich. Er mußte die Menschen zwingen, mit gutem Zureden hätte er keinen Hund hinter dem Ofen hervorgelockt, und was wollen Sie denn, alle um ihn herum waren doch intelligente Menschen, und sie haben Stalin in seinem Vorgehen bestärkt, aber heute, heute ist er der allein Schuldige. Dabei hätte er allein doch gar nichts machen können. Nun ja, eines Tages wird die wirkliche Wahrheit an den Tag kommen.«

»Die wirkliche Wahrheit?«

»In den dreißiger, vierziger und fünfziger Jahren haben ihn alle nur verherrlicht, heute wird er nur geschmäht, die dritte Darstellung, die wird ihn schildern, wie er wirklich war.«

Ich erzählte ihm von dem jungen Mädchen und ihrem Freund, die ich an Stalins Grab an der Kremlmauer gesehen hatte und von ihrem Entsetzen über die Blumen auf seiner Grabplatte. »Wie kann man diesem Scheusal Blumen aufs Grab legen?« hatte sie gefragt.

»Was weiß die schon«, sagte er.

»Sicherlich hat sie an die vielen gedacht, die auf Befehl Stalins ermordet wurden.«

Er blieb ruhig. »Vielleicht haben Sie recht. Es ist genau das, was ihm heute alle vorwerfen, Millionen Menschen umgebracht zu haben. Aber er hatte keine andere Wahl, wenn er aus der Sowjetunion einen mächtigen Staat machen wollte.«

Die Sonne wärmte uns. Auf den weißen Wolgadampfern lagen die Passagiere auf den Sonnendecks, Kinder planschten im Stromwasser einer Badebucht herum, Spaziergänger flanierten auf den Uferstraßen, gingen Hand in Hand durch die Grünanlagen, Busse standen in der Nähe des Flußbahnhofs und warteten auf Touristen, und wir standen in dem herrlichen Pavillon und konnten den Blick auf die Wolga und die Stadt genießen. Mein Begleiter sah nichts von alle-

dem. Plötzlich, beide Arme ausstreckend, mit beschwörender Stimme:
»Menschenopfer sind die Unkosten der Geschichte.«

Ich sagte ihm Lebewohl. Meine Einladung an ihn fiel mir erst wieder ein, als ich den Speisesaal betrat. Es gab mir einen Stich, aber ich konnte ihn nicht mehr holen. Ich wußte nicht einmal seinen Namen, ich wußte nichts von ihm, nur einige seiner Gedanken kannte ich; die allerdings werde ich nie vergessen.

9.

Es kam nur darauf an, einen Wagen mit einem Fahrer zu bekommen, der nicht danach fragte, ob ich eine Genehmigung für die Fahrt von Kostroma nach Pless hätte. Die »Isaak Lewitan« würde gegen Mittag dort anlegen. Eine Stunde Aufenthalt war vorgesehen. Klappte es mit dem Auto, hatte ich einen ganzen Vormittag Zeit, und wer würde schon bemerken, daß ich nicht an Bord war? Mit Intourist wäre die Extra-Tour auch zu arrangieren gewesen. Aber Intourist hätte für diesen Ausflug 250 DM verlangt. Der Russe, der seinen Ohren nicht traute, als ich ihn vor dem Flußbahnhof ansprach, hatte einen Kollegen, der 30 DM als Bezahlung für eine Fahrt nach Pless als »Geschenk des Himmels« ansah. Bei dem damaligen Wechselkurs brachte ihm dieser Vormittag so viel ein, wie er als Autoschlosser für eineinhalb Monate in der Werkstatt bekam.

Es war acht Uhr morgens, als ich in die schwarze Lada-Limousine einstieg. Schon nach kurzer Zeit passierten wir die Neubauten am Stadtrand. Verloren standen sie inmitten weiter, sandiger Erdflächen. Wir fuhren langsam. Ein paar Strommasten standen schräg am Straßenrand, die Leitungen hingen durch, Büsche und Gras umwucherten die Pfähle. Die Straße führte nach Südosten, und wir rollten fast ohne Gegenverkehr dahin. Man konnte meinen, sie wäre nur für uns gebaut worden, damit wir durch diese gleichförmige, ebene Landschaft sicher an unser Ziel kämen. Ich wäre am liebsten ausgestiegen und durch das Land gewandert. Eines Tages wird auch das möglich sein.

Als ich den Fahrer bat, in einen schmalen Seitenweg einzubiegen, tat er es, ohne eine Frage zu stellen. Vorsichtig fuhr er durch tiefe, wassergefüllte Löcher und verschlammte Flächen. Ringsum waren nur Wiesen, Felder und ein paar Waldstücke. Ich fragte ihn, ob es ihm etwas ausmache, zu warten. Es machte ihm nichts aus. Und ich lief in die Wiesen hinein, lief immer weiter und hätte mich am liebsten auf die Erde geworfen und sie gestreichelt, so wie ich es als Kind getan hatte, wenn die ersten Frühlingsblumen und Gräser herauskamen. Ich fühlte mich völlig frei. Alle Unruhe war weg. Ob ich hier stehen bliebe oder Hunderte von Kilometern liefe, es bliebe sich gleich. Kein Bauernhof, keine Kirche, keine Tankstelle, kein Mensch war zu sehen. Wieviel Platz hätte Rußland für die Heimatlosen aus aller Welt, für die Vertriebenen und all die Mutigen und Tatkräftigen, die nur Land und Arbeit wollen und die Freiheit, so zu leben, wie es ihnen gefällt. Wieviel hat dieses Land verloren mit einer Politik, die alle Einwanderer ausschloß und ihnen damit den Weg wies nach Kanada und Australien, nach den USA und Südafrika. Ich fing an zu träumen: Hunderte Kilometer Land, kein Dorf, noch mal hundert Kilometer, wieder kein Dorf, weitere hundert Kilometer, noch immer kein Dorf ...

Ich lief weiter, pflückte blühenden Klee, stapfte durch kniehohes Gras, setzte mich auf einen entwurzelten Baumstamm, vergaß den Fahrer und den Wagen, hatte keine Angst, irgend etwas zu versäumen. Das Schiff fuhr mir nicht weg, es fuhr höchstens weiter. Und wenn ich es verpaßte, so käme ein anderes, und käme kein Dampfer, so käme ein Auto, ein Fuhrwerk, ein Bauer oder ein Wanderer, mit dem ich weitergehen konnte. Es kommt immer irgend jemand. So war es in der Mongolei, am Amazonas, in den Tälern des Himalaya. Und kommt kein Mensch, so helfen uns die Tiere; so wie damals die Vogelschwärme im Outback Australiens, die mich zu einer Wasserstelle führten, oder Wolken, in deren Schatten ich während glühender Hitze auf sandiger afrikanischer Erde weitertaumelte, bis ich plötzlich vor einer Farm stand. Und ist wirklich kein Mensch, kein Tier zu sehen, zeigt kein Stern die Himmelsrichtung an und ist keine Spur im Steppengras mehr sichtbar, keine Angst …

Ein krächzender, rauher Hupton riß mich aus meinen Gedanken. In meiner eigenen Spur lief ich zum Wagen zurück. Eine halbe Stunde später waren wir in Pless. Wolgakurort und Künstlerkolonie, so wird der Ort im Reiseführer bezeichnet. Der Fahrer drückte mir fest die Hand, sagte, ich solle wiederkommen, er würde mich überall hinfahren, und er würde auch warten, wenn ich einfach so davonliefe, warten mache ihm nichts aus.
Ich fing an, Rußland zu lieben. Niemand sagte mir, was ich zu tun und zu lassen hätte. Ich konnte die Wege zu den Hügeln hinaufgehen oder am Wolgaufer entlangspazieren, vor den Häusern stehenbleiben, in denen die Maler gewohnt hatten, konnte die alten Holzkirchen besichtigen, mit den Menschen sprechen, die Gänse und Schafe durch den Ort trieben, oder mich zu den alten Leuten setzen, die auf rohen Holzbänken vor ihren Datschas in der Morgensonne saßen.

»Remont« (Instandsetzung) stand mit abbröckelnder schwarzer Farbe quer über der Eingangstür des Hauses geschrieben, in dem Isaak Lewitan gelebt hatte. Remont ist eines dieser Worte, die jedem Rußland-Reisenden nach einiger Zeit geläufig werden. Wochen, Monate hängt so ein Schild vor einem Gebäude, und wen das stört, der hat in diesem Land nichts zu gewinnen. »Warten macht mir nichts aus«, hatte der Fahrer noch vor wenigen Minuten zu mir gesagt.

Ich war nicht der einzige, der Lewitans Wohnhaus besuchen wollte. Von Irkutsk, von Woronesch, Simferopol und Smolensk waren Menschen gekommen, um zu sehen, was die Stürme der Geschichte überstanden hat. Aus Staatsarchiven und Privatwohnungen, aus Kellern und Speichern kommen

nun die Gemälde und Manuskripte hervor, von denen niemand ahnte, daß es sie noch gibt.
Lewitans Werke waren nie gefährdet. Die Gemälde »Abend an der Wolga«, »Kalter Wind«, »Vollmond über den Sümpfen«, um nur einige zu nennen, waren wohl zu harmlos, um den Zorn der Mächtigen zu erregen. Aber unsere Naivität ist dahin. Viele können mit diesen Gemälden nichts mehr anfangen. Sie geben ihnen nichts, wie sie sagen. Doch verdanken wir es dieser romantisch-naturalistischen Kunstauffassung, noch einen Blick auf die Wolga und russische Landschaften werfen zu können, wie sie waren, bevor die Technik sie umformte.

Ich schlenderte durch den Ort, sah vom Lewitan-Hügel hinunter auf den Strom, der träge und hellbraun dahinfloß, sah die flache, weite Ebene am östlichen Ufer, die Ruderboote, sah Jungen an den Kais kauern, Angelruten in das Wasser haltend, und zum erstenmal nach etwa 500 Flußkilometern auf der Wolga sah ich ein paar Schwalben über den Strom jagen.
Pless schien die Partei vergessen zu haben. Es war ihrem Zugriff entgangen, oder einer der Mächtigen in Moskau hatte verhindert, daß dieser Ort von der Politik beschmutzt wurde. Ein Stück unzerstörtes Rußland.

Ein paar Stunden später stand ich an der Reling der »Isaak Lewitan« und sah dem Sonnenuntergang über der Wolga zu, schaute, bis mir die Augen tränten.

10.

Im ganzen Land brechen die Dämme, warum sollten sie an der Wolga stehenbleiben?«

Die das sagten, erinnerten mich an die jungen Amerikaner, die ich in Alaska kennengelernt hatte, die monatelang mit nur ein paar Dollar in der Tasche, einem Rucksack auf dem Rücken und einem unbändigen Optimismus im Herzen das Land durchquert hatten, sich bei Trappern und Goldgräbern wohlfühlten, Ölgesellschaften und Pipelines am liebsten in die Luft gesprengt hätten und jedem zugetan waren, der die Natur liebte und sie vor dem Zugriff des Menschen bewahren wollte.

Jeans und bunte Hemden trugen auch diese jungen Russinnen und Russen. In Pless waren sie kurz vor der Abfahrt des Dampfers an Bord gekommen. Sie hatten keine Kabinen. Der Kapitän erlaubte ihnen nur, bis zur nächsten Anlegestelle mitzufahren. Die Nacht mußten sie an Deck verbringen.

»Wenn ihr Krach macht, werfe ich euch über Bord«, hatte er gesagt. Früher hätte kein Schiffsführer gewagt, ohne besondere Erlaubnis eine Gruppe Russen aufzunehmen, wenn Ausländer an Bord waren.

Sie starrten wütend auf das tote, übelriechende Wasser des Stausees von Gorodez oberhalb von Nishnij Nowgorod (Gorkij). Freimütig erzählten sie von ihren Wünschen und Träumen. Sie wollten dafür sorgen, daß die Staudämme an der Wolga wieder verschwänden.

»Wer den Mut aufbringt, die Staudämme zu beseitigen, dem gebührt ein Denkmal. Wir werden die runterreißen, die jetzt noch auf den Sockeln stehen.«

Auf ihre Tramptour per Schiff zum Wolgadelta hatten sie sich gut vorbereitet. Als sie merkten, wie sehr mich ihr Anliegen interessierte, hielt mir ein Junge gleich einen Vortrag über Greifvögel, Raubseeschwalben und Bartmeisen, die sie am Kaspischen Meer beobachten wollten. Ein anderer sprach von den riesigen Auwäldern und Flachwassergebieten in den Seitenarmen des Deltas. Mit Booten wollten sie dorthin fahren. Keinen Augenblick zweifelten sie daran, Gleichgesinnte zu finden, die sie mitnehmen würden.

»Der Umweltschutz steckt in Rußland erst in den Anfängen, aber immer mehr Menschen begreifen, daß unsere Natur das Wertvollste und Schönste ist, was wir haben.«

Es ging alles noch ein bißchen durcheinander, Begeisterung, Wissen und Sprüche, aber ihre Absicht, den »Industriegiganten Rußland« in ein Naturparadies zu verwandeln, gefiel mir. Die Frage, ob die technischen Großprojekte zu den Mißgriffen der verschiedenen Regierungen gehörten, die seit 1917 das Land beherrschten, oder ob sie notwendig waren, um aus dem »Land der Steppen und Dörfer« einen Industriestaat zu machen, der den äußeren Feinden trotzen konnte, war für sie längst entschieden.

»Mißgriff ist viel zu milde«, sagte ein Mädchen, »die Parteibonzen haben der Natur mehr Schaden zugefügt, als es die Invasion fremder Heere vermocht hätte.« Um Zustimmung heischend sahen sie mich an.

»Alles haben sie versucht, auf den Kopf zu stellen, die Flüsse sollten rückwärts fließen, Wasserströme waren nur noch Energiespender, Wälder bestanden nicht mehr aus Bäumen, sie waren nur noch brauchbares oder unbrauchbares Holzmaterial, und Steppenboden, der nicht in Ackerland umgepflügt werden konnte, galt als nutzloses Land.«

Sie redeten sich ihren Zorn von der Seele, und alles, was sie sagten, war eine einzige gnadenlose Anklage gegen das vergangene System und die Politiker. Bedenkt man die Überflutung von über 4,5 Millionen Hektar Ackerland in den Wolgagebieten, die Überschwemmung von 96 Städten, mehr als 2500 Dörfern und Hunderten von Kultur- und Geschichtsdenkmälern, die Zerstörung von 70 Prozent des Fischbestandes und das Verschwinden von 30 Prozent der ursprünglich 151 000 Zuflüsse durch die Stauseen, kann man ihre Wut verstehen.

»Und alles nur, weil sich ein paar Funktionäre ein paar Orden an die Brust heften wollten.«

War das auch maßlos übertrieben, so gibt es doch keinen Zweifel daran, daß der wirtschaftliche Nutzen dieser technischen Großprojekte minimal ist.

Ein paar ältere Russen hatten sich zu uns gesellt, und ich sah ihnen an, wie dieses Gespräch sie mehr und mehr ärgerte. Krestjaninow, ein Redakteur der Gewerkschaftszeitung »Trud«, machte schließlich seinem Unmut Luft. Er sprach vom Kampf ums Überleben und versuchte zu erklären, warum die Sowjets der wirtschaftlichen Entwicklung des ganzen Landes absoluten Vorrang einräumen mußten. Er sprach von der Revolution, den Hungerjahren, von den zwei Weltkriegen, vom Kampf gegen Armut und Unwissenheit in den sogenannten Friedensjahren und von der Gleichgültigkeit der Bevölkerung gegenüber allem Neuen.

»1917 waren in Rußland noch 75 Prozent der Bevölkerung Analphabeten, in Sibirien waren es über 85 Prozent, in den zentralasiatischen Republiken etwa 96 Prozent, und heute — heute muß man nach Analphabeten suchen, wenn man überhaupt welche finden will.«

Keiner sagte ein Wort, alle hörten ihm zu.

»Die Leute sind nicht von selbst gekommen. Die meisten mußten wir zwingen, und da ist sicher auch einigen von uns die Geduld gerissen. Aber was wäre aus uns geworden, hätten wir das Volk nicht gezwungen und die Industrialisierung, koste es, was es wolle, durchgesetzt?« Mit einem Blick auf mich: »Die Deutschen hätten die Sowjetunion 1941 von der Landkarte gestrichen.«

Ich wollte etwas dazu sagen, aber ein Mädchen aus der Gruppe kam mir zuvor:

»Ja ja, und jetzt machen wir das selber — mit 50 Jahren Verspätung.«

Krestjaninow ballte die Fäuste, dann sagte er wütend: »Das ist ein großer Unterschied — und im übrigen: erstmal abwarten, was dabei herauskommt.« Er drehte sich um und ging.
Die jungen Russen schienen von seinen Worten nicht sehr beeindruckt zu sein. Ihre Aufmerksamkeit fesselte der Schleusentunnel, in den der Dampfer einfuhr. Die Schleusentore waren geschlossen. Das Schiff stoppte, und wir sanken langsam mit dem abnehmenden Wasser nach unten. Die Luft war kalt und naß; Wasser tropfte von vermoosten Mauern. Es roch widerlich nach Moder und Kloake. Zwischen dem Schiff und dem Ufer huschten Flußratten hin und her. Als grünes Licht aufflammte, stieg das Wasser wieder an, das Tor öffnete sich, und das Schiff nahm Fahrt auf. Der nasse, kalte Schleusentunnel blieb zurück und mit ihm die Ratten, die Öllachen und der Kot.
An Deck schlenderten die Passagiere auf und ab und hörten auf die Borddurchsagen. Sie berichteten von Erfolgen und Leistungen der Wolga-Kraftwerke: »Der Bau der technischen Großanlagen riß die Menschen aus ihrem Schlaf ...«
Ein Junge tippte sich an die Stirn. »Es lohnt sich nicht, sich diesen Unsinn anzuhören.«
Wir gerieten in ein dichtes Netz von Algenfäden. Sie färbten das Wasser dunkelgrün, schwappten um abgestorbene, skelettartige Äste ertrunkener Bäume, und noch stärker als im Tunnel hatte ich den Eindruck von Tod und Zerstörung.
Am östlichen Ufer blieb das Land unverändert flach. Braungelbe Hügel, bewaldete Schluchten und hohe Böschungen begrenzten im Westen die toten Wassermassen. Durch den Bordfunk kamen die Namen berühmter Russen, die an der Wolga geboren wurden; kein Wort fiel über die versunkenen Dörfer, die ertrunkenen Tiere und die von ihrem Land vertriebenen Menschen.
»Still, so still ...«, dies alte russische Lied erklang durch den Lautsprecher, und ein hübsches dunkelhaariges Mädchen

nahm die Melodie zum Anlaß, ein »Schleusenlied« zu dichten, etwa so:

»Die Dämme sind gebrochen,
der Kommunismus, der ist tot,
das Land wird neu geboren,
und der Osten ist nicht mehr rot.«

Im aufkommenden Abendnebel verschwanden die Ufer. An Deck wurde es kalt.
»Sprechen wir in der Bar weiter.«
Die jungen Russen ließen sich nicht zweimal bitten.
»Besser könnten wir die Zeit bis Gorkij nicht überbrücken.«
Als der Name Gorkij fiel, gab es mir einen Stich, aber das konnten sie nicht wissen.
»Gorkij lag einstmals auf dem Mond. Gorkij, das hatten die Betonköpfe in Moskau zur Verbotenen Stadt erklärt. Gorkij — für uns lag es in den Sümpfen, hinter den Nebeln der Wolga und war dreimal eingezäunt mit Stacheldraht.«
Die leise Musik und die Wärme in der Bar, ein kleiner Schluck Wodka taten ihnen sichtlich gut und machten sie fröhlich. Wir saßen alle zusammen, hatten drei Tische nebeneinander geschoben, und sie waren entschlossen, die ganze Nacht hier sitzen zu bleiben. Vielleicht hatte der Kapitän ein Einsehen. Am Nebentisch wurde Sekt bestellt. Ein Mann stand auf und ging zu der Drei-Mann-Kapelle hinüber. Wahrscheinlich äußerte er einen Musikwunsch, denn gleich darauf spielten sie »La Paloma«. Er lächelte mir zu und rief: »Das ist mein Lieblingslied. Ich muß es auf jeder Schiffsreise einmal hören, egal, auf welchem Strom ich gerade kreuze.« Als das Lied verklungen war, stürmten ein paar von unserem Tisch auf die Tanzfläche, nahmen sich an den Händen, wirbelten herum und sangen: »In Nishnij Nowgorod, in Nishnij Nowgorod, da ist das Leben flott ...«

»Als ganz Rußland noch Parteilieder sang, haben wir das schon gesungen.« Sie erzählten von Jazz-Clubs, die in Moskau im Verborgenen entstanden, wie sie gegen die Zerstörung alter Stadtviertel demonstrierten und stundenlang auf dem Pflaster saßen, um gegen Neubauten im Stil der sozialistischen Architektur zu protestieren. Damit hatte es begonnen. In Jazz-Kellern und auf Demonstrationen hatten sich einige von ihnen kennengelernt.
In Gorkij war das Haus Nr. 214 auf dem Gagarin-Prospekt ihr erstes Ziel. Dort hatte Sacharow gewohnt.
»Vielen in Gorkij hat er Mut gemacht. Die Bonzen im Zentralkomitee dachten, mit der Verbannung nach Gorkij hätten sie ihn ausgeschaltet, aber die Gorkijer sagten: Wo Sacharow ist, da ist das geistige Zentrum des Landes.«

Sie tranken, tanzten und redeten. Ab und zu ging einer von ihnen an die Bar und kam mit einer Flasche Mineralwasser und einem kleinen Teller voll Salzmandeln zurück. Dann erzählte Petscha, der blonde Hüne, der sich vorhin bei den Borddurchsagen so oft an die Stirn getippt hatte, wie er zu dieser Gruppe gekommen war: »Ich habe mich immer nach Vorbildern umgeschaut. Aber wohin ich blickte, Greise. Greise, die ein vergreistes Volk regierten. Was ist vorbildlich bei uns? Wo lohnt es sich, neu anzufangen? Was packt einen wirklich? Unsere Politik? Das ist ein Alptraum. Die Kunst? Nun gut, aber ich kann ja nicht einfach sagen, ich will ein zweiter Solschenizyn werden oder ich möchte so malen wie Ilja Glazunow. Und dann dachte ich, ich mache mich einfach auf die Suche nach Menschen, mit denen ich mich gut verstehe. Und nun habe ich sie gefunden.«
Sie sahen ihn alle begeistert an.
»Wenn es Sie interessiert, ich habe auch was zu erzählen.«
Iwan der Mutige, so nannten ihn die anderen. Ich war mir sicher, daß er einen Vorrat an Erlebnissen hatte, die mir eine Menge erklären würden.

»Ich bin von der Universität geflogen.« Er grinste, die anderen prosteten ihm zu. »Ich flog runter, weil ich mich allein in der Welt umsehen wollte und das überall laut verkündete. Ich sagte auch, ich möchte all die Bücher und Zeitungen lesen, die mich interessieren, und nicht nur die, die unsere Professoren empfehlen. Analysen und Kommentare über verbotene Bücher interessieren mich nicht. Ich will die Originale kennenlernen.«

»Und deshalb flogen Sie von der Universität?«

»Genau. Von dem Tag an war alles anders. Unannehmlichkeiten über Unannehmlichkeiten. Alle waren über mein Verhalten entsetzt, meine Eltern, meine Freunde. Ein paar meinten sogar, ich müßte noch dankbar sein, daß der Staat mich nicht gleich in ein Irrenhaus eingewiesen hätte. Du bist verrückt, sagten sie immer wieder zu mir. Aber ich lebte ganz prima als Verrückter. Ich lernte, ohne staatliche Unterstützung zu leben; kein Stipendium, kein Bett im Studentenheim. Ich war vogelfrei, und was soll ich sagen, seit dieser Erfahrung halte ich staatliche Fürsorge für einen geraden Weg zur Vergreisung. Man kann ohne all das leben, völlig konträr zu dem, was als gut und richtig gepriesen wurde. Und siehe da — nun hat sich alles verändert. Was ich wollte, gilt nicht mehr als verwerflicher Egoismus« — sie lachten alle — »im Gegenteil — jetzt sagt sogar Jakowlew (Vorsitzender der Allunionsgesellschaft für Rundfunk und Fernsehen), Freiheit und innere Unabhängigkeit sind das wichtigste.«

Ich spendierte ihnen eine Runde Bier, und wir ließen Iwan den Mutigen hochleben.

»Und Sie?« Die hübsche Schwarzhaarige interessierte mich in diesem Kreis besonders. Ihre Bemerkungen waren mir vorher schon aufgefallen. Jetzt saß sie neben mir, die Hemdsärmel hochgerollt, den Kragen weit offen, die langen Haare mit einem farbenprächtigen Band zu einem Pferdeschwanz zusammengebunden.

»Mich hat es wahnsinnig geärgert, wie sie die Natur kaputtmachen. Ich lebe an der Wolga, ich weiß, wovon ich rede. Mehr Dreck und Abfälle als Fische und sauberes Wasser. Wenn es noch lange so weitergeht, ist die Wolga tot. Das kann man doch nicht so einfach hinnehmen. Da habe ich einen Leserbrief an die Zeitschrift ›Ogonjok‹ geschrieben, und die Redaktion hat ihn veröffentlicht, ohne Streichungen. Was dann passierte? Ich bekam Drohbriefe. In vielen stand, ich sei verrückt, sentimental, verklemmt. Aber ich fand auch neue Freunde. Sie schrieben mir, sie kamen zu mir.

Wir redeten bis in die Nächte hinein, und als sie mich fragten, woher ich diese Gedanken hätte, sagte ich, von niemandem, es sind meine eigenen Gedanken. Und da überkam mich ein unglaubliches Glücksgefühl. Da begriff ich plötzlich, daß ich ein selbständig denkender Mensch bin. O Mann! Wissen Sie, was das bedeutet?«

Ich fühlte mich immer älter, je länger ich ihnen zuhörte, und wurde fast sentimental bei dem Gedanken, mit ihnen gehen zu können.

Dann fragten sie mich, warum ich diese Reise machte und was ich in Gorkij vorhätte.

11.

Ob es wahr wird, wovon ich jahrzehntelang hoffte, daß es wahr werden würde und wovor mir doch immer wieder bangte? Als es dann so weit war, fürchtete ich, an Vorschriften, an Verboten und Mißtrauen zu scheitern.
Wer weiß heute schon noch, wo die Kriegsgefangenenlager an der Wolga waren? Wer ist bereit, mich dorthin zu bringen? Wer darf und wer will mir eine Genehmigung geben, die ehemaligen Sperrgebiete zu betreten? Fast fünfzig Jahre ist das alles her. Aber niemand soll mich daran hindern, die Gräber zu suchen, obgleich ich weiß, daß nichts mehr davon zu sehen ist, kein Lager, kein Friedhof, daß alle Grabkreuze entfernt wurden und die Grabhügel Wind, Schnee, Sonne und Regen überlassen blieben. Ich bin sogar noch dankbar dafür. Schrecklich ist mir die Vorstellung, Traktoren könnten über das Gräberfeld rattern, Straßen darüber führen, Fabriken, Kaufhäuser, Wohnblocks oder Kasernen auf den Totenäckern stehen, sie könnten in einem Stausee ertrunken sein oder als militärisches Manövergelände benutzt werden.

Unser Dampfer stoppte mitten im Hafengebiet, etwa dreihundert Meter vor der Anlegestelle, unweit des Zusammenflusses von Oka und Wolga. Am westlichen Ufer liegt die Stadt Gorkij (Nishnij Nowgorod), östlich davon, durch eine riesige Brücke mit der Stadt verbunden, ragt eine flache Landzunge in die beiden Ströme hinein. Der Turm der Alexander-Newskij-Kathedrale funkelte und glänzte in der Morgensonne.
Ich sagte dem deutschen Reiseleiter an Bord, was ich vorhatte, sprach mit Valja, der russischen Chefdolmetscherin, holte mir Rat bei den russischen Journalisten, die mit an Bord waren. Alle wollten mir behilflich sein. »Heute ist vieles möglich, was gestern noch undenkbar war. Wir können

Ihnen nichts versprechen, aber wir werden für Sie tun, was wir können.«
Ich bat sie darum, zu keinem der Passagiere von meinem Wunsch zu sprechen; ich wollte kein Aufsehen, keine Fragen, keine Anteilnahme. Ich wollte auch keine Unruhe in Amtsstuben bringen. Nur einmal in meinem Leben möchte ich dort stehen, wo 1945 im Verlauf von nur vier Monaten 1682 deutsche Kriegsgefangene starben. Einer davon war mein Vater.

»Wuichot w gorod« (Ausgang zur Stadt) stand an dem Gebäude des Flußbahnhofs. Unsere Barkasse legte an. Einige Matrosen der »Isaak Lewitan«, Wolfram Götz, der deutsche Reiseleiter, die Dolmetscherin und ein Fernsehjournalist waren mit in diesem Motorboot. Gorkij war der Heimathafen unseres Schiffes, erfuhr ich so nebenbei. Viele Besatzungsmitglieder waren in dieser Stadt zu Hause und hatten Landurlaub erhalten. Die Matrosen waren aufgekratzt, in Säcken und Kartons schleppten sie wer weiß was für Sachen mit. Am Kai standen winkende Männer, Frauen und Kinder
»Na, worauf wartet ihr!« rief der Barkassenführer, kaum daß das Boot am Kai festgezurrt war, und die Matrosen sprangen auf und drängten an Land.
Valja sah mich an: »Kommen Sie.«

GORKIJ.
Damals kamen die Gefangenen nicht an den Landungsbrükken an, sie wurden in Güterwaggons transportiert. An irgendeinem Bahnhof begann der Marsch in die Lager. Mußten sie durch die Straßen laufen? Wurden sie den Einwohnern als Siegesbeute vorgeführt, oder wurden sie in Lastwagen gepfercht und in die Wälder abtransportiert? Kamen sie am Tage an oder in der Nacht? Schien die Sonne, regnete es? Haben Kinder und Erwachsene sie angestaunt wie Gestalten aus der Hölle, wurden sie als »Hitlers Horden« be-

schimpft? Nahmen die Gorkijer kaum Notiz von ihnen, oder blickten sie in die Augen der Gefangenen und verstanden, was diese ausdrückten?

Ein kleines Mädchen lachte mich an. Ein älterer Mann, wahrscheinlich ihr Großvater, fragte, woher ich käme.
»Deutschland. München.«
»Gut«, sagte er; er sagte es auf deutsch.
1945, wo war er da? Hat er die Elendsgestalten gesehen, die zur Sklavenarbeit geführt wurden? Eine Frau, blond, dickbusig, mit stämmigen nackten Beinen, stellte sich neben ihn.
»Tourist?«
Ich nickte, was sollte ich sagen?
Er bot mir eine Zigarette an, und ich revanchierte mich mit Bonbons. Einige Meter von uns entfernt hielt ein klappriger Bus. »Auf Wiedersehen«, sagte der Mann.
»Do swidanja«, antwortete ich. Als der Bus abfuhr, winkten wir uns zu.
Lautsprecherdurchsagen gaben die Ankunfts- und Abfahrtszeiten der Wolgadampfer bekannt. Ein weißes Tragflächenboot raste vorüber. An den Kiosken flatterten bunte Wimpel.

Seit einer Stunde ging ich am Kai auf und ab. Ich mußte mich mit dem Warten abfinden. Hätte ich darauf drängen sollen, mit zu dieser Dienststelle zu fahren, in der ein paar Menschen jetzt darüber entschieden, ob ich an das Grab meines Vaters fahren durfte? Waldlager 312. Neunzig Kilometer westlich von Gorkij. Das ist alles, was ich weiß.
Werden sie es einfach ablehnen, mit einer Ausrede, ohne Begründung? Wird Valja mit dem Kopf schütteln und mir zu erklären versuchen, warum es nicht möglich ist? Werden sie auf die Behörden schimpfen und mich bitten, nicht traurig zu sein? Dann fahre ich ohne Erlaubnis. Ein Weg wird sich finden lassen. Ich bin mit allem einverstanden; mit Warten,

mit hundert Fragen beantworten, ich bin bereit zu bezahlen, was sie verlangen, nur zu einem bin ich nicht bereit: Gorkij zu verlassen, ohne in dem Wald gewesen zu sein, in dem es ein Lager mit der Nummer 312 gegeben hat.

Fast zwei Stunden waren vorüber. Die Wimpel wehten, die Barkassen fuhren hin und her. Die Menschen sahen mich neugierig an, denn Ausländer dürfen erst seit kurzer Zeit nach Gorkij kommen. Geduld. Ein junger Mann fragte mich nach Zigaretten — da kam Valja auf mich zugelaufen und schwenkte ein Blatt Papier in der Hand. »Kommen Sie — wir haben die Genehmigung.« Sie führte mich zu einem Auto. Am Steuer saß ein junger Mann, neben ihm eine schlanke, dunkelhaarige Russin aus Gorkij. »Ich heiße Tanja«, sagte sie und streckte mir die Hand entgegen. Valja setzte sich neben mich. Die Russen unterhielten sich lebhaft. Wir fuhren über eine Brücke. »Die haben deutsche Kriegsgefangene gebaut. Mal sehen, ob sie gut gearbeitet haben.«

Ich blickte aus dem Fenster hinaus. Häuser, Restaurants, Geschäfte, breite Straßen, eine Kirche, ein weiter Platz. Noch ein paar Kilometer, dann werden wir aus der Stadt heraus sein, dann werden wir eine Straße entlangfahren, die dorthin führt, wo die Lager waren …

Sie schliefen die ersten Wochen auf der bloßen Erde, löschten ihren Durst mit Wasser aus den umliegenden Morasten und stillten ihren Hunger mit täglich ein paar Scheiben Brot, zwei Tellern Wassersuppe und Brei. Dann und wann gab es eine Fleischzuteilung, manchmal stahlen die Wachtmannschaften die Hälfte davon.
Zwölf Stunden täglich mußten sie arbeiten, mußten Bäume fällen, die Stämme auf ihren Schultern wegschleppen, sie aufschichten; jeweils zehn Mann für einen Baumstamm, ohne Arbeitsgeräte, ohne Hilfsmittel. Sie arbeiteten mit Blut-

blasen an den Händen, mit Hautabschürfungen an Armen und Beinen, mit Muskel- und Sehnenrissen. Es gab weder Medikamente noch Binden noch Heftpflaster. Sie erkrankten an Typhus, an Ruhr, sie bekamen Wasser in den Beinen. Von den Baracken, die sie gebaut hatten, schleppten sie sich Tag um Tag mit bis zum Skelett abgemagerten Körpern zur Arbeit. Als eine Rotkreuz-Kommission angesagt war, erhielten sie frische Unterwäsche. Die Kommission kam nicht, aber russische Frauen und Kinder liefen am Stacheldraht entlang und wollten Brot gegen Unterwäsche tauschen.

Die Kluft, in der sie gefangen genommen waren, trugen sie beim Arbeiten, beim Schlafen, beim Essen; darin wurden sie auch beerdigt. Die zusammenbrachen, kamen in ein Krankenzelt abseits der Baracken. Niemand durfte zu ihnen, keiner kennt die letzten Stunden der Sterbenden. Täglich kurz nach Sonnenaufgang und am Abend wurde das Krankenzelt kontrolliert, dann wurden die Toten herausgeholt. Der Lagerfriedhof war einen Kilometer nördlich der Baracken. Jeweils zwei Mann wurden abkommandiert, um einen Toten zu begraben. Sie schleppten ihn in den Wald, hoben ein Grab aus, legten ihn hinein und schaufelten Erde über seinen Körper. Aus Baumästen schnitzten sie ein Grabkreuz, ritzten den Namen des Toten darauf, sprachen ein Gebet und gingen in das Lager zurück.

Alle, die älter als 40 Jahre waren, starben in diesem Waldlager schon in den ersten Monaten, von September bis Ende Dezember 1945; auch von den ganz Jungen, den Siebzehn-, Achtzehn-, Neunzehnjährigen, überlebte keiner. Mein Vater starb an einem der letzten Tage des November 1945. Er war 44 Jahre alt, als er in Breslau in Gefangenschaft kam.

Als das Lager 312 aufgelöst wurde, mußten die übriggebliebenen Gefangenen die Grabkreuze entfernen. Der Rücktransport der aus verschiedenen Lagern »zur Entlassung Freigegebenen« dauerte elf Tage. Der Transport bestand aus

17 Waggons, in jedem Waggon waren 60 Mann. Neunzehn starben während der Heimfahrt. Hielt der Zug lange genug auf der Strecke, wurden sie neben den Bahndämmen beerdigt; fuhr er rasch weiter, blieben die Toten neben den Gleisen liegen.
Woher ich das weiß? 1950 gab ein Heimkehrer dem Roten Kreuz den Namen meines Vaters an. Mit ihm zusammen war er im Waldlager 312 gewesen. Fünf Jahre hatten wir von meinem Vater nichts gehört, und er hat nie erfahren, was aus meiner Mutter und mir geworden ist, ob wir das Kriegsende überlebten, wohin wir vertrieben wurden.
Der Heimkehrer starb im Sommer 1961, wie die Ärzte sagten, »an den Spätfolgen der Gefangenschaft«.

Der junge Fahrer zündete sich eine Zigarette an.
»Scheißkrieg«, sagte er. Armeelastwagen überholten uns, Birkenwald rechts und links der Straße. Cewerno ... Plachatna ... Dorfnamen. Ein paar armselige Holzhäuser standen am Straßenrand, die kleinen Gärten davor waren verwildert.
»Hier ist alles sehr rückständig«, sagte Tanja, »viele sind weggezogen, sie haben es nicht mehr ausgehalten. Hier waren überall Lager — auch für unsere Leute.«
Sie hielten an einer Kreuzung. Eine Weile stritten sie über den richtigen Weg, schließlich bog der Fahrer nach Norden ab in eine schmale, sandige Straße mit tiefen Löchern in der Fahrbahn. Ein Pferdefuhrwerk kam uns entgegen. Tanja stieg aus und sprach mit dem Kutscher — er zeigte nach Nordwesten, in den Wald hinein.
Dünne, weißstämmige Birken, Kiefern, Büsche, Farne, hohe Gräser wachsen rechts und links der Straße. Wir fahren noch eine Weile, keiner spricht ein Wort. Als wir anhalten, sagt Valja: »Wir gehen ein bißchen spazieren, wir treffen uns dann wieder am Auto.«

Ich drehe mich um und gehe in den Wald hinein. Hier, irgendwo ... Jahrzehntelang habe ich auf diesen Augenblick gewartet, habe ihn mir ausgemalt, habe davor gezittert und darauf gehofft — und jetzt erscheint mir alles ganz unwirklich. Der blaßblaue Himmel, die weißen Wolken, die Birken, die Farne, die blauen und violett-roten Waldblumen, der Sandboden, das Schilf und die braunen, brakigen, sumpfigen Flächen. Ich bleibe stehen, laufe hin und her, sehe mich um, gehe langsam weiter, über Äste, vorbei an einem Stück rostroten Draht ... Die Gräber sind von Buschwerk, Farnen, Gräsern überwuchert. Hier irgendwo, vielleicht hundert Meter vor mir, vielleicht dreihundert Meter nach rechts, nach links ... Leichter Wind, warme Luft, Sonnenschein, Stille ... Waldblumen wachsen aus der Erde, Birken und Kiefern — ihre Wurzeln greifen tief in die Erde hinein, tiefer, als die Toten lagen. »Auf Wiedersehen, mein Junge«, hat er gesagt, als er weg mußte ... Ich hebe einen Tannenzapfen auf, langsam gehe ich zur Straße zurück, bleibe immer wieder stehen, sehe auf die Erde, auf die Bäume, in den Himmel.

Tanja läuft mir entgegen. Sie umarmt mich stumm, drückt mir einen Strauß aus blühendem Wiesengras, blauen Waldblumen und Tannenzweigen in die Hand.

Von diesem Tag, von dieser Stunde an ist alles anders. Wenn einer zu mir kommt und wissen will, wie es dort aussieht, wo unsere Toten liegen, werde ich es ihm sagen. Es gibt kein Kreuz, keine Kirche, kein Grab, keinen Zaun, kein Denkmal. Eine Armee von Toten liegt in Rußlands Wäldern, in den Steppen, irgendwo am Rand der Dörfer und Städte und inmitten der Wiesen — keiner weiß genau, wo. Mir läuft es kalt über den Rücken, wenn ich von Umbettungen und der Anlage von Friedhöfen höre. Laßt die Toten, wo sie sind. Ganz Rußland ist ihr Friedhof.

Es ist dunkel geworden, sicher ist das Schiff längst hell erleuchtet. Vor den Kneipen stehen lange Menschenschlangen. Wir fahren durch die große, graue Stadt zum Hafen zurück, und plötzlich sagt Tanja zu mir:
»Willst du nicht mit zu uns kommen? Wir würden uns freuen.«
»Und das Schiff?«
»Das Schiff fährt erst morgen mittag ab. Komm doch mit.«
Ich wollte mich in meiner Kabine verkriechen, mit niemandem ein Wort sprechen, spät nachts an Deck gehen und nach Westen schauen. Fühlte sie, was in mir vorging? Wollte sie mich davor bewahren, in dieser Nacht allein zu sein?

Niemand schien erstaunt zu sein, als Tanja einen Gast mitbrachte. Ihre Mutter rannte in die Küche, ihr Vater lud mich zu einem Willkommens-Wodka ein. Ihre Brüder riefen mir zu, sie holten nur schnell ihre Frauen und Kinder, und weg waren sie; die Großmutter legte ihre Stricknadeln zur Seite und kam mit trippelnden Schritten auf mich zu, der Großvater schlurfte in Pantoffeln herein, schüttelte mir kräftig die Hand und verschwand wieder. Wenige Minuten später kam er wieder zurück. Er hatte sich ein dunkelblaues Jackett angezogen, sieben blutrote Orden mit versilberten Zacken und vergoldeten Rändern schmückten es. Wofür hatte er sie bekommen? Für die Teilnahme an der Eroberung Berlins? Für die in Brand geschossenen Dörfer an der Oder? Er zeigte mit den Fingern auf die Orden und seufzte. Und ich preßte meine Lippen zusammen und sagte kein Wort, stellte keine Fragen. Vielleicht werde ich irgendwann einmal auch mit diesen Gefühlen fertig. Vom Verstand her sind all die Schrecken längst begriffen, analysiert, eingeordnet in die Fächer Krieg und Nachkriegszeit. Aber ein Blick auf sieben blutrote sowjetische Orden genügt, und die Analysen sind Asche.

Gurken, Tomaten, Brot, Kascha — ein grauer Brei, von dem ich nur zaghaft nehme — werden auf den Tisch gestellt.

»Himbeersaft, selbstgepreßter«, sagte Frau Baranowka stolz. Die Männer meinten, ich sollte mich lieber an den Wodka halten, doch mir war Fruchtsaft lieber. Tanja saß neben mir. Sie schnitt eine Gurke in Stücke, legte frisches Brot auf meinen Teller, spießte zwei dicke Scheiben roter Wurst, die stark nach Knoblauch roch, mit der Gabel auf und hielt sie mir vor den Mund. »Bitte iß.«

Alle redeten durcheinander. Sie fragten, ob ich das erstemal in Rußland wäre, ob ich verheiratet sei, Kinder habe, was für einen Beruf ich ausübe und ob die Wiedervereinigung gut sei. »Gut, sehr gut.« Sie lachten. Igor Baranow, Tanjas Vater, forderte mich immer wieder auf, statt Himbeersaft Wodka zu trinken. Dann fragte er, ob ich glaube, daß sich die Deutschen in knapp fünfzig Jahren geändert hätten, ob ich das wirklich für möglich hielte. Und plötzlich hörten sie alle auf zu essen und sahen mich an.

»Die Verhältnisse haben sich geändert, überall, auch hier.«

Sie dachten einen Augenblick darüber nach.

»Nun gut, wir glauben, daß ihr so bleibt wie jetzt, solange es euch gut geht. Aber was geschieht, wenn es euch schlecht geht? Was dann?«

»Ich weiß es nicht. Aber ich bin sicher, wir haben unsere Lektion gelernt.«

Und dann erzählte ich von mir. Vielleicht half es, von der Politik wegzukommen. Ich weiß genauso wenig wie sie, wie die Zukunft aussieht. Ich konnte nur sagen, wie es bei uns ist und daß die meisten meiner Landsleute wünschen, daß es so bleibt. Ich sprach über meine Familie, mein Leben, meine Arbeit, meine Reisen. Bei diesen Themen brauchte ich keine Sorge zu haben, keine Vermutungen zu äußern.

Sie hörten mir aufmerksam zu. Tanjas Schwägerin sagte: »Ihr lebt wie im Paradies.«

»Bestimmt nicht.« Ich war betroffen.

Der Großvater lehnte sich vor: »Wir Russen bringen immer wieder entsetzliche Opfer, und dann stellen wir plötzlich fest: alles umsonst ... Deutschlands Krieg gegen uns — das war eine nationale Katastrophe. Das kann man überhaupt nur mit dem Tatareneinfall vergleichen. Und jetzt fragen wir euch, ob ihr uns helfen könnt ...«
Er legte die linke Hand aufs Herz, schüttelte den Kopf. Gehört sein Schmerz über die Entwicklung seines Landes zur Geschichte der sieben blutroten Orden?
Von dem Brotlaib und der Wurst waren nur noch winzige Reste übrig. Nun war es Tanjas jüngster Bruder, der das letzte Stück Gurke mit der Gabel aufspießte und mir vor den Mund hielt. Mein Protest half nichts. »Laß es dir schmecken«, sagte er so, als wäre er überzeugt davon, ich hätte auf der Flußfahrt von Moskau bis Nishnij Nowgorod keinen Bissen zu essen bekommen.
Ich fragte nach ihrem Leben.
»Die anderen haben Zigaretten, wir haben die Streichhölzer, nach der Methode geht es.«
Dann zeigten sie mir ihre Wohnung. Drei geräumige Zimmer, ein langer Korridor, eine Küche. Die Toilette war auf dem Gang. Von dem Nordfenster aus sah man auf eine breite Straße. Eine rotgelb getrichene Straßenbahn ratterte mit einem Höllenlärm vorbei. Auf der gegenüberliegenden Straßenseite standen hohe rote Wohnblocks. Im Erdgeschoß war ein Restaurant, hell erleuchtet, daneben ein Geschäft, dunkel, geschlossen.
Ich schaute zum dunklen Nachthimmel hoch. Hell, klar funkelten die Sterne. Kein Wort hatten wir über meinen Vater gesprochen. Ich blickte unverwandt auf die Sterne. Einer sagte: »Maxim Gorkij hat geschrieben: Sterne sind schön und leuchten. Aber der Himmel hält sie gefangen. Sie müssen leuchten, ob sie wollen oder nicht.«
Morgen früh werde ich mir Gorkijs Geburtshaus ansehen.

Gorkij, der Bittere, das Pseudonym, das sich der Schriftsteller Alexej Maximowitsch Peschkow gab, paßt zu diesem Land. Wenn man mich fragte, ich wäre dafür, daß die Stadt diesen Namen behält. Wir sprachen über die »Hauptstadt der Wolga«, wie sie auch genannt wird. Es war Mitternacht, und wir redeten immer noch. Wodka, Himbeersaft, schwarzer Tee — wir tranken von allem etwas.

Früher war Gorkij eine der reichsten Städte des Russischen Reiches. Die Messe von Nishnij Nowgorod bestimmte die Preise der Pelzwaren in ganz Europa. Aus Großbritannien, Frankreich, dem Deutschen Reich, Italien, aus der Türkei, Persien und China kamen die Kaufleute und die Händler. Auch die Schaulustigen kamen, die Abenteuer Suchenden, die leichten Mädchen und die schweren Jungs. Champagner floß in Strömen, wie die zeitgenössischen Chroniken berichten, und für Geld war alles zu haben, was man mit Geld kaufen kann. Weizen, Roggen, Hafer aus den fruchtbaren Wolgagebieten und der Ukraine; Kaviar tonnenweise, Zobel-, Nerz-, Fuchs- und Bärenfelle, Güterzüge voll. Es gab Luxushotels, Herbergen, Kneipen, ein Schauspielhaus, eine Oper und in den »Asiatischen Gassen« ein Bordell neben dem anderen.

Es gab Schmuck, der so schön und erlesen war, daß er sogar den Ansprüchen der Zarenfamilie genügte. Es gab Seidenstoffe, Gold, Diamanten, Bernstein. Es gab persischen Tee, türkischen Honig, arabische Datteln, chinesisches Porzellan, Solinger Stahlwaren, französisches Parfum, englische Manchesterstoffe. Es gab Tabakwaren, Alkohol, Opium. Tausende von Russen und Ausländern besuchten dieses Mekka des russischen Kapitalismus.

Hat die Erinnerung daran die Männer im Kreml dazu bewogen, nach der Oktoberrevolution aus Nishnij Nowgorod eine Stadt der Verbannten und aus dem Land beiderseits der mittleren Wolga Lagerzonen zu machen? Die Freie Wirtschaft wich der Planwirtschaft. Der unabhängige Bauernstand wurde vernichtet, und aus dem »Geldsack Rußlands«, wie Nishnij Nowgorod im Volksmund hieß, wurde eine Metropole des Proletariats. 1932 erhielt sie den Namen Gorkij.

Fast zwei Uhr war es inzwischen geworden. Und es war entschieden, daß ich diese Nacht auf einem Sofa im Wohnzimmer der Familie Baranow schlafen würde. Aber noch hielt uns alle die Vergangenheit in Bann.

Unglaubliches ist in diesem Land zu allen Zeiten geschehen. Zwei Texte gehören für mich zu den Schlüsseldokumenten menschlichen Verhaltens; sie zeigen zwei Seiten Rußlands — Extreme zugegebenermaßen, aber Extreme, die für vieles, was geschah, verantwortlich sind. Ich brachte sie zu dieser späten Nachtstunde im Gespräch nur bruchstückhaft zusammen. Sie an dieser Stelle wörtlich wiederzugeben, ist kein Problem.

DIE ORGIE DER UNVERSCHÄMTEN

»Ein Fabrikant ... ungeheuer reich, hatte sich ein Haus bauen lassen und für 100 000 Rubel vergoldete Möbel hineingestellt. Ein großer Saal war von Säulen aus Marmor mit vergoldeten Kapitellen gestützt. Zur Einweihungsfeier kamen die Priester und besprengten alles mit Weihwasser. Am nächsten Tag war das eigentliche Fest. Im ganzen Saal wurden Kisten mit Champagner aufgestellt, alle Böden mit kostbaren Teppichen bedeckt ... Dann begann das Saufgelage ... Eine Kiste nach der anderen wurde geleert. Die Gäste, Männer und Frauen, gerieten allmählich in solche ›Freudenwut‹, daß sie alles zerschlugen: Teller, Schüsseln, Gläser, Weinflaschen, Fensterscheiben. Nicht genug damit, man schrie nach Beilen. Der Hausherr befahl lachend, Beile herbeizubringen. Jetzt wurde der Saal zerstört, die Marmorsäulen wurden zerhackt, die Parkettdielen aufgehauen, die Lichter zertrümmert. Alles kreischte ... Schließlich entfernten sich die Gäste ... Aber noch lange sprachen alle von dem herrlichen

Fest. Und der Hausherr, befragt, was er davon hielte, sagte schmunzelnd: Wie herrlich haben wir uns amüsiert ...«

Die hungernden Massen, die auf der Suche nach Arbeit durch Rußland streiften, fanden es nicht so lustig. In einem revolutionären Flugblatt jener Zeit (1862) heißt es:
ZU DEN BEILEN!
»Wir schrecken vor nichts zurück, obgleich wir wissen, daß Ströme von Blut fließen werden, daß auch Unschuldige ... zugrunde gehen werden. Wir sehen das alles voraus ... Wir sind bereit, unsere Köpfe zu opfern, wenn sie nur endlich herbeikommt ... die Revolution ... der Tag, an dem wir die Fahne der Zukunft entgegenhalten, die rote Fahne ...
Laßt uns gegen das Winterpalais ziehen, um die dort Lebenden zu vernichten ... Mag sein, daß sich die ganze kaiserliche Partei ... für den Kaiser erhebt. In diesem Fall lassen wir mit vollem Glauben an uns selbst ... an die Sympathie des Volkes für uns, für Rußland, dem das Los zufiel, als erster Staat die große Sache des Sozialismus zu verwirklichen, den einen Ruf erschallen: Zu den Beilen!
Und dann schlagt zu — ohne Erbarmen —, schlagt auf den Plätzen ... schlagt in den Häusern ... schlagt in den engen Seitengassen der Provinzstädte, schlagt auf den breiten Straßen der Hauptstädte, schlagt auf den Weilern und Dörfern ...«

Wir sprachen noch lange über die vergangenen Zeiten, fast schien mir, als nähmen sie mich gar nicht mehr richtig wahr. Sie murmelten und seufzten, trommelten mit den Fingern auf den Tisch, ein Glas wurde vom Tisch gefegt, und keiner bückte sich danach, und der Alte sagte:
»Wieviel wir durchgemacht haben ...«
»Laß gut sein.«
»Ach was, nirgends auf der Welt haben es die Menschen so schwer gehabt wie bei uns.«

Ich erwiderte nichts. Müde war ich, traurig, wehmütig.
»Noch einen Wodka?«
»Nein, danke.«
»Himbeersaft?«
Gut, daß es Himbeersaft gab.

Gute-Nacht-Wünsche, Händeschütteln, Schulterklopfen — am nächsten Morgen solle ich erzählen, was ich in dieser Nacht geträumt hätte und schlafen könne ich, solange ich wolle.
Warme Decken und ein dickes Federkissen lagen auf dem Sofa, eine Kerze stand auf dem Tisch und ein Nachttopf in einem kleinen Schrank. »Wenn du was brauchst, klopf an die Wand.«

Ich war hundemüde, aber ich ließ mir Zeit mit dem Zu-Bett-Gehen, sah mir die rotgelb gemusterte Tapete an, die Deckchen auf der Kredenz, die Fotos an den Wänden. Aus dem schwarzen Holzrahmen heraus lachten mich Männergesichter an. Jung, forsch, fröhlich. Alle Männer auf diesen Fotos waren in Soldatenuniform. Auch auf einem Gruppenbild war kein einziger in Zivil. Sie trugen Kampfanzüge, schwere Stiefel, breite Gürtel, Tellermützen, Stahlhelme. Die Fotos hingen über dem Sofa, auf dem ich schlafen würde, und die darauf zu sehen waren, lächelten. Sie drohten nicht, sie griffen nicht zum Revolver, sie schlugen nicht alles kurz und klein, und sie warfen keine Brandfackeln in die Häuser. Ich hätte sie gern nach ihren Erinnerungen gefragt an die Zeit, in der sie diese Uniformen getragen hatten, tragen mußten. Hatten sie die Uniform in Feindesland einmal ausgezogen und alles, was damit zusammenhing, vergessen und einen Zivilanzug getragen? Vielleicht sogar den Zivilanzug eines Deutschen?

Quälend kam mir die Erinnerung an den halbtot geschlagenen Rotarmisten, der um Hilfe rief, nachts, als ich mich nur zögernd aus meinem Versteck herauswagte.
Ich hatte ihm Zivilkleidung aufgedrängt, als er in unsere Wohnung kam, und er setzte sich an unseren Küchentisch und teilte sein Brot mit mir. Mir fiel ein Stein vom Herzen. Gelang es uns, die Soldaten dazu zu bringen, ihre Uniform auszuziehen, war viel gewonnen, dann war das Schlimmste schon halbwegs abgewehrt. Geprügelt und geplündert haben sie immer in Uniform. Unsere Männer — von den Verwundeten, den Alten, ein paar Jugendlichen und Kindern abgesehen — waren längst weg, entweder gefallen, in Gefangenschaft oder geflüchtet, aber ihre Anzüge hingen noch in den Schränken. Kamen die Russen in die Wohnungen, sich umschauend, nach Tellern und Gläsern schreiend, versuchten wir manchmal ängstlich, ihnen die Uniformjacken auszuziehen und ihnen dafür ein grünes, graues oder blaues ziviles Jackett umzuhängen. Manche ließen sich das gefallen, manche schlugen es uns um die Ohren. Einer, der mit uns sein Brot teilte, wurde dafür halbtot geprügelt. An einem Abend war es, vier Mann rissen die Tür auf und kamen herein. Sie konnten Tag und Nacht in jedes Haus kommen. Keine Tür durfte verschlossen sein, wollten die Bewohner nicht riskieren, daß sie eingetreten wurde oder eine Handgranate dagegenflog. Sie kamen mit dem torkelnden Gang der Halbbetrunkenen herein, und wir wußten sofort, daß Schlimmes geschehen würde.
Nüchtern waren sie ziemlich verträglich, unnahbar, abweisend, aber dann und wann auch einem Kinderlächeln gewogen, zu einem alten Mann freundlich und vor den gefalteten Händen einer Frau zurückweichend. Mit Wodka »voll bis obenhin« waren sie außer Gefecht gesetzt, lagen auf der Erde, schnarchend, fluchend und gingen schließlich mit blassem Gesicht und wackeligen Knien weg. Waren sie aber halbbetrunken, dann machte der Satan mit ihnen, was er wollte.

Als sie in die Wohnung kamen, fingen sie mit ihrem Kameraden sofort Streit an, schlugen ihm einen Lederriemen ins Gesicht, stürzten den Küchentisch um — ich lief weg, so schnell ich konnte, hörte nur noch das Brüllen und Stampfen, das Klirren von Geschirr. Sie warfen ihren Kameraden in Zivil die Treppe hinunter, trampelten auf ihm herum, traten ihn in die Hüften, und jedesmal, wenn er aufschrie, johlten sie. Als die anderen weg waren, wuschen wir ihm das Blut aus dem Gesicht, zogen ihm den blutbefleckten Zivilanzug aus, halfen ihm in seine Uniform, und er sagte zu uns: »Russki nix gutt.«
Am nächsten Abend kamen sie wieder, fünf Rotarmisten, der, den sie gestern mißhandelt hatten, war auch dabei. Aber sie schienen alle miteinander gut Freund zu sein. Auch mir gönnten sie ein Lächeln und einige freundliche Worte. Von dem Tag an hatte ich von den Fünfen nichts mehr zu befürchten. Ich mußte ihnen immer die Stiefel ausziehen, das Koppelzeug putzen, Geschirr bringen, aber wenn unten auf der Straße ihre Militärstreife vorbeiging, rasten sie an den Schalter und knipsten das Licht aus. Ich habe nie erfahren, warum. Sie kamen auch in einigen Nächten nochmal und schrien: »Wo Frau — du Frau bringen, oder du kaputt«, aber sie beschimpften mich nicht mehr, wenn ich sagte: »Nix Frau — Frauen alle weg.«

An manchen Tagen trieben uns die sowjetischen Soldaten auf der Straße zusammen, und wir mußten zum Güterbahnhof laufen und aus den dort stehenden Waggons Kartoffeln oder Kohle ausladen. Vorher nahmen sie uns unsere Ausweise ab, ohne Ausweise waren wir vogelfrei.
Es kam vor, daß wir eine Handvoll Kartoffeln, einen Eimer voll Kohle oder ein paar Briketts als Arbeitslohn mitnehmen durften. Es kam auch vor, daß wir nach vielen Stunden Arbeit nichts bekamen. Sie warfen dann einfach unsere Ausweise auf einen Haufen, und wir wühlten darin herum, bis

wir den richtigen gefunden hatten. Es kam auch einmal vor, daß ein Offizier an mich herantrat und in mein müdes, verbittertes Gesicht hinein sagte: »Die Deutschen haben es bei uns genauso gemacht.« Ich starrte ihn an, erstaunt über den Satz und sein makelloses Deutsch. Eine Handbewegung von ihm, und ich bekam meinen Ausweis, hob fünf Kartoffeln auf, die auf der Straße lagen, und stopfte sie in meine Hosentaschen, bückte mich noch nach einem halben Brikett. Die Wachtposten sahen den Offizier an, der schnippte mit den Fingern, und ich rannte weg.

Die Soldatengesichter auf den Fotos lächelten mich an. Ich zog meine Kleidung aus, legte sie über einen Stuhl, knipste das Licht aus, sank tief ein auf dem weichen Sofa und schlief traumlos bis halb zehn Uhr morgens.

Tanja weckte mich. »Ich mache dir Tee«, sagte sie, und später legte sie mir wieder Brot in Scheiben geschnitten auf den Teller, schnitt Gurken auf Wurst und redete mir zu, an Kascha nicht zu sparen. »Er ist gesund«, meinte sie, und so löffelte ich die große Schale mit Hirsebrei leer.

Alle waren lange vor mir aufgestanden. Ihre Großeltern und ihr Vater leisteten mir Gesellschaft. Ihre Mutter hatte ich in der Küche begrüßt, wo sie Zeitungspapier in den Herd stopfte und mit Holzscheiten und Kohle das Feuer in Gang hielt.

Nach dem Frühstück fiel es mir schwer, so einfach aufzustehen und mit einem »Danke für alles« wegzugehen. Als es so weit war, begleiteten sie mich und Tanja bis vor die Haustür und winkten den Nachbarn zu, die plötzlich hinter ihren Fensterscheiben standen.

»Alles Gute. Bleib gesund. Schreib uns. Komm wieder, aber nimm dir mehr Zeit, wir fahren dich überall hin, wir zeigen dir alles, was du sehen willst ... Do swidanja ...«

Ein halber Vormittag blieb mir noch bis zur Abfahrt des Dampfers. Es reichte für einen Besuch im Hause des Dichters Maxim Gorkij. Seine Bücher haben mir über vieles hinweggeholfen.
Schmutzigrot war es, dunkel, einstöckig. Es stand an einem Hang. Von außen wirkte es wie ein leeres, von seinen Bewohnern verlassenes Blockhaus. Kein Gedränge von Besuchern, auch die kopfsteingepflasterte Straße war fast menschenleer. Gorkij schien den Bewohnern seiner Stadt gleichgültig geworden zu sein, mehr noch, sie schienen sich von ihm abzuwenden. Wie Hohn wirkte auf mich der am Gartentor festgeklebte Aufruf des Deputierten des Stadtbezirks, der im Namen der Bevölkerung forderte, den Namen der Stadt Gorkij wieder in Nishnij Nowgorod zu ändern.

Gorkij war nie eitel, nie egoistisch, aber er hatte ein tief ausgeprägtes Gerechtigkeitsgefühl und litt bis zur Verzweiflung unter dem Spott und der Grausamkeit der Menschen. Der Aufruf hätte ihn geschmerzt oder zu einem seiner Wutanfälle gereizt. Ich bin sicher, wenn er noch lebte, hinge der Aufruf nicht fünf Minuten an seinem Haus.
Gorkij hat immer gesagt, was er fühlte, dachte und was ihm widerfuhr. Er schrieb über das, was er kannte, und so schrieb er in dem Elend, in dem er aufwuchs, über das Elend. In seinen Erzählungen schilderte er die »Halbtiere«, wie er manchmal die Menschen nannte, mit denen er zusammen arbeitete. Die Sehnsucht nach Gerechtigkeit und Freiheit trieb ihn in die Arme der Bolschewisten. Sie versprachen zu vernichten, was das Leben in Rußland an der Wende vom 19. zum 20. Jahrhundert bestimmte.
War Gorkij deshalb ein proletarischer Schriftsteller? Die Propaganda hat ihn dazu gemacht, und er hat nicht widersprochen. Aber wir müssen dann auch erwähnen, was der Dichter selbst darunter verstand:
»Ein Schriftsteller ist ein Proletarier, wenn er alles haßt, was

den Menschen von innen und außen unterdrückt, alles, was ihn hindert, seine Fähigkeiten frei zu entfalten; wenn er den Menschen als Quelle der schöpferischen Kraft verehrt, als Erzeuger aller schönen Dinge, aller Wunder auf Erden; wenn er die kollektive Arbeit, die neue Lebensformen zum Ziel hat, preist; wenn er in der Frau nicht nur ein Lustobjekt, sondern eine treue Kameradin und eine wertvolle Hilfe in dem schwierigen Werk der Lebensgestaltung sieht und in den Kindern Wesen, denen gegenüber wir für alle unsere Handlungen verantwortlich sind.«

Lenin spürte schon bei der ersten Begegnung, was die Revolution an diesem Schriftsteller hatte. Er erkannte sofort, wie Gorkij aus dem Gefühl heraus lebte, wie es ihm auch in seinem Werk nicht in erster Linie um einen unverwechselbaren Stil, um Sprachexperimente, um Logik, um fehlerfreie Grammatik ging, sondern um die Bekenntnisse eines Betroffenen. Dieser Betroffene lebte weder in Adelspalästen noch in Bürgerhäusern. Er lebte in schmutzigen, feuchten Unterkünften, in Nachtasylen, in Treppenhäusern, in Schänken und Kellerräumen, wie Gorkij selbst in seiner Erzählung »26 und eine« schildert:

»Das Sonnenlicht erreichte uns nicht ... Wir lebten in der Enge ... unter der tiefen und schweren Decke, bedeckt mit Schweiß und Spinnenweben ... zwischen ... Schmutz und Schimmelflecken.«

Er verbrachte seine Kindheit in dem Haus in Nishnij Nowgorod, unweit der Wolga. Sein Großvater hatte noch als Treidler auf dem Strom gearbeitet und wurde nicht müde, seinem Enkel die Bitternis dieses Daseins zu schildern:

»Barfuß, über spitze Steine, über Glasscherben und Geröll habe ich die Kähne mit meinen Körperkräften die Wolga stromaufwärts gezogen. Immer am Ufer entlang, von Sonnenaufgang bis in die Nacht. Gehen, immer weiter gehen, die Sonne verbrennt dir den Nacken, der Schweiß verklebt dir die Augen, du gehst, vornübergebeugt, das Kinn fast auf der Erde ... So ziehst du den Kahn, alle deine Kräfte gibst du, du gehst, bis du im Ziehgurt zusammenbrichst ... einerlei.«

Das Wesen der Not in Rußland hat sich seitdem nur äußerlich verändert. Wolgatreidler — Burlaki — gibt es nicht mehr, die Technik hat sie überflüssig gemacht. Aber die Armut, der Hunger, die Not und der Haß auf die, denen es besser geht, sind geblieben. Mit welcher Empörung hat dieser »proletarische Schriftsteller« von den »Genossen« gesprochen, die er haßte, wenn sie mit ihrem Benehmen den Feinden der »Erneuerung des Lebens«, wie er die Revolution nannte, Munition lieferten. Ekelhaft nannte er das Verhalten der »Dorfarmut« im Winterpalast des Zaren, in dem einige von ihnen 1919 zeitweilig einquartiert waren:
»Es stellte sich heraus, daß sie nicht nur sämtliche Badewannen besudelt hatten, sondern auch ... wertvollste Vasen als Nachttöpfe benutzten. Das war nicht unter dem Zwang der Notwendigkeit geschehen, die Toiletten, die Wasserleitung des Schlosses waren in Ordnung ... Das entsprang dem Wunsch, die schönen Sachen zu verderben, zu beschmutzen ... Hunderte von Malen habe ich dieses dunkle, rachsüchtige Bestreben der Menschen beobachtet, das Schöne zu zerstören, zu entstellen, zu verhöhnen, in den Schmutz zu ziehen.«

Diesen »Dreckhaufen auszumisten« und die Mehrheit aus dem Sumpf herauszuzwingen, war, so Gorkij, ein Ziel der Kommunisten. Als er ihnen unangenehm wurde, drängten sie ihn 1921 nach Capri ab. Lenin hatte er es wohl zu verdanken, daß er zu denen gehörte, die ungeschoren blieben. Als er 1928, mit 60 Jahren, in die Sowjetunion zurückkehrte, brauchte er nicht mehr in den »Hinterhöfen des Lebens«

zu hausen, und die Sowjetbürger schauten zu ihm auf wie zu einem Propheten.
Gorkij hat der Propaganda gegeben, was die Propaganda von ihm forderte, aber er hat dem Volk immer wieder zugerufen, daß er alles von ihm erwarte; nicht von den Parteikadern, nicht von den Bauern, Studenten oder Soldaten, nicht also von bestimmten Klassen des Volkes, sondern vom ganzen Volk. »Es sind die Unterdrückten, die frei werden wollen, aber nicht wissen, wie sie es anfangen sollen.«
»Man muß Mitleid haben mit den Menschen«, das sagte er immer wieder, und wenn er von Härte sprach, dann von der Härte gegen sich selbst und gegen die, denen nichts daran lag, das Volk zu befreien, denen die Dummheit und die Schwäche der Massen das Portemonnaie füllten und das Regieren leichter machte.
Er verurteilte auch »unaufgeräumte Zimmer«. Wie sehr verkennen ihn diejenigen, die Schlamperei und Unordnung als Ausdruck der Solidarität mit den Armen dieser Welt verwechseln! Von »Morgenröte« sprach er, wenn er von aufgeräumten Zimmern sprach, und an Engel gemahnten ihn schön gekleidete, saubere Arbeiterfrauen. »... alles schön, auch der aufgeräumte Teppich, die ... Fensterscheiben ...«
Er schilderte den Schmutz, in dem die Massen des Volkes hausten, aber er schilderte ihn nicht als Ausdruck der »Massenseele«, sondern als Dreckhaufen, der weggeräumt werden muß. Er verstand die Schwäche der Menschen, er erklärte ihr manchmal unmenschliches Verhalten mit der Verzweiflung der Gepeinigten, die im Morast stecken und festes Land erblicken, aber sich nicht aufraffen können, dorthin aufzubrechen; denen es an Disziplin fehlt, an Führern, an Zielen; die statt dessen nach der Schnapsflasche greifen, ins Bordell laufen; die stehlen, statt zu arbeiten und die schließlich ihre überschüssigen Körperkräfte zu Gewalttaten mißbrauchen, die sie nicht der ersehnten Freiheit entgegenbringen, sondern sie ins Zuchthaus oder in den Tod führen.

»Ein Mensch fährt auf einem Schiff die Wolga hinunter. Das Schiff ist vortrefflich, das Wasser darunter tief. Das Schiff ist zuverlässig ... aber der Mensch wendet sich der dunklen Tiefe zu, und so steuert er ins Verderben.«
Er läßt seine Romanhelden Orgien auf einem Wolgafloß feiern. Sie versinken in den Fluten, rammen Kähne, aber sie können die Tränen nicht zurückhalten, wenn einer von ihnen ein schönes Lied singt, sie springen über Bord, wenn sie an ihr Leben denken — und sind doch immer auf der Suche nach Wahrheit; und sie sind fassungslos, glücklich, hingerissen, wenn etwas in ihnen sie fühlen läßt, daß sie eine Seele haben.

In seinem Roman »Foma Gordejew« gewährt Gorkij uns einen tiefen Blick in das russische Seelenleben. Die Hauptfigur hat gleich drei Seelen: eine, die sich auf das Notwendige konzentriert (lernen, arbeiten, Geldverdienen), eine, die ausschweifend ist (säuft, hurt, betrügt, stiehlt) und eine, die Buße tut (recht geschieht es mir, wenn ich getreten und geschlagen werde, wenn man mir nimmt, was ich habe). Nitschewo — so ist das Leben.

War Gorkij Atheist? Diese Frage können wir nicht mit letzter Gewißheit klären. Sicherlich hat er die Kirche und die Priester gehaßt. Der Klerus gehörte für ihn zu den Lakaien der Macht, und da diese Macht es in tausend Jahren nicht geschafft hatte, die Lebensbedingungen des Volkes zu verbessern, war er dafür, daß sie verschwand.
Allein schon die Erwähnung eines Gottes, auch wenn er sich nicht um die Menschen kümmerte, brachte Lenin zur Weißglut. Er beschimpfte ihn maßlos, und als Gorkij einmal davon sprach: »Was die Gottsuche angeht, so muß man sie zeitweilig beiseite lassen«, war das für Lenin »die Durchbrechung der ideologischen Grundlagen.« »Zeitweilig« war für Lenin unannehmbar, war der faulste aller Kompromisse.

»Gott, das ist für Sie das Gute, das Gute, das auch soziale Gefühle weckt und zu Gerechtigkeit führt. Der gute Wille ist dabei für Sie subjektiv. Aber von dem Moment an, wo Sie das schreiben, dringt dieses ›Gute‹ in die Massen, und seine Wirkung wird nicht mehr durch Ihren guten Willen, sondern durch das Verhältnis der sozialen Kräfte zueinander bestimmt. Ohne Rücksicht auf Ihren guten Willen ... resultiert daraus ..., daß Sie die Pfaffen geschminkt haben, denn in der Realität hilft ihnen die Gottesidee, das Volk in der Sklaverei zu halten. Durch die Beschönigung der Gottesidee haben Sie die Ketten beschönigt.«
Die beiden versöhnten sich wieder. Vielleicht gerade deshalb, weil die eisige Logik des Leninschen Denkens mit der Art Gorkijs, »Ich denke mit dem Herzen«, unvereinbar war und weil der Gründer der Sowjetunion diesen durch und durch das russische Volk verkörpernden Schriftsteller liebte, seine Bücher verschlang, ihn aber wütend beschimpfte, wenn ihm die »ideologischen Grundlagen« gefährdet schienen.

Was heißt schon Marxismus, Leninismus? Gorkij schrieb seine Wahrheit, und er stellte sie über die proletarischen Tugenden. Die westlichen Intellektuellen behandelte er ziemlich geringschätzig. Für ihn verdankten sie ihren Liberalismus vor allem der milden Luft, die in nicht ideologisch ausgerichteten Staaten Schriftstellern gegenüber herrschte. Ihren Vorwürfen wegen seiner gnadenlosen Schilderung der »Enterbten und Entrechteten« widersprach er mit dem Bekenntnis: »Die Wahrheit steht über dem Erbarmen.«

Das Urteil über Gorkij ist heute bei den Russen geteilt. Viele sagen: »Er hat uns nicht geliebt.« Sie finden seine Schilderungen der Huren und der Ausschweifungen abstoßend, sie meinen, das bestärke nur »die Feinde Rußlands« in ihrer Abneigung. Aber das Volk verstand ihn. »Er spricht zu unseren Herzen«, sagten sie, und deshalb verschlangen sie seine Bücher.

Wie erfrischend ist es, inmitten einer todlangweiligen politischen Literaturlandschaft Gorkijs vor Leben berstenden Gestalten zu begegnen. Die Erzählung »Der Nachtwächter«, die an der Bahnstation Dobrinka beginnt, zeigt bereits seine Art zu schreiben und zu fühlen. Erbarmungslos beschreibt er das Gesindel, das einen Studenten nackt auszieht, fesselt und einer kranken, geilen Hure ausliefert, die sich auf den Jungen stürzt. Die Meute johlt, als der Gesunde in den Sumpf gezerrt wird.

»Das Grab«, so nennen sie das Weib, streckt die Hände nach dem nackten Mann aus, während »ihre Brüste wie leere Beutel auf den Bauch herabhingen und der Bauch prall wie ein Sack auf den dicken Oberschenkeln lag und sie, unflätige Gemeinheiten kreischend, sich dem Gefesselten nahte ...« Der Nachtwächter wirft sich dazwischen, prügelt sich mit allen, kommt an einem Bahngleis wieder zu sich, »die Finger blutig zerschunden«. Er wußte, daß er gegen die Horde nicht ankommen konnte, aber er hatte sich nicht geschont, er hatte sich in den Kampf gestürzt.

Was Gorkij dem Bürgertum nicht verzeiht, ist die Sorge um das eigene Wohlergehen. Dadurch, so meint er, wird es abseits stehen, wenn es zum letzten Gefecht kommt. Die Bürger überlegen zuviel, ob Eingreifen für sie Gewinn oder Verlust bringt; dadurch ist ihr Verhalten unmenschlich, und es wird sie ruinieren.

Lenin war begeistert von Gorkijs Appell an die Massen, Mut zu zeigen, mitzuhelfen, aus dem »Heimatland der Langmut« ein »Heimatland der Aktivisten« zu machen. In seinen Gesprächen mit allen Schichten des Volkes ermahnt Gorkij sie immer wieder, menschlich zueinander zu sein.

»Ihr findet doch die Möglichkeit, euch mir gegenüber nett zu verhalten, warum verhaltet ihr euch zueinander so ruppig? Was ihr aufbaut und aufbauen könnt, das muß euch zwingen, euch besser zueinander zu verhalten, als ihr es tut.«

Und ein anderes Mal: »Die Kraft, die Gorkij zu dem gemacht (in öffentlichen Reden sprach er von sich oft in der dritten Person), als der er vor euch steht, zu dem Schriftsteller, den ihr so übertrieben ehrt, den ihr so liebt, besteht darin, daß er als erster in der russischen Literatur ... für sich persönlich die ungeheure Bedeutung der Arbeit erkannte, der Arbeit, die alles Wertvolle, alles Schöne, alles Große in dieser Welt schafft.«

Für die Kader der KPdSU waren das die richtigen Worte zur richtigen Zeit. Aber nicht nur in der Sowjetunion wurde der arbeitende Mensch gepriesen. In den USA galt Arbeit als der gerade Weg zum Erfolg; in Deutschland wurde das Arbeitsethos schon den Kindern in den Schulen nahegebracht. Gorkij wies immer wieder darauf hin, daß er Schriftsteller, und nicht Politiker sei. Daß alles, was er schrieb, politisch gedeutet wurde, konnte er nicht verhindern — wollte es manchmal auch nicht.

Tanja sagte: »Heute wird er als mitschuldig an Stalins Verbrechen angeklagt. Kürzlich stand in einem Zeitungsartikel, Gorkij hätte das Lager Solovki besucht, um sich persönlich einen Eindruck von den Zuständen zu verschaffen. Er mußte wissen, daß die Häftlinge, mit denen er sprechen durfte, genaue Anweisungen von der Lagerleitung bekommen hatten, was sie sagen durften, daß die Essensrationen an diesem Tag weit höher lagen, als es der Tagesnorm entsprach, daß die Unterkünfte gereinigt waren und die Arbeitszeit herabgesetzt war. Gorkij aber tat so, als glaube er alles, was man ihm sagte und als sei der Lageralltag immer so wie am Tage seines Besuches. Einem Jungen gelang es, die Absperrungen zu durchbrechen, mit Gorkij zu sprechen und ihm zu sagen, wie es in diesem Lager in Wirklichkeit zuging. Der Lagerleiter nannte den Jungen einen ›notorischen Lügner‹, wagte es aber nicht, ihn wegzuschicken. Gorkij hörte dem Jungen zu. Er hätte ihn retten können, wenn er sich seinen Namen notiert, wenn er erklärt hätte, daß er immer wieder nachfragen würde, wie es diesem Häftling ginge. Aber er hat sich nie nach dem Leben dieses Verurteilten erkundigt, und das war das Todesurteil für den Jungen. Das macht Gorkij mitschuldig.«

Sie seufzte. »Wer war denn Gorkij wirklich? Für mich war er ein Held. Wir haben ihn alle geliebt. Er hat gesagt, was sonst keiner sagte. Und jetzt ist er plötzlich ein Verbrecher?«

Wir saßen im großen Zimmer an dem alten Tisch, auf dem noch der Samowar stand, das Zimmer, in dem die alten Betten an den Wänden standen und abgewetzte Kissen die Holzbänke bedeckten — so wie damals, als Gorkij hier seine Kindheit verbrachte.

Auch diese Zeit verklärte er nicht. Seine Angehörigen schonte er in keiner Weise, und von der heute so beliebten Nostalgie beim Blick in die Vergangenheit ist absolut nichts zu spüren. Auch in diesen Schilderungen blieb er seiner Devise treu: »Die Wahrheit steht über dem Erbarmen.« Wie oft schonen sonst Schriftsteller in ihren autobiographischen Werken ihre Angehörigen und die noch lebenden Zeitgenossen!

Gorkij schilderte seinen Großvater als einen unbeherrschten, jähzornigen, abergläubisch-einfachen Arbeiter, der seinen Enkel für die kleinste Frechheit so lange prügelte, bis er besinnungslos liegenblieb. Nach Tagen kam dann der Alte und sagte: »Es ist kein Unglück, wenn du zuviel erduldest ... Glaubst du, ich habe keine Schläge bekommen? Mich ... hat man so geschlagen, wie du es im schlimmsten Traum nicht träumen kannst.«

Mit solchen Erklärungen hat Gorkij sich nie abgefunden.

»Mein Herz wurde, als hätte man die Haut von ihm abgezogen, ungemein empfindlich für jede Kränkung und jeden Schmerz, den eigenen wie den fremden.«
Widerlich fand er es, wenn der Alte seine Frau schlug, ihr immer wieder die Faust ins Gesicht drosch mit den Worten: »Ich schlag dich tot.«
»Wenn die alte Frau zu Boden fiel und ihm ihr Blut vor die Füße spie, fluchte er und ließ sich auf den Boden fallen, kratzte mit den Fingernägeln auf ihm herum und flehte den lieben Gott an, mit ihm Erbarmen zu haben.«
Unerträglich traurig war dieses Familienleben, und es tröstete ihn auch nicht, daß seine Großmutter den alten Mann vor ihm in Schutz nahm. »Laß nur, er hat es schwer, der Alte, er ärgert sich eben, er hat mir nur die Lippen aufgeschlagen.«

Sein Leben lang hat Gorkij diese Langmut empört, und von Wehmut wie gelähmt war er, als er zufällig Zeuge wurde, wie sein Stiefvater seine Mutter mißhandelte.
»... die Mutter auf den Knien liegend, mit dem Rücken und mit dem Ellbogen sich auf einen Stuhl stützte, röchelnd, während er ... ausholt und sie mit seinem langen Bein in die Frauenbrust tritt ...« Und wieder wehrt er ab, was er schon bei der Niederschrift an Vorwürfen auf sich zukommen sieht: »Lohnt es sich, davon zu sprechen? Es lohnt sich ... Denn diese gemeine Wirklichkeit ist bis auf den heutigen Tag nicht verreckt. Es ist jene Wirklichkeit, die man bis in die Wurzel hinein kennen muß, um sie mit ihrer Wurzel auszureißen.«
Nichts verheimlicht er. Was ihm schon als Kind an Scheußlichkeiten begegnet, wird aufgeschrieben. Immer wieder sagt ihm die Großmutter: »Behalte das Gute im Gedächtnis — aber was schlecht war, vergiß.«
Das Gute, das sind die Stunden an der Wolga: »Von der Höhe des Kreml (von Nishnij Nowgorod) blicke ich auf den

Strom ... Von der Anhöhe aus gesehen, erscheint das Land mir riesengroß und verspricht, alles zu gewähren, wonach mich verlangt.«
Das Gute, das sind die Menschen, die ihm Bücher zustecken und ihm zu lesen erlauben; sind Arbeitskameraden, die ihm knapp vor dem eigenen körperlichen Zusammenbruch noch einen Roggenpfannkuchen backen; sind die Frauen, die sich Zeit nehmen, mit ihm zu sprechen, ihm zuhören und ihm einen Blick in eine Welt zeigen, in der Ordnung herrscht.
»Ordnung ohne Zwang ... Weil sie sich nicht wohl fühlten im Chaos, weil sie es von sich aus nicht ertragen konnten.«

Am Wolgaufer aber hat er auch dieses Erlebnis, das seine Einstellung zu Frauen lange prägen sollte, das ihn zu einem schüchternen, zurückhaltenden Mann machte, der lange Zeit brauchte, bis er verstand, daß eine Umarmung keine Scheußlichkeit einleitet.
»Ich ging den beiden nach ... Plötzlich blieb der Kosak stehen und schlug die Frau ... zerriß ihr die Kleider ... Lautes, gequältes Stöhnen, Hilferufe ... Dann Stille ... Die Frau keucht ... wie ein abgejagtes Pferd, sie weint ... Der Mann steht fest auf den Beinen ... schreit ...: ›Ein Kosak wird sich immer nehmen, was er braucht!‹ ... Die Laternenlichter auf dem Platz (in der Nähe der Uferböschung) tanzen mir vor den Augen ... Der Kosak verschwindet wie ein böser Traum ... Und voller Entsetzen frage ich mich: Wenn das nun meiner Mutter oder meiner Großmutter geschehen wäre?«

Ich weiß, es wird keiner von denen helfen, deren Schreie und Flehen ich nicht vergessen kann, genausowenig wie das rohe Lachen und die gemeinen Beschimpfungen. Ich werde auch nie vergessen, wie das war, als wir schrien: »Die Russen kommen!« und nie wußten, woran wir mit ihnen waren. Reißaus nehmen schien am sichersten zu sein, aber Reißaus

nehmen machte sie auch manchmal wütend. Alles hinnehmen, wie es kam, Schläge und Brot, Verachtung und Freundlichkeit, weggejagt werden und bleiben dürfen, alles hinnehmen, die Achseln zucken, »So ist das Leben« murmeln und auch mitklauen, mitplündern, mitlachen, mitessen, sogar mitsaufen, auch als Kind. Betrunkenen Kindern haben sie nie etwas getan. Sie haben sie rumgeschubst, gescholten, ausgelacht, fortgeschickt, und einmal sind sie sich sogar in die Haare geraten und haben dem die Schnapsflasche aus der Hand geschlagen und auf dem Straßenpflaster zertrümmert, der uns zum Trinken gezwungen hatte.
Nichts mehr davon, ich will nicht mehr daran denken, ich erwähne es nur, weil es Erlebnisse gibt, die man aussprechen muß, sonst vergiften sie einen Menschen von innen.

Was hat das mit Gorkij zu tun? Er hat mir geholfen, vieles, was ich damals, in den ersten Monaten des Jahres 1945, mit ansehen, miterleben mußte und was so unbegreiflich war, verstandesmäßig einzuordnen. Sie waren bei uns so, wie sie auch zu Hause waren. Es war nicht nur Rache und Vergeltung. Es war auch der Ausbruch ihrer ungebändigten Kräfte. Es war ihre Ohnmacht sich selbst gegenüber — wie oft war ich über ihre Selbstbeschuldigungen, ihre Reue genauso fassungslos wie über ihre Wutausbrüche.
Wie sagte Gorkij? »Es lohnt sich, von dieser Wirklichkeit zu sprechen ... Man muß sie bis in die Wurzel hinein kennen, um sie mit ihrer Wurzel auszureißen.«

Wir gehen zum Wolgaufer.
An Bord sind alle fröhlicher Stimmung. Gestern abend waren sie in einer Zirkus-Vorstellung, heute vormittag fanden die ersten Proben für das Neptunfest statt.

Ich stehe am offenen Kabinenfenster. Mit jedem Herzschlag mit jedem Tropfen Öl, der in die Schiffsmaschine läuft und

sie vorantreibt, wird der Abstand zum Ufer größer. Meine Gedanken sind in den Wäldern neunzig Kilometer westlich von Gorkij. Jetzt packt mich der Schmerz bei dem Gedanken, dieses Grab noch einmal zu verlieren, es nie wiederzusehen, es in der Fremde zurückzulassen. Da beginnt die Bordkapelle zu spielen ... Wenn sie doch mit der Musik aufhören wollten ... Russische Weisen — sie stürzen mich in einen Abgrund. Aber noch schrecklicher trifft mich das deutsche Lied, das sie dann spielen: »Hell die Gläser klingen, ein frohes Lied wir singen ...«
Endlich ist auch das vorbei.

Was sagen die Russen? »Wir müssen mit dem fertig werden, was das Schicksal uns gibt.«
Und was sagt Gorkij? »Keiner, der nicht selbst dabei war, kann es verstehen. Wir können nicht mehr tun, als die Wahrheit sagen.«

12.

Ich war noch weit weg von allem, was auf dem Dampfer geschah. Dunstig war die Luft über dem Strom, die braunen Äcker hinter den Ufern waren nebelverhangen. An den Böschungen wuchs Weidengestrüpp, die Wälder dahinter waren dunkel und unheimlich.

Hätten wir 1950 keine Nachricht über das Schicksal meines Vaters durch einen Heimkehrer erhalten, würde die Ungewißheit erst jetzt enden. Die Archive in Moskau werden geöffnet, nun kommen Antworten, nicht nur Ausflüchte. Fast ein halbes Jahrhundert haben sie geschwiegen oder sich mit falschen Angaben um die Wahrheit gedrückt. Warum? Was für einen Sinn hatte es, den Tod eines Menschen seinen Angehörigen zu verschweigen?

Heute wird keiner mehr zurückgewiesen, der Auskunft wünscht. Aber wie viele sind inzwischen gestorben, ohne je ein Wort über das Schicksal ihrer Angehörigen erfahren zu haben? Man konnte sie für tot erklären lassen, aber wie sollte man das rechtfertigen — vor sich selbst und vor dem, für dessen Leben man doch täglich betete? Die Hinterbliebenen, wie das grausame amtsdeutsche Wort lautet, durften dann wieder heiraten, erhielten eine »Hinterbliebenenrente«. Von der Bürokratie her war damit der Fall erledigt …

Unser Dampfer war weit entfernt von den Ufern. Ein Fischerboot trieb vorbei, die drei Jungen, die darin saßen, winkten uns zu. Durch den Bordfunk kam die Durchsage, daß wir Kurs hielten auf die Stadt Kosmodemjansk im autonomen Gebiet der Mari. Vor meinem Kabinenfenster stellte sich eine schlanke Blondine einen Stuhl auf, legte sich ein Kissen zurecht und rieb sich die Arme und Beine mit Sonnencreme ein.

Im Hafenbecken von Kosmodemjansk umspülte öliges Wasser und schmutziger Seifenschaum die Füße und Knöchel der Wäscherinnen. In ihren roten, aufgesprungenen Händen hielten sie grobe Kernseife, mit der sie hart über die Jacketts und Männerhosen schrubbten. Die Passagiere kamen an die Reling; einige griffen zu ihren Fotoapparaten, andere unterhielten sich weiter, fröhlich plauderten sie miteinander und blickten auf die Wäscherinnen, als sähen sie einem Schauspiel zu. »Die kommen uns nicht nahe, denen stinken wir zu sehr«, den Satz von den Wäscherinnen schnappte ich auf.
Eine halbe Stunde später stand ich an einem Pumpenbrunnen, nicht weit weg vom Ortszentrum, und unterhielt mich mit ein paar Frauen, die zum Wasserholen kamen. Sie waren nicht sehr gesprächsbereit. Sie stellten die leeren Eimer ab, griffen zum Pumpenschwengel, ließen die Eimer voll Wasser laufen und schleppten ihre Last mit hängenden Schultern und krummen Rücken zu einem der Wohnhäuser in der Nähe.
»Mein Mann — Wasser holen? Das wäre für ihn eine Schande.« Eine sah mich nach meinen Fragen wortlos an und ging kopfschüttelnd weg, ein paar andere lachten verlegen.
In Kosmodemjansk war die Zeit stehengeblieben. Männer und Frauen zogen Schubkarren durch die Straßen, voll beladen mit Ästen und Wurzeln. Unbeaufsichtigt blieben die Fuhren vor ihren Häusern stehen. Holzstämme lagen hinter den Gartenzäunen. Zwei alte Frauen fragte ich nach dem Inhalt ihrer Rucksäcke. »Pilze und Beeren — aus den Wäldern.«

Kosmodemjansk liegt halbwegs zwischen Nishnij Nowgorod und Kazan. In den einsamen Wald- und Sumpfgebieten fanden vor vielen Jahrhunderten russische Siedler vor den Reiterheeren Dschingis Khans Zuflucht, und während der Kirchenreform im 17. Jahrhundert zogen die »Altgläubigen«

hierher. »Haltet euch stiller als Wasser und geduckter als Gras«, daran hielten sie sich und überlebten. In die Fensterrahmen und die Dachbalken der Häuser sind Kreuze und Sonnensymbole eingeschnitzt. Im Stadtmuseum in der ehemaligen Smolenski-Kathedrale sind die Jagdgeräte und Werkzeuge zu sehen, die die Vorfahren der kunsthandwerklich begabten Mari hergestellt haben. Speere und Dolche, ihre Zelte und Feuerstellen. Ausgestopfte Bären, Wölfe, Füchse, Marder und Biber stehen verstaubt in einer Ecke.

Zwei Aufseherinnen, jede knapp zwei Zentner schwer, mit zerfurchten alten Gesichtern, erschreckenden Zahnlücken und dicken Brillengläsern in einfachen Metallgestellen, waren die guten Feen in diesem Haus, die mir alles bereitwillig zeigten und erklärten. Der Saal mit den »Errungenschaften des Sozialismus« wurde gerade renoviert. Heftige Debatten waren darüber entbrannt, was von den Gemälden und Plakaten bleiben sollte und was nicht länger tragbar schien. Basiljewas Gemälde »Ein Tag, an dem gepraßt wird« überstand das Aussieben. Das Bild zeigt eine rotwangige junge Frau mit rotem Kopftuch, die eine bis zum Rand gefüllte Essensschüssel ins Zimmer bringt. Der Tisch ist schön gedeckt. Auf der blitzsauberen Tischdecke mit blau-weißem Streifenmuster stehen ein Teller mit Brotscheiben und weiße Porzellanschalen mit Äpfeln und Gurken. Eine Schale mit Quark und eine Kristallkaraffe voll Wasser vervollständigen das reichhaltige Angebot. An der rechten Zimmerwand hängt eine Kuckucksuhr, an der linken ein großes Stalinporträt. Sonnenschein fällt durch das weit geöffnete Fenster in den Raum hinein. Vor dem Haus wächst Weizen, goldgelb, erntereif.

»Das Volk ist glücklich und zufrieden. Es hat alles, was es braucht. Das war die Botschaft dieses Bildes«, sagte eine Aufseherin, »aber in Wirklichkeit war es natürlich ganz anders. Das einzige, was an diesem Gemälde stimmt, ist das Stalinporträt an der Wand.« Mit einem breiten Lächeln deu-

tete sie auf ein kleines Pappschild unter dem Bilderrahmen. »Davon wurden wir nicht satt«, stand darauf.
»Das ist die neue Bildunterschrift«, erklärte sie mir, »vorerst bleiben beide, die alte und die neue.«
Und bevor ich noch etwas sagen konnte, zog sie mich zu einem alten, vergilbten Foto, auf dem ein junges, bärtiges Männergesicht abgelichtet war. Verwegen hat er schräg über die Stirn eine Schirmmütze aufgesetzt.
Erklärungstafel I: »F. G. Podtelkow. Vorsitzender des Rates der Volkskommissare … Führer der revolutionären Erhebung … Siegreich im Kampf gegen alle Feinde … Half mit, die Bauern und Arbeiter für die Sowjetmacht zu gewinnen …«
Erklärungstafel II: »F. G. Podtelkow … Ein Henker während der Revolutionszeit … Besonders berüchtigt wegen der Ermordung zahlreicher Adliger und ihrer Kinder …«
Geschichte im Museum. So verschwinden die Lügen, so sagt jede Zeit, was sie von sich selbst und was sie von der Vergangenheit hält. Vergangenheitsbewältigung ist bei uns ein oft gebrauchtes Wort; wäre es nicht ungemein informativ, wir würden es bei uns auch so machen wie hier? Einen besseren Geschichtsunterricht kann ich mir nicht vorstellen. Und selbstverständlich gehört die Jahreszahl auf die Erklärungstafeln. Tafel I 1917, Tafel II 1992, Tafel III … Möglich ist alles, auch daß eines Tages eine dritte Erklärung dazukommt. Sinnvoll ist sie nur, wenn auch die anderen beiden bleiben.

Wir stiegen die alten Treppen hoch, und die Aufseherin erklärte mir noch, daß dieser Podtelkow vor allem im Süden Rußlands gewütet habe und daß sein Foto demnächst wieder im Historischen Museum in Rostow ausgestellt werde, aber zur Zeit tauschten die Museen ihre Bestände untereinander aus.
Ich warf einen Blick auf die Spatzennester in den Mauerris-

sen, verrenkte mir ein wenig den Kopf, um die kaum beschädigten Apostel- und Engelsgemälde unter der Kuppel zu betrachten. Dicht unter ihnen hängen Bilder an den Wänden, die überall in Europa zur »guten alten Zeit« gerechnet werden. Wasser ist blau, Wiesen sind grün, Volkstrachten sind bunt, und Holzfäller schwingen die Äxte. »Unseren Leuten gefällt das«, sagte die Aufseherin, »bei diesen Gemälden wissen sie sofort, was gemeint ist.«

Zwei der Gemälde hatten es mir besonders angetan. Ich blieb lange davor stehen. Es waren keine schönen Frauen, auch keine faszinierenden oder die Sinne aufstachelnden; auf einem Gemälde war eine dick vermummte, rotwangige, vor Kraft strotzende junge Bäuerin, die durch den Schnee stapfte, und auf dem anderen der Rückenakt einer Frau. Hingestreckt auf einem grauen Diwan, vor einer grauen Zimmerwand, den linken Busen unter der Achselhöhle hervorquellend, die Beine leicht gespreizt, den Kopf zur Seite gewandt und den rechten Arm träge zum abgewetzten Teppich herabbaumelnd, so lag sie da, ruhend in ihren Fettwülsten, ungeniert, träge.

Diese beiden waren losgelöst von jeglicher Zeit. Es war unerheblich, ob sie nackt oder dick vermummt waren, sie wirkten wie uneinnehmbare Festungen, die nichts aus ihrer Ruhe bringen konnte. Nichts Zartes oder gar Vergeistigtes war an ihnen. Es genügte, mit ihnen über ein Feld zu gehen, ihre Hand zu halten, ihren breiten Nacken zu streicheln, um die Düsternis des Ortes zu vergessen.

Als ich wieder in die Stadt hineinging, sah ich die vor ihren Häusern Hockenden, die stundenlang am Uferdamm auf die Wolga Schauenden, auch die vor den Kneipen Schlange stehenden Männer und die Wäscherinnen am Hafenbecken mit anderen Augen. Ich erinnerte mich an Lew Nikolajewitsch Tolstojs Bemerkung über ein strammes russisches

Bauernweib, das er bei ihrer Arbeit im Garten beobachtete. »Im rechten Winkel vornübergeneigt, ließ es seine Elefantenbeine sehen, und die wohl zehn Pfund schweren Brüste wackelten ... Hätte der Adel sich nicht von Zeit zu Zeit mit solchen Stuten gepaart, er wäre längst ausgestorben.«

Mögen die Moskauer in diesen Tagen auch einer Pariser Modenschau zujubeln und die in den Zeitungen veröffentlichten Körpermaße der Mannequins Begeisterung, Verblüffung oder Entsetzen auslösen — das »dicke Blut des Dorfes«, um noch einmal Tolstoj zu zitieren, wird sich nur langsam und nur ein wenig verdünnen. Rußland wird Rußland bleiben.

13.

Langsam näherte der Dampfer sich der Grenze Tatarstans. Tscheboksary, die Stadt der Tschuwaschen, war im Nebel verhüllt geblieben. Ich stand am Heck und blickte nach Osten. Für einen Augenblick dachte ich an die tatarisch-mongolischen Reiterheere, die, aus den Steppen Innerasiens kommend, vor Jahrhunderten an der Wolga aufgetaucht waren, Angst und Schrecken verbreitend und alles niederreitend, was sich ihnen auf ihrem Sturmritt nach Westen in den Weg stellte. So zäh und genügsam wie ihre struppigen Steppenpferde waren auch die Reiter. Saßen sie im Sattel, wirkten die krummbeinigen, schwarzhaarigen Männer auf die Russen wie »wilde Teufel der Unterwelt«.

Unvergeßlich sind mir die Tage in der Mongolei, in denen ich am frühen Morgen mit den Nomaden in die Steppe hinausritt. Beharrlich hatten sie sich geweigert, seßhaft zu werden. Rinder, Schafe, Esel und Pferde hinter Mauern und Drahtzäunen großzuziehen oder in Fleischkombinaten, Molkereien und Grasmähstationen zu arbeiten, war nicht nach ihrem Sinn. Ich zog mit ihnen in die Waldsteppen im Chubsugul und von dort weiter in die Flußniederungen der Selenga; fuhr nach Westen ins »Tal der tausend Quellen« und ließ mich von ihnen ins Ederengin-Nuru-Massiv der Wüste Gobi mitnehmen. Kleine, gedrungene Männer waren es, mit dunklen, sonnenverbrannten Gesichtern. Sie trugen hohe Stiefel, breite Ledergürtel, bunte Hemden und weite Hosen. Manche hatten als Kopfbedeckung eine abgeschabte olivgrüne Militärmütze, andere trugen graue Filzhüte. Ich schaute sie immer wieder an, forschte sozusagen in ihren Gesichtern nach ihren Vorfahren. Knapp 300 Jahre lang war Rußland unter mongolischer Herrschaft gewesen.

Heute verübeln die Russen den Tataren schon den Gedanken daran. Auf Dschingis Khan zu schimpfen, gehörte politisch lange Zeit zum guten Ton. Für die Russen war der Sturm aus Asien wie ein himmlisches Strafgericht gekommen. Stellvertretend, so sagen sie heute, hätten sie für uns mitgelitten: Was wäre aus Mittel- und Westeuropa geworden, wäre es ihnen nicht gelungen, die Mongolenherrschaft zu brechen?

Aber 300 Jahre Sklaverei hinterlassen ihre Spuren. Alles, was damals das Leben im Osten bestimmte, kam aus den Palästen Samarkands, Bucharas, Kazans, Sarays (Wolgograd) und dem Karakorum. Jedes russische und jedes mongolisch-tatarische Kind kennt die drei Jahreszahlen, die das Schicksal Rußlands für Jahrhunderte besiegelten: 1223 wurde das russische Heer in der Schlacht an der Kalka bei Taganrog völlig vernichtet. 1237 wurde Moskau bis auf die Grundmauern niedergebrannt. Am 6. Dezember 1240 fiel Kiew. Die Einwohner, so heißt es in alten Chroniken, verbluteten im Pfeilhagel der Bogenschützen. Tatar ist ein chinesisches Wort, es bedeutet Bogenschütze.

In Kazan, der Hauptstadt Tatarstans, spürte ich bei den Tataren sofort Sympathie, als ich von meiner Suche nach der Residenz und dem Grab Dschingis Khans erzählte; man vermutet beide im Karakorum.

Aber ich fand kein Grab, keinen Palast, keine Siegessäulen. Ein weites, grünes Tal sah ich, über das Grasland galoppierende Pferdeherden, ein paar Jurten vor den Abhängen baumloser Berge. Was einmal war, kann man sich nur noch vorstellen. Ohne die Überlieferung der Archäologie und der Geschichte wüßten wir nicht, daß von diesem Grasland aus einmal ein Weltreich regiert wurde. Was war, ist nur noch in der Erinnerung da. Inmitten der Wiese ruht, wie aus Versehen liegengeblieben, eine steinerne Schildkröte. Sie stand einst als Glückssymbol vor dem Zelt des Herrschers, dessen

Macht von China bis an die Oder reichte. Einige Schritte weiter liegen ein paar Steinquader im Sand. Dort, wo Dschingis Khan ruhen soll, wächst Gras, und der Wind, vom Changai-Gebirge kommend, weht über weites, offenes Land.

Mit einem alten Lastwagen, der mich bei der Fahrt über Geröll, Schutt und Steine stundenlang hin- und hergerüttelt hatte, war ich gegen Mittag dort angekommen. Da und dort hatten wir eine Rast eingelegt, wir waren auf die einstöckigen, meist aus Lehm gebauten Häuser zugegangen und wurden nie abgewiesen. Ich nahm mit gerösteter Hirse und Stutenmilch vorlieb, sah den Pferden, Dromedaren und Eseln zu, die sich um die Holztränken drängten, und beobachtete die Vögel. Dicht über den Erdboden fliegend, huschten sie dahin, blitzschnell im hohen Gras oder in einer Erdspalte verschwindend.

»Der Himmel ist eine leere Scheibe«, sagten die Menschen, die ich nach dem Verhalten der Tiere fragte. »Was sich vor der Himmelsscheibe bewegt, ist weithin zu sehen. Nur während der Paarungszeit wagen sich die männlichen Vögel hoch in die Lüfte, um den Weibchen zu imponieren. Haben sie Glück, flattert ihnen rasch eins entgegen, haben sie Pech, packt sie ein Raubvogel. Die Gesetze des endlos weiten Himmels sind auch die Gesetze der endlos weiten Ebene. Wer einem Stärkeren auffällt, ist verloren.«

In Kazan läuten die Glocken der russisch-orthodoxen Kirchen, die Soldaten tragen russische Uniformen. Ob monarchistisches, kommunistisches oder demokratisches Rußland — für die Tataren sind die Russen die Fremden, die sich im Land der Tataren die Herrschaft anmaßen. Früher wurde die Russifizierung vor allem mit der Bibel versucht. Wer aus der Moschee kam und in die Kirche ging, um sich als »Neuchrist« registrieren zu lassen, bekam neben der Taufe eine Menge weltlicher Vergünstigungen. Als der Druck ein wenig nachließ, eilten die zum Christentum Bekehrten in Scharen zu ihrem alten Glauben zurück.

Iwan der Schreckliche und Peter der Große werden als Unterdrücker gehaßt, Katharina die Große wird verehrt: Sie räumte tatarischen Edelleuten die gleichen Rechte ein wie den russischen Adligen. Während ihrer Herrschaft gab es eine kurze Zeit der Freiheit. Die Popen waren davon nicht erbaut. Allein im Gebiet von Kazan kehrten schon im ersten Jahr nach Inkrafttreten der »Gleichen Rechte« von 12 129 gewonnenen »Neuchristen« 10 526 zum Islam zurück. Nach Katharinas Tod wurden die Gesetze aber wieder verschärft.
Was die Russen an den Tataren liebten, waren ihre Musik, ihre Tänze, ihr Schmuck und ihre Frauen — vor allem aber liebten sie es, aus Nichtslawen und Nichtchristen Russen zu machen. Die Umerziehung wurde in den theologischen Akademien vorbereitet und durchgeführt. Die gebildeten tatarischen Konvertiten kamen in den Schuldienst, zu tatarischen Lehrern hatten die Tataren Vertrauen. Sie kamen, Junge und Alte, um Lesen und Schreiben zu lernen, und sie lernten, was die Russen für richtig hielten. Kaum beherrschten sie das Alphabet — das kyrillische, nicht etwa ihr eigenes —, wurde der gesamte Lehrstoff in Russisch vermittelt. Nur ein einziges Buch gab es in ihrer Muttersprache: die Bibel.
Ich trank einen Schluck Tee, sagte kein Wort, verstand jedoch, warum sie jetzt den Mullahs so zujubeln; daß ein triumphierender Islam für sie so etwas wie eine späte religiöse Wiedergutmachung ist. Wir saßen in einer Teestube im alten Tatarenviertel von Kazan, und es kamen immer mehr an unseren Tisch. Irgendwie hatte es sich herumgesprochen, daß ein Fremder aus dem fernen Deutschland sich für ihr Leben interessierte, und so eilten sie in diese Teestube, in der man, wie sie sagten, alles Wissenswerte erfährt. Wo man hört,

woher der Wind weht, wer mit wem Streit hat, wer krank ist, wessen Frau das zwölfte Kind auf die Welt bringt, wann die nächste Demonstration stattfindet und ob wieder Tataren von der Krim oder von Sibirien zu ihnen an die Wolga gekommen sind. In dieser Teestube waren Junge und Alte einer Meinung, keiner zweifelte an der Loyalität des anderen. Auf der zerkratzten Tischplatte notierten sie, wie viele Gläser Tee ich schon getrunken hatte, denn ich war ihr Gast, kein Einwand half.

»Die Mullahs haben sich nie vom Volk entfernt«, sagten sie, »sie haben sich weder bestechen noch einschüchtern lassen. Ihre sogenannte Rückständigkeit in technischem Fortschritt, in Demokratie und Moral ist doch auch ein Beweis für die Unbesiegbarkeit ihres Geistes durch fremde Ideen. Ihnen haben wir es zu verdanken, wenn unsere Söhne lieber in Teheran, Beirut und Kairo studieren als in St. Petersburg, wenn es keinen Tataren nach Moskau zieht, aber alle davon träumen, wenigstens einmal in ihrem Leben nach Mekka zu pilgern.«

Dann sprachen sie von den Schuld- und Schamgefühlen, die systematisch in ihre Seelen gepflanzt wurden. Der Alte, der neben mir saß, klopfte mit zittrigen Fingern auf meinen Arm:

»Wir waren Kinder ... und unser russischer Lehrer sagte immer wieder zu uns: Ihr Tataren habt uns 300 Jahre lang gequält. Und nun wiederholt: Wie viele Jahre habt ihr uns gequält? — Ihr Tataren habt Pyramiden aus Menschenschädeln errichtet. Nun antwortet: Wer hat Pyramiden aus Menschenschädeln errichtet?«

Die Teekannen wurden nachgefüllt. Ich hatte längst meinen Durst gelöscht, aber sie würden sich erst alles von der Seele reden, bevor sie mich gehen ließen.

»Wenn uns ein Fremder nach unserer Nationalität fragte, schämten wir uns und wußten nicht, was wir antworten sollten. Wir sind doch keine Russen, aber wenn wir sagten,

wir sind Tataren, so hieß das doch, wir sind grausam, primitiv; da haben wir gesagt, wir sind Wolga-Muslime.«
Alle schauten mich an und nickten.

Später, in der Universität Kazan, zeigten sie mir ein Dokument, ein altes, vergilbtes Stück Papier, ein Kuriosum aus der Handschriftenabteilung. Aber so kurios war es gar nicht: Etwa hundert Jahre nach der Eroberung der Tatarengebiete an der mittleren Wolga wollte der Zar wissen, was seine Russen von sich selbst hielten und wie sie die Tataren beurteilten:
»Russen sind gläubig, religiös, christlich, fromm, sauber, ehrlich, friedliebend. Tataren sind ungläubig, gottlos, heidnisch, frevelhaft, schmutzig, verlogen, streitsüchtig.«
Sie verkniffen sich ihre Kommentare dazu, schleppten mich weiter, von Dokument zu Dokument, und zeigten mir auch eine Aufzeichnung darüber, wie die Sieger sie nach der Eroberung von Kazan im Jahre 1552 behandelt hatten:
»Unsere Feinde füllen unser Blut in Eimer und schütten es in die Ströme. Sie stampfen unsere Körper in die Erde, und der Staub der Steppe verweht uns. Nun tropft unser Stirnschweiß zu ihren Füßen, und sie spotten unser und fesseln uns an die Karren, ihren Weibern zum Gelächter. Nur ihren Speichel haben wir zum Löschen unseres Durstes.«
Die gegenseitigen Schuldzuweisungen machen die Bitterkeit auf beiden Seiten nur schärfer. Der Graben wird breiter. Wo sind die Brückenbauer?

Der von 1818 bis 1889 lebende Historiker Shihabedin Merjani gehörte zu ihnen. Er sah im unaufhaltsamen Vormarsch der russischen Truppen nicht nur eine unverschuldete Demütigung der muslimischen Völker in Mittelasien und im Kaukasus. Er fragte auch nach den eigenen Fehlern. Die Engstirnigkeit der religiösen Vorschriften und den abgrundtiefen Haß gegenüber jeglicher Veränderung der Lebensgewohnheiten machte er für die Niederlagen mit verantwortlich.

»Wenn Straßen gebaut werden und man lieber querfeldein reitet ... wenn es Ärzte gibt und man lieber dem Schicksal vertraut ... wenn es gilt, die Hände zu rühren und man lieber im Schatten der Jurten sitzt ...« Mit seinem Buch »Ratschläge für die Menschen unserer Zeit« wollte er die Muslime im Russischen Reich aufrütteln. Aber es waren zuerst die russischen Gelehrten in St. Petersburg, die er damit auf sich aufmerksam machte. Sie holten ihn in die Hauptstadt. Bei vielen war es vielleicht nur Neugier: ein Vortrag eines Tataren — was konnte der schon zu bieten haben? Und dann sprach er über die Geschichte der Tataren und der Wolga-Ural-Region, sprach von den Sitten seines Volkes, von seinem Leben, seinem Glauben, seinen Hoffnungen.

Als er nach Kazan zurückkehrte, ließ er in der Hauptstadt des Reiches eine Menge einflußreicher Freunde zurück. Nicht nur russische, auch deutsche Gelehrte bemühten sich nun um Merjani und suchten mit ihm zusammen nach einem Weg, durch den man verhindern konnte, »die nichtchristlichen Minoritäten in den christlichen Monarchien« ihrer eigenen Geschichte zu entfremden.

Merjani forderte seine Freunde auf, nach Kazan zu kommen. In dieser Stadt, mitten im Siedlungsgebiet der Nachkommen der Goldenen Horde, könne jeder sehen, was los sei. Als sie kamen, begrüßte er alle persönlich, kümmerte sich um ihr Wohlergehen, schlenderte mit ihnen durch die Gassen im Asiatischen Bazar, brachte sie im Hotel Schtschetinkina an einer der Prachtstraßen Kazans, der Prolomnaja Ulitza, unter, bevor er sie einlud, in der Imperatorskij-Universität seiner Vorlesung über die Geschichte der islamischen Völker zuzuhören.

Ich kann mir die Spannung vorstellen, die Erregung, die Kontroversen, vielleicht bei dem einen oder anderen russi-

schen, französischen und deutschen Gelehrten auch Trauer über das Los der Unterworfenen.
Kazan verkörperte für die Russen das Symbol ihres Sieges über die Steppenvölker; voll Stolz nannten sie Kazan »Rußlands Tor nach Asien«. Die Gebildeten Mittel- und Westeuropas lasen die russischen Veröffentlichungen, und sie stützten sich in ihren Forschungen auf die Werke der zaristischen Orientalisten und Historiker. Es war eine kleine Sensation, daß sie gekommen waren, um von einem Tataren zu hören, was er über die Tataren zu sagen hatte. Merjani hielt seine Vorlesungen in Russisch; seine Bücher aber — 24 dickleibige Werke — hatte er in Arabisch geschrieben, in der Sprache des Propheten Mohammed. Das war für die Russen eine Herausforderung, für die islamischen Völker dagegen »ein Quell des Lebens«.

Um jedoch die Aufmerksamkeit der Massen seiner Landsleute zu erreichen, reichte das alles noch nicht aus. Das gelang Merjani erst mit der Veröffentlichung der »Ausgewählte(n) Berichte über die Situation von Kazan und Bulgar«. Noch heute sind die Kazaner Tataren stolz darauf, daß dieses erste tatarische Geschichtsbuch in tatarischer Sprache in ihrer Stadt erschien.
Mit diesem Buch hatte Merjani seine Landsleute gewonnen. Wer nicht lesen konnte, ließ sich daraus vorlesen. Alle vertrauten ihm; sie vertrauten ihm auch, als er sie aufforderte, russisch zu lernen. Die Beschäftigung mit der Sprache des Siegers sollten sie nicht länger als geistige Unterwerfung bewerten; eine Waffe konnte es sein auf dem Weg zur Gleichberechtigung. Und die Russen bat er, von der tatarisch-islamischen Kultur zu übernehmen, was »ihre Seele erleuchtet, erfrischt, bereichert und erfreut«, ohne daß sie deshalb aufhörten, zu sein, was sie waren: Russen.
Wer stark ist und in sich ruht, geht seinem Volk nicht verloren. Tiefes Wissen stärkt die Liebe zur eigenen Nation. Mit

dieser Überzeugung ermunterte er die Tataren, auch von den Russen zu lernen: Naturwissenschaft, Völkerkunde, Volkswirtschaft, Medizin, Rechtswissenschaft. Solange er lebte, besänftigte er die Mißtrauischen und förderte die Wissensdurstigen.

Eine Weile blieb ich für mich allein im Handschriftensaal. Es fiel mir nicht leicht, in der Riesenbibliothek dieser Universität zu entscheiden, was ich mir noch ansehen oder ausleihen wollte. Schließlich wandte ich mich um Rat fragend an ein paar junge russische Bibliothekare. Sie waren sofort bereit, mir zu helfen. Ich war in meinen Gedanken noch mit den Tataren beschäftigt und fragte sie nach tatarischem Schrifttum. Was mich daran so interessiere, wollten sie wissen. Zwar gaben sie zu, daß die Tataren in Kunst und Literatur einzelne bedeutende Werke geschaffen hätten; »Sie haben einige Begabte in ihrem Volk«, diese Bemerkung fiel ihnen nicht schwer. Aber wirklich genial waren für sie nur die Russen. In mir sahen sie einen Ausländer, den ihnen ein glücklicher Zufall in den Weg geführt hatte und den sie unbedingt davor bewahren wollten, in die »tatarische Falle«, wie sie das nannten, zu laufen. Sie waren versessen darauf, einige meiner Ansichten über die Tataren zurechtzurücken.

Die Namen der russischen Gelehrten, die dazu beigetragen hatten, aus der Universität Kazan ein »Kleinod russischer Geistigkeit« zu machen, sprachen sie so aus, als erwarteten sie, mich in Ehrfurcht erschauern zu sehen.
Lobatschewski, den Mathematiker, bezeichneten sie als den »Kopernikus der Geometrie«, und wenn ich ihnen glaubte, dann gäbe es ohne die Forschungen Butlerows keine moderne Chemie. Die Mediziner Adamjuk und Bechterew waren für sie Wohltäter der Menschheit, und Simonow, der als Astronom an der ersten russischen Antarktis-Expedition teilgenommen hatte, war einer der größten Gelehrten und

Abenteurer. »Sie haben alles geleistet, was Menschen leisten können.« Auch der Orientalist Kowalewski gehörte zu denen, die »nicht nur zum Ruhm der Universität Kazan beitrugen, sondern der vaterländischen Wissenschaft Weltgeltung verschafften«.

Vom tatarischen Schrifttum lobten sie mehr die kunstvollen Ornamente und Arabesken auf den Buchumschlägen als den Inhalt der Werke.

Hingerissen waren sie von meinen Fragen nach der Bedeutung der Universität Kazan für die russische Literatur. Und wahrscheinlich war es ihnen so in Fleisch und Blut übergegangen, in einem Gespräch oder in einem Vortrag irgendwann einmal Lenin zu erwähnen, daß sie jetzt, bei meinen Fragen nach der russischen Literatur, ganz unbefangen mit Lenin anfingen.

»Er gehört zwar nicht im engen Sinne des Wortes zu den Schriftstellern, aber er studierte 114 Tage an dieser Universität, und in Hörsaal 7 hielt er seine erste öffentliche Rede gegen die soziale Ungerechtigkeit.«

Ich war überrascht darüber, wie diese jungen Wissenschaftler ihn verteidigten, während doch im ganzen Land die Lenin-Statuen gestürzt wurden. Auch bei anderen Gesprächen war mir das aufgefallen, oft hatten Russen nach anfänglicher Kritik und auch manch bösen Schuldzuweisungen Lenins Handlungsweise dann wieder zu erklären und zu rechtfertigen gesucht. Manchmal schien mir das ein Versuch zu sein, sich persönlich vor Vorwürfen zu schützen.

»Damals waren die Zeiten so, daß Lenin in Rußland der Mann der Stunde war. In der Revolution hatten alle politischen Kräfte die gleichen Chancen, aber Lenin war es, der den Gefühlen der Massen Ausdruck gab und dem es gelang, ihre verschiedenen Aktivitäten zusammenzufassen und auf ein Ziel zuzuführen: Frieden und die Beseitigung der sozialen Ungerechtigkeit.«

»Ich fühle mich wie im Hörsaal«, sagte ich. Sie nahmen mir

die Bemerkung nicht übel, im Gegenteil, sie schienen sie als Aufforderung aufzufassen, weiterzusprechen.
»Im Hörsaal 7 fanden die Vorlesungen über die Geschichte des russischen Rechts statt, und es war Lenin, der an die Eingangstür des Hörsaals ein Plakat klebte mit der Aufschrift ›Vorlesung: Geschichte des russischen Unrechts‹.«
Ich gab zu, daß das unter den damaligen politischen Verhältnissen eine lebensgefährliche Aktion war — wenn diese Geschichte nicht nur eine der vielen patriotischen Heldensagen war, die zum Lenin-Kult gehörten. Sie widersprachen lebhaft. Und als könnten sie mich damit überzeugen, sagten sie schließlich:
»Warum geht heute bei uns alles durcheinander? Weil niemand da ist, der die Interessen aller vertritt und der bei den verschiedenen Völkern in unserem Land Zustimmung findet.«

Wahrscheinlich ist es unserer Ahnungslosigkeit zuzuschreiben, wenn wir von den Russen nach ein paar Jahren Demokratie erwarten, daß die Wurzeln ihrer tausendjährigen autoritären Geschichte bereits verdorrt sind. Der Wandel, in dem sich alles befindet und der bisher weitgehend ohne Verfolgung Andersdenkender vor sich ging — ein ganz ungewöhnlicher Vorgang bei politischen Umstürzen in diesem Land —, ist allein schon von unermeßlichem Wert. Ich will jetzt nicht davon sprechen, was mir bei meinen früheren Reisen in der ehemaligen Sowjetunion vom »objektiv feststehenden Gang der Geschichte«, wie die Marxisten sagten, eingehämmert wurde, will auch nicht darüber nachdenken, wie heftig damals schon der Ansatz einer Kritik niedergeknüppelt wurde, aber von daher gesehen, empfand ich schon dies offene Gespräch als verheißungsvoll.
Auf meine Frage, wie lange die Universität noch den Namen »W. I. Uljanow-Lenin« haben würde, zuckten sie mit den Achseln und fanden es durchaus möglich, ihn durch einen anderen zu ersetzen.

»Vielleicht durch einen, der stärker mit der Geschichte Tatarstans verbunden ist?«
Wahrscheinlich hielten sie mich für hoffnungslos pro-tatarisch, deshalb wohl kamen sie von selbst auf die Wünsche der Tataren nach völliger Unabhängigkeit zu sprechen.
»Ein von Rußland unabhängiges Tatarstan an der Wolga — das gäbe eine Erschütterung, die uns allen den Boden unter den Füßen wegziehen würde.«
Den Asiaten billigten sie eigene Staaten zu: Kasachstan, Kirgisien, Usbekistan, »Länder, die nicht mitten in Rußland liegen«, wie sie hervorhoben. Die Deportationen und all die Unterdrückungen, denen die Tataren ausgesetzt gewesen waren, verurteilten sie leidenschaftlich. Großzügig müsse jedes Unrecht, das ein einzelner erlitten habe, wieder gutgemacht werden. Aber das hätte nichts zu tun mit der Gründung eines eigenen Staates.
»Kazan wäre ja dann für uns Russen Ausland — nein, das können wir uns nicht einmal vorstellen.«

Es fiel mir nicht schwer, mich in ihre Gedanken zu versetzen. Es war auch nicht schwer, das Gespräch wieder auf die russischen Schriftsteller zu lenken.
»Tolstoj studierte in Kazan Orientalistik; er meinte wohl, nirgends sonst in Rußland fände ein Student so gute Voraussetzungen für diese Fachrichtung. Nach einigen Semestern wechselte er zur juristischen Fakultät über — doch auch das machte ihm keinen Spaß, so ließ er schließlich die Wissenschaft sein und schrieb Bücher.«
Mit wurde leichter zumute. Vor ein paar Minuten noch waren sie beinahe fanatisch, nun schienen sie ihren Humor wiedergefunden zu haben.
»Schauen Sie sich das alte Offizierskasino in der Innenstadt an, dort ging der junge Tolstoj zum Tanzen. Einmal beobachtete er vom Balkon des Kasinos aus, wie ein Soldat wegen irgendeines Vergehens Spießruten laufen mußte. Er

rannte nach Hause, setzte sich an seinen Schreibtisch und schrieb die Erzählung ›Nach dem Ball‹.

Ob Tolstoj Kazan geliebt hat, wissen wir nicht — aber Puschkin war vernarrt in diese Stadt. Für ihn war sie ein einziger großer orientalischer Bazar, in dem sich alle Völker Rußlands ein Stelldichein gaben. Das Revolutionäre, das Aufrührerische fesselte Puschkin. Der äußere Grund für ihn, hierher zu kommen, war, Material zu sammeln über eine Geschichte des Pugatschow-Aufstandes, die er schreiben wollte. Aber vielleicht war das nur ein Vorwand, um sich fern der Hauptstadt St. Petersburg in einer ganz anders geprägten Umwelt Träumen und Ausschweifungen hingeben zu können.

Auch die Wolga und die Steppe faszinierten Puschkin. Das sind zwei Geschenke der Natur, sagte er, die den Menschen erlauben, unbemerkt zu verschwinden oder auch plötzlich aufzutauchen. Die Wolga und die Steppe waren für ihn Pforten zur Freiheit.

Für einen Dichter muß das alte Kazan eine Schatzkammer gewesen sein. In der Erzählung ›Die Hauptmannstochter‹ überlieferte uns Puschkin viel davon. Aber das ist nun schon alles Vergangenheit. Kazan heute — auch das läßt einen nicht los.«

Für mein weiteres Programm in Kazan machten sie mir gleich einige Vorschläge:

»Wie wäre es mit den 20 000 Ikonen, die in Kazan aufbewahrt werden? Eine davon gehört zu den ältesten Heiligenbildern des Russischen Reiches, sie zeigt Boris und Gleb, die heilig gesprochenen Märtyrer. Oder die berühmten Gemälde russischer Maler im Kunstmuseum in der Karl-Marx-Straße 64?«

Das Beste von allem wäre natürlich, ich bliebe einfach hier und träfe meine Wahl unter den 5 Millionen Büchern und den 10 000 Original-Manuskripten in ihrer Bibliothek.

Wir plauderten noch eine Weile über Literatur und Kunst in Kazan. Als sie hörten, was mir Maxim Gorkij bedeutete, war es für sie eine ausgemachte Sache, daß ich die Backstube aufsuchen müßte, in der er geschuftet hatte.
Alles darin ist noch so, wie es war, als Gorkij in Kazan Teig knetete, als er Semmel austrug, zum Kurier heimlicher Liebesbotschaften wurde, die er in einem Brotkorb versteckte, bevor er sie den Adressaten zusteckte — pickligen, verklemmten Studenten, im Haus eingesperrten Mädchen, abenteuerlustigen, ewig besoffenen Offizieren, fetten, reichen Matronen, schüchternen Verliebten ...
Gorkij hatte die Kazaner Universität nie von innen gesehen, aber in seinem Buch »Meine Universitäten« spielt das Leben in Kazan eine wichtige Rolle. Spricht er von seinen Lehrern, dann meint er die Bettler, die Diebe, die Hafenarbeiter, die Wolga-Schiffer, die Kneipenwirte und Tataren-Huren, die Arbeiter der Brotfabriken und die halbverhungerten Zimmervermieterinnen dieser Stadt. Seine Hörsäle waren verlauste und verwanzte Unterkünfte; was er dort hörte, verstörte ihn zutiefst und trieb ihn weiter, an Schanktische, auf die Gassen, unter die Treppenaufgänge in den Häusern der Kaufleute und zu den Treffpunkten der Vagabunden am Wolgaufer.
Ich sah mir die Backstube an. Knapp zwei Meter hoch ist das Kellergewölbe. Noch immer hängt die Petroleumlampe, unter deren flackerndem Licht die Arbeiter schufteten, in der Mitte des Gewölbes, noch immer ist der Zylinder kaputt, noch immer der niedrige Backofen schwarz verrußt.

Welten liegen zwischen der Arbeitsstätte Maxim Gorkijs und dem Musiksalon, der an den Opernbassisten Fjodor Schaljapin erinnert und nur ein Stockwerk über Gorkijs Kellerverließ eingerichtet wurde. In Kazans »Gotteserscheinungskirche« wurde Schaljapin getauft; in einer Kirche sang er zum erstenmal. Ich sah mir Schaljapins Bühnenfrack an, seinen eleganten Spazierstock, die schwarzen Mephisto-Schuhe, den Konzertflügel und ging dann wieder hinunter in den Keller zu Gorkijs armseligen Teigtrögen, zu seinen aus Mehlsäcken genähten Arbeitshosen.

Gorkij und Schaljapin: Beide liebten Rußland, beide litten an Rußland. Jeder wurde auf seine Weise damit fertig. Schaljapin genoß es, in Paris, Rom, London, Berlin, New York, Sydney als russisches Stimmwunder umschwärmt und gefeiert zu werden. Gorkij verachtete die Menschen, die sich an den Weltstar hängten. Gorkij verachtete auch das Geld, das Schaljapin keineswegs gleichgültig war. Einmal gab er das zu:

»Die Valuta verkleistert alle Gehirne, und der Dollar verdunkelt den Glanz der Sonne ... Auch ich ... verkaufte ... zum Teil meine Seele dem Teufel ... Aber ich lebe ... wie noch nie zuvor.«

Für Gorkij war das Verrat. Heftig redete er seinem Freund Schaljapin ins Gewissen:

»Denke daran, was du in Rußland bist ... Du bist in der russischen Kunst der Musik der Erste ... Dies sagt dir kein Schmeichler, sondern ein dich aufrichtig liebender russischer Mensch, für den du ein Symbol *russischer* Begabung bist. Wenn ich dich anblicke, bete ich zu ... irgend einem russischen Gott: Hab Dank, Gott, gut hast du in Fjodors Person gezeigt, wessen unser geschlagenes, gequältes, kummervolles Land fähig ist ... Ich wünsche so sehr, daß du deine Rolle begriffest, deine Bedeutung für das *russische* Dasein.«

Diese Worte fielen mir ein, als ich auf einem Stuhl im Musiksalon Schaljapins saß und auf ein riesiges, buntes Theaterplakat blickte, das in großen kyrillischen Buchstaben für den 4. Mai 1880 eine »Faust«-Aufführung in der Oper von St. Petersburg ankündigte; Schaljapin in der Rolle des Mephisto.

Ich hörte seine Stimme. Iwanka, eine schwarzhaarige, schlanke, bildhübsche Russin, hatte eine Schallplatte aufgelegt. Wir waren allein im Raum. Seit über einer Stunde schon war ich hier, und kein anderer Besucher ließ sich blikken. Sie trug schmale, schwarze Schuhe mit halbhohen Absätzen, ein hautenges rotes Minikleid mit einem Dekolleté, daß einem die Luft wegblieb. Sie hatte hübsche weiche Hände mit langen Fingern und schön zugefeilten Fingernägeln. Ab und zu, wie zufällig, streifte sie flüchtig meine Hand oder tippte mir auf die Schulter, während sie auf die Notenblätter wies, auf alte Pressefotos. Eines zeigte Schaljapin auf der Bühne, Blumensträuße in beiden Armen, mit strahlendem Lächeln, umdrängt von applaudierenden Männern und Frauen.

Wir plauderten, und der Baß sang nur für uns beide in diesem Salon. Ohne zu zögern gab sie zu, sich für mich so hübsch gemacht zu haben. Ein Bekannter hätte ihr gesagt, ich beabsichtigte, heute Gorkijs Backstube zu besuchen und von dort wäre ja der Weg in den ersten Stock des Hauses nicht weit. Sie wippte ein wenig mit den nackten Knien hin und her, versteckte ihre Hände in den Achselhöhlen.

»Ich möchte so gern nach Amerika oder nach Schweden oder wenn das nicht geht, nach Deutschland. Was muß ich tun?« Sie erzählte von ihren Freundinnen, die darauf aus wären, Ausländer zu heiraten, nur so pro forma — oder auch nicht pro forma —, um aus Rußland herauszukommen. Schaljapin sang, die Plattennadel kratzte schon ein bißchen, aber meine Stimme war in diesem Augenblick bestimmt rauher als die des Sängers.

»Es geht nicht so schnell, und es ist nicht einfach«, etwas Besseres fiel mir in diesem Augenblick nicht ein.

»Es muß ja nicht gleich sein«, sagte sie leise, legte die Hände auf ihre Knie, preßte sie zusammen. Wie oft mochte sie sich schon gewünscht haben, so eine Chance zu haben, mit einem Ausländer allein zu sein und darüber zu sprechen. Sie

saß eine Armlänge von mir entfernt auf einem Holzhocker, sagte kein Wort, saß jetzt nur da.
»Ich bin noch zwei Tage in Kazan — vielleicht können wir uns noch einmal treffen und darüber sprechen?«
Ich dachte dabei nicht so sehr an ihren Wunsch, Rußland zu verlassen. Ich nahm einfach meine Chance wahr, mich noch einmal mit dieser hübschen Russin zu treffen. Sie sprang auf und umarmte mich. »Danke«, sagte sie, »danke.«
Ich weiß nicht, wie ich aufs Schiff kam, aber ich kam hin. Und schwor mir, in den nächsten Tagen ein wenig mehr auf gut Glück durch die Stadt zu streifen und meinen Bekannten nicht schon einen Tag vorher zu sagen, was ich sehen und mit wem ich sprechen wollte. Andererseits — was für ein Jammer, hätte sie es nicht erfahren.

Die Wohnblocks im Stadtzentrum, die Kirchen — abgesehen von den Moscheen —, die Schulen, Straßen und Kaufhäuser sahen genauso aus wie in Moskau, Jaroslawl und Uglitsch. Die Menschen standen vor den Geschäften Schlange, die leeren Einkaufstaschen hin- und herschlenkernd, auf russisch schimpfend. Die Soldaten trugen russische Uniformen, in der Oper wurde Mussorskijs »Boris Godunow« aufgeführt, und in den Lichtspielhäusern liefen russische Filme. Eine Vorstellung war gerade zu Ende. Vor allem junge Leute strömten aus dem »Spartakus-Palast«. »Studentka« hieß der Film, und nach den Gesichtern der Besucher zu urteilen, mußte es ein das Gemüt anrührender Film mit einem alle glücklich machenden Happy End gewesen sein.

Eine Zeitlang trieb ich mich in den alten Wohnvierteln in der Nähe der Wolga herum. Die Fenster der Häuser waren teilweise mit Zeitungspapier verklebt, hinter zerbrochenen Glasscheiben hingen Gardinen, deren Trostlosigkeit sich in einem verwaschenen Grau verfangen hatte. Kakteen standen auf einem Fensterbrett in einem winzigen Topf, über dessen

Rand zwanzig Ableger dem Licht entgegenwuchsen. Die Hauseingänge in ihrer Düsternis und Schäbigkeit lehrten einen schon am hellen Tag das Fürchten, die abgesplitterten, abgekratzten Wohnungstüren waren auch nicht gerade einladend, und die fleckigen, rostigen Blechbriefkästen mußten schon sehr gute Nachrichten enthalten, sonst versetzte einen bereits ihr bloßer Anblick in melancholische Stimmung.
Auf den Straßen standen Lastwagen. Schmutzwolken dunkler, blakender Abgase kamen ununterbrochen aus den Auspuffrohren. Es dauerte lange, bis die Fahrer von irgendwoher zurückkamen, sich ans Steuer setzten und den Straßenstaub beim Anfahren hochwirbelten.

In den Nebenstraßen standen bruchbudengleiche Holzkaten dicht nebeneinander. Wacklige, löchrige, schief stehende Holzzäune grenzten kleine Gärten ein. Ein etwa dreißigjähriger Mann mit Stoppelbart, Schnapsfahne, die Hosenknöpfe offen, die Hosensäume zerrissen und bei jedem Schritt auf der Erde nachschleifend, streckte mir über den Zaun die Hand entgegen und lud mich mit einer großartigen Geste ein, in sein Haus zu kommen:
»Wir werden einer vollen Flasche das Genick brechen.«
»Njet.«
Damit gab er sich nicht zufrieden. Er breitete beide Arme aus: »Komm ...«
Eine Frau kam über den Sandweg auf uns zu, schimpfte: »Hören Sie nicht auf den. Das ist ein Taugenichts.«
Der Mann ging schimpfend in seine Holzkate zurück und knallte die Tür hinter sich zu. Die Frau drohte mit der Faust zu dem Haus hin.

Eine Stunde später ging ich in einem Neubauviertel spazieren. Privatautos, eins dicht hinter dem anderen, parkten am Straßenrand. Blumenkästen standen auf kleinen Balkonen, daneben Rodelschlitten, Fahrräder. In den Cafés und Re-

staurants waren fast alle Tische besetzt. Eine Kellnerin sagte freundlich zu mir:
»Wenn Sie noch etwas zu essen haben wollen, müssen Sie sich beeilen, viel ist nicht mehr da.«
Die Kazaner nennen dieses Quartier, in dem Tausende von Menschen in einem Wohnblock zusammenleben, den wir in mindestens sechzig oder siebzig einzelne Häuser aufgeteilt hätten, die »Chinesische Mauer«. Ingenieure, Lehrer, Ärzte, Redakteure, Werkmeister, Angestellte wohnen hier. Eine Frau traf ich, die stolz darauf war, ausschließlich Hausfrau zu sein. »Jetzt ist das möglich.«
Früher hatte sie in einer Ölfirma gearbeitet, und nebenbei erfuhr ich, daß in Tatarstan genausoviel Öl gefördert wird wie in Kuwait.
»Meinen Sie, darauf verzichten wir?«
Wir, das waren die Russen, das ging eindeutig aus allen weiteren Sätzen hervor. Fast pikiert sagte sie: »Natürlich bin ich in Kazan geboren und auch meine Eltern. Auch mein Mann ist Kazaner, und meine Kinder sind hier geboren. Wir sind Kazaner Russen.«

56 Prozent der Einwohner in Kazan sind Russen. Auf dem Lande ist es umgekehrt, da sind die Tataren in der Überzahl. Ein paar Jahrzehnte fehlen noch, dann wäre Kazan ein halbes Jahrtausend russisch. Der Kazaner Kreml wurde von russischen Baumeistern und Steinmetzen erbaut. Die weißen Mauern, die Kirche, die Steintafeln — alles erinnert an die russischen Eroberer.

Über die Tataren gibt es nur Anekdoten. Die besiegte Tataren-Fürstin Sujumbeki sollte Iwan den Schrecklichen heiraten. Sie bat ihn, einen hohen Turm zu errichten, damit sie von oben noch einmal auf ihr Heimatland blicken könnte, bevor sie nach Moskau zöge. Iwan IV. erfüllte ihr diesen Wunsch. Sujumbeki, jung, klug, bildschön, forderte nach

dem vierten Stockwerk, ein fünftes zu bauen, nach dem fünften ein sechstes, nach dem sechsten ein siebentes.
»Nun ist es genug«, befahl der Zar, »nun reicht dein Blick weit genug über das Tatarenland, das jetzt Rußland ist.«
Sujumbeki hielt die Hand vor die Stirn, gedachte der Toten ihrer Familie und aller Gefallenen, umarmte ihre Freunde und stieg die Turmtreppen bis zum letzten Stockwerk hinauf. Dort breitete sie ihre Arme aus und stürzte sich in die Tiefe.
Die Tataren schwören, daß es so war.
Die Russen haben eine andere Version: Sujumbeki ergab sich Iwan dem Schrecklichen, heiratete seinen Heerführer, gebar ihm Söhne, und die kämpften als tapfere Offiziere in der russischen Armee. Sujumbeki verkehrte in den Moskauer Adelskreisen, es mangelte ihr an nichts; sie starb im Alter von 80 Jahren.

Mit der Straßenbahnlinie 5 fuhr ich die »Sibirische Heerstraße« entlang, vorbei an der Barbara-Kirche und über einen großen Platz. Ungefähr an dieser Stelle wurden den von den Zaren Verbannten die Fesseln gelöst, bevor sie auf dem »Sibirskij Trakt« nach Osten weiterzogen. Ein Wegweiser zeigt nach Perm — diese Stadt liegt bereits in Sibirien. Ich fuhr zurück in die Stadt, warf einen Blick auf das Zirkusgebäude, das riesige Stadion, die roten Backsteine des alten Bahnhofs. Was bewegt die Menschen, wenn sie daran vorbeigehen und auf die alten Gleise blicken, von denen die vergitterten Sträflingswaggons nach Russisch-Fernost, Sibirien und in die Verbanntengebiete an der mongolischen Grenze abfuhren?

Eher zufällig geriet ich auf den Arskoje-Friedhof. Stalins Sohn Wassilij Josifowitsch Dschugaschwilli — wie die Familie ursprünglich hieß — wurde hier beerdigt. Die Grabeinfriedung war mit schwarzer Farbe frisch gestrichen, die Spit-

zen der Stäbe waren neu vergoldet, doch das Bild des Verstorbenen ist aus dem Gedenkstein entfernt worden; nur ein schmutzig-grauer Fleck war noch zu sehen.
»Dem Einzigen« — diese Grabinschrift ließ seine Mutter einmeißeln.
Stalin als Familienvater?
Einer seiner Söhne nahm sich in deutscher Kriegsgefangenschaft das Leben. Die einen sagen, er habe es sattgehabt, von den Deutschen zu Propagandazwecken mißbraucht zu werden; andere erklären seinen Selbstmord als Reaktion auf die Ablehnung seines Vaters, einen in sowjetische Gefangenschaft geratenen deutschen General gegen ihn auszutauschen; wieder andere sprechen davon, die Mitgefangenen hätten Stalin und seiner Familie alle Schuld an ihrem Elend gegeben; als er den Haß, den er von allen Seiten fühlte, nicht mehr aushielt, sei er in den elektrisch geladenen Lagerzaun gesprungen.

Und der in Kazan wenige Schritte vor mir in der Erde Ruhende? Im Krieg war er ein Fliegerheld, im Frieden ein Trunkenbold. Wer kann nachempfinden, was es bedeutete, als Stalins Sohn zu leben? War es überhaupt denkbar, ein normales Leben zu führen? Was hat er gewußt, was hat er geahnt, wollte er überhaupt irgend etwas von den Taten seines Vaters wissen? Hat er sich in Luftkämpfe gestürzt, weil Stalins Sohn besonders tapfer sein mußte? Oder hat er den Tod gesucht und, als ihn das Schicksal verschonte, unmäßig zu trinken begonnen?
Stalin verabscheute die menschlichen Schwächen seiner Angehörigen. Trinken durfte ein Mensch nur im Siegesrausch. Überliefert ist seine Antwort auf die Frage, was ihn glücklich mache: »Einen Feind niederwerfen, ein Glas Wein trinken und den Triumph genießen.«

Viele gefallene sowjetische Soldaten sind auf diesem Friedhof beerdigt, in schlichten Gräbern, mit einem roten Sowjetstern über dem Namen. Auf einigen Grabsteinen stehen fünf, sieben, zehn Namen übereinander, dahinter eine Jahreszahl: 1943, 1944 ... Ein Friedhofswärter gab mir Auskunft. Im Krieg war Kazan eine riesige Lazarettstadt. Die Verwundeten wurden von der Front hierher transportiert. Tausende starben in den Lazaretten, an manchen Tagen waren es so viele, daß man mehrere in ein Grab legen mußte.
»Woher kommen Sie?«
»Aus Deutschland.«
Er sagte kein Wort, drehte sich um und ging weg. Ich lief nicht hinter ihm her. Es hat keinen Zweck, etwas erklären zu wollen. Ich wünschte mir nur, ein paar Blumen zu haben, die ich auf die Grabhügel hätte legen können.

Auf der Straße geriet ich in eine Demonstration. Die Menschen riefen: »Tatar, erwache!« Männerfäuste schwenkten Transparente mit der Aufschrift »Um die Zukunft hell zu machen, greifen wir nach den Flammen der Vergangenheit.« Neben den Erwachsenen marschierten Jungen und Mädchen. Sie hielten Porträts in die Höhe, darauf lachte mir Dschingis Khan entgegen. Meine tatarischen Begleiter spürten, wie mir zumute war.
»Ein Leben lang mußten wir uns die Stalin-Porträts ansehen, und auf die Frage, wen wir liebten, gab es nur eine Antwort: Stalin. Nun frag mal die Kinder, wen sie lieben.«
Ich tat es.
»Dschingis Khan.«
Sie waren glücklich über die Antwort, über die Rufe der Menge »Tatar, erwache!« über die Menschenmassen, die aus allen Straßen herbeiströmten und mit Tränen in den Augen ihre Nationalhymne sangen. Es waren Momente erfüllter Hoffnungen, eine Stunde, in der Träume Wirklichkeit wurden. Niemand soll die Glücklichen in den Tagen ihres

ersten Glücks stören. Wer die Geschichte kennt, ahnt, wie es weitergeht. Ich behielt das für mich und gratulierte ihnen herzlich zur Stunde der »Nationalen Freiheit«. Sie hätten mich aus Freude beinahe zum Ehren-Tataren ernannt. »Wir fühlen uns verstanden.«

Im Stadtmuseum gab es eine Ausstellung über »Kunst und Kultur der tatarischen Völker von den Anfängen bis zur Gegenwart«, und im alten tatarischen Theater fand ein Symposium über »Die Rolle der nomadischen Völker für die Entwicklung der Zivilisation in Asien« statt. Ich fand das nicht so außergewöhnlich, aber für die Tataren war es eine Demonstration ihrer Ebenbürtigkeit. Die Russen begründeten ihre Kolonialherrschaft stets mit ihrer technisch-zivilisatorischen Überlegenheit.

»Ohne uns lebten die alle noch im finsteren Mittelalter, haben sie gesagt. Wir Asiaten waren doch nur die Statisten auf der russischen Bühne, exotischer Hintergrund für zaristische Paläste und später für sowjetische Stauwerke und Industriekombinate. In Filmen und Büchern sah man unsere Menschen mit fröhlichen Gesichtern im Kollektiveinsatz zur Baumwollernte ziehen, die Männer in der Uniform der Roten Armee freudig ihre Pflicht erfüllend und unsere Jugend sich danach drängend, zu tun, was im Vestibül der Universität eingemeißelt war: Leben, lernen, arbeiten — wie Lenin es verlangt.«

Den Zaren war es nicht gelungen, die Tataren in ihrem großrussischen Imperium heimisch werden zu lassen. Auch die Kommunisten erreichten ihr Ziel letzten Endes nicht. Sympathie kam ihnen zunächst entgegen, als sie allen Völkern Rußlands Freiheit und Gleichberechtigung versprachen und ihre Revolution als Teil eines weltweiten Kampfes gegen den Kolonialismus hinstellten.

Während der Revolution unterschieden die Russen nicht zwischen Russen und Tataren, sie unterschieden zwischen reichen Kaufleuten und armen Landarbeitern. Für die Tataren war das nur eine neue Variante der uralten russischen Bestrebungen, das Zusammengehörigkeitsgefühl ihres Volkes zu spalten.

Später, an Bord, sprach ich mit russischen Journalisten darüber. Tief bekümmert sagten sie:
»Wir waren davon überzeugt, daß die Lösung der sozialen Probleme den Nationalismus der Völker schwächen und schließlich zum Erlöschen bringen würde. Diesen Irrtum müssen wir blutig bezahlen.«

Wem Tatarstan heute gehört, ist für die Tataren entschieden. Wenn der Kreml Tatarstan als souveränen Staat anerkennt, sind die Tataren bereit, mit Rußland und den anderen Staaten des ehemaligen Sowjetreiches zusammenzuarbeiten. Ihre Geschichte beginnt für sie wieder bei Dschingis Khan. Den Kindern, die tagsüber heiter und unbeschwert am Ufer der Wolga spielen oder im blauen Wasser des Wildschwein-Sees herumtollen, erzählen die Alten abends die überlieferten Sagen. Sie erzählen sie wie etwas Unerhörtes, Neues, wie etwas, was sie gerade jetzt entdeckt haben und was »die bösen Russen« ihnen so lange vorenthielten.

Im Stadtzentrum steht das Denkmal des tatarischen Schriftstellers Muza Dzalile. Während des 2. Weltkrieges war er in deutsche Gefangenschaft geraten. Im Lager versuchte er, Widerstandsgruppen aufzubauen. Er warnte seine Landsleute vor einer Zusammenarbeit mit der Wehrmacht und der SS und argumentierte gegen die deutsche Propaganda vom »Antibolschewistischen Krieg«. Die GESTAPO verhaftete ihn. Im Berliner Untersuchungsgefängnis schrieb er heimlich »Das Lied von Moabit« und schmuggelte den Text hinaus. Darin beschrieb er sein Leben als Gefangener und die Torturen der Vernehmungen. Er überlebte die Haft nicht.

Die Russen in Kazan zeigen auf sein Denkmal, wenn sie von der gemeinsamen Geschichte der beiden Völker sprechen. Für die Tataren ist Dzaliles Haltung nur ein Beweis dafür, wie viele ihres Volkes für Rußland gelitten haben, und ihre Opfer sind ein weiterer Grund für die Tataren, ihren eigenen Weg zu gehen. Das alles ist noch so in ihrem Bewußtsein, als sei es gestern geschehen.

Wenn wir schon von tatarischen Dichtern sprächen, dann müßte ich unbedingt Abdulla Tukaj kennenlernen, den Klassiker der tatarischen Literatur. Die Tataren führten mich durch die sieben großen Säle des Tukaj-Museums. Ich sah das Tintenfaß, in das er seine Feder getaucht hatte, ein vergilbtes Foto vom Haus des Bauern Sagdi im Dorf Kirley, wo er aufwuchs, nachdem er im 5. Lebensjahr seine Eltern verloren hatte; ich sah die Zeichnungen der kasachischen Steppenstadt Uralskje, in der er von 1895 bis 1907 lebte, bevor er nach Kazan kam. Ich bewunderte die Schatulle, die er von seinem ersten Honorar gekauft und seiner Schwester Ghasli geschenkt hatte, eine alte Eisenbahnlaterne, einen Reisekorb und seine »Itschigi« (tatarische Stiefel). Alle diese Gegenstände standen in dem Saal »Tukajs Reisen«. Simbirsk, Nischnij Nowgorod, Ufa, Astrachan waren, glaubte ich meinen Begleitern, durch Abdullah Tukajs Aufenthalt zu Kleinoden der tatarischen Literatur geworden.
Ein Jahr nach seinem Tod, im Jahr 1914, nahmen die Russen zum erstenmal Notiz von Tukaj und veröffentlichten acht seiner Gedichte in der Anthologie »Sammlung des Ostens«.
Sie machten mich auf die Jahreszahl 1914 aufmerksam:
»Als der Krieg anfing, erinnerten sich plötzlich die Russen an uns.«
Ich erwiderte nichts, fand es eher bedrückend, vor all diesen mit soviel Liebe und Sorgfalt zusammengetragenen Erinnerungsstücken wieder vom Krieg zu sprechen.

Im Saal »Tukaj und die Volkskunst«, vor all den Seidentüchern, Musikinstrumenten, Ringen, Reifen, Armspangen, vergaß ich, was meine Begleiter erklärten, und dachte an ein Tatarenmädchen in München ...
Sie war achtzehn und ich einundzwanzig. Sie saß mit vier Männern und einer etwa vierzigjährigen Frau an einem Ecktisch im Hotel Regina. Die Tanzkapelle spielte amerikanische Schlager. Ich hatte noch nie ein Mädchen mit so schmalen, schrägen, kohlschwarzen Augen gesehen, mit zwei so langen, rabenschwarzen Zöpfen, einem runden Gesicht mit so hohen Backenknochen und einem Mund wie ein breiter roter Strich, ungeschminkt. Ich ging an ihren Tisch, sagte mein Sprüchlein, verneigte mich vor ihr, vor der Frau an ihrer Seite und vor den vier Männern an dem Tisch. Meine Märchenprinzessin blickte den ältesten Mann an; der sah mir kurz in die Augen, seufzte und nickte ihr zu. Während des Tanzes bewunderte ich ihren Schmuck.
»Bei uns zu Hause leben die Frauen sehr zurückgezogen. Ein Fremder bekommt sie fast nie zu sehen. Aber er hört sie.«
Sie lachte und schüttelte ihre Ohrringe und Armreifen. Noch einmal erlaubte mir ihr Vater, mit ihr zu tanzen, dann bat sie mich, es damit genug sein zu lassen. Dreimal sei unschicklich.

Wem von den Männern, die um mich herumstanden, konnte ich das erzählen ... Ich ging weiter mit ihnen durch das Museum, bewunderte die Notenblätter des Balletts »Schurale«, das nach einem Text Tukajs komponiert war, staunte erwartungsgemäß über die Ausgabe seiner Werke in 13 Fremdsprachen und hörte aufmerksam ihren langatmigen Erklärungen zu. Nur 27 Jahre alt wurde er, dieser Liebling seines Volkes, und er war, wie sie mit leuchtenden Augen sagten, »Mitbegründer der zeitgenössischen tatarischen Sprache«. Sie freuten sich über meine Fragen, und nur mit

Mühe konnte ich sie davon abbringen, mir alle Häuser in Kazan zu zeigen, in denen Abdullah Tukaj gewohnt hatte oder wo ihm eine Verszeile eingefallen war.

Das Abendessen nahm ich im hellerleuchteten Speisesaal an Bord ein. Die Kellnerinnen plauderten miteinander. Nur an drei Tischen saßen noch Gäste. Die anderen Passagiere waren am frühen Vormittag zum Flughafen gefahren, um die Heimreise anzutreten. War alles programmgemäß verlaufen, mußten sie schon zu Hause und eine andere Reisegruppe auf dem Weg zu uns sein.

Der Veranstalter hatte zwei Wolgafahrten angeboten, eine von Moskau bis Kazan, die zweite von Kazan bis Wolgograd. Erstaunlicherweise waren nur wenige auf die Idee gekommen, beide Reisen miteinander zu verbinden. Ich war neugierig auf die Ankommenden, freute mich auf neue Bekanntschaften. Obgleich — nun ja, nicht einmal richtig verabschiedet hatte ich mich von den Abgeflogenen. So ist das eben, wenn man fast nur noch zum Schlafen an Bord kommt.

Ich bekam die Suppe serviert; eine Salatschüssel wurde auf den Tisch gestellt. Als ich die Kellnerin nach den Passagieren fragte, schüttelte sie betrübt den Kopf:

»Die sind noch nicht abgeflogen, sie sitzen noch im Flughafen. Acht Stunden Verspätung jetzt schon, und keiner weiß, wann eine Maschine kommt.«

»Das ist schade — das ist ein schlechter Reiseabschluß.«

»Ja. Aber in Kazan gibt es nur zwei Maschinen, und die sind irgendwo unterwegs. Nun fragen sie in Moskau an, und die sagen: ›Bitte sehr, ihr wollt doch selbständig sein, nun seht zu, wie ihr fertig werdet.‹ Vielleicht schickt Aeroflot erst morgen früh ein Flugzeug.«

»Na, denn Prost Mahlzeit!«

»Prost Mahlzeit?«

»Hat nichts zu bedeuten.«

Als Hauptgericht bekam ich Fisch, zum Nachtisch Fruchteis. Bei nur elf Passagieren gab es keine Speiseauswahl.
Ich aß langsam, dachte an Iwanka, die ich in einer Stunde am Uferkai treffen würde, und wünschte den im Flughafen Herumsitzenden, ihr Los mit Fassung zu tragen.
»Alle Ereignisse sind wunderbare Geschichten.« Anaïs Nin hat es in einem ihrer Tagebücher geschrieben. Hoffentlich kannten die Wartenden den Satz.

Die Wellen plätscherten gegen die Kaimauern. Riesige Kräne schwenkten Stahlrohre in die Ladebäuche der Flußkähne, Kinder warfen Steine ins Wasser, und auf den Bänken am Ufer saßen Liebespaare. Alte Frauen fütterten Möwen mit Brotresten, ein Rudel verwahrloster Hunde jagte von einem Busch zum anderen, schnüffelte in Abfalleimern und umringte schwanzwedelnd jeden, der ihnen etwas Freßbares zuwarf. Die Erde der Parkanlagen am Strom war trocken, die Blätter der Bäume waren staubbedeckt. Vor einer Tonne mit »Kwas« standen jung und alt Schlange. Ein weithin hallender Lautsprecher gab die Ankunft des Dampfers »Held Gagarin« durch. In diesem Augenblick sah ich Iwanka, sie rannte mir entgegen, strich sich mit den Händen durch das leicht zerzauste schwarze Haar, holte tief Atem: »Da bin ich«, führte mich zu einem kleinen Wagen.
»Er gehört nicht mir, er gehört dem Museum.«
Wir fuhren ein Stück vom Hafen weg, folgten endlos langen Straßen, kurvten um weite Plätze herum und schlängelten uns langsam durch enge und immer enger werdende Gassen, bis wir wieder an die Wolga kamen. Immer wieder sah ich sie von der Seite an.
»Wunderbar siehst du aus.«
»Ich fühle mich auch wunderbar.« Eine Sekunde strahlte sie mich mit ihren dunkelblauen Augen an: »Wenn ich erst in Deutschland bin, werde ich mich noch wunderbarer fühlen.«

Ich ging auf ihre Bemerkung nicht ein. Abrupt sagte sie: »Ich glaube, du willst gar nicht, daß ich komme, du willst nur mit mir spazierengehen.«
Ich fürchtete Vorwürfe, Tränen, aber nichts dergleichen geschah. Sie gab mir mit der rechten Hand einen Klaps aufs Knie.
»Auch gut. Warum nicht?«
An einer Bootsanlegestelle verließen wir den Wagen. Ein paar Kinder saßen dort herum und angelten. Sie hatten einen Eimer auf dem Steg stehen. Kein Fisch war darin.
»Wenn wir zurückkommen, muß er voll sein«, sagte Iwanka, »ich wünsche mir so sehr, daß er voll ist.«
Dicht nebeneinander gingen wir am Ufer entlang, sprangen über Baumwurzeln, zogen uns an den Händen kleine Abhänge hinauf und gingen Schritt um Schritt auf einem Sandweg immer weiter vom Ufer weg und immer tiefer in die Wälder hinein. Es war still. Nirgends schien dieser Wald ein Ende zu nehmen. Plötzlich blieb sie stehen: »Komm, laß uns zum Strom zurückgehen.«
»Mir fällt es schon jetzt schwer, dieses Land wieder zu verlassen. Warum willst du weg aus Rußland?«
»Wenn ich hier nur zu Besuch wäre, würde es mir auch gefallen«, sagte sie. Und in mein Schweigen hinein, als ob sie mich trösten müßte: »Laß nur, vielleicht ist es schwer zu verstehen.«
Am Ufer stolperten wir beinahe über einen Mann in einer Badehose. Zigarettenstummel und eine leere Wodkaflasche lagen neben ihm auf der Erde. Jede Rippe an seinem Körper konnte man zählen. Er hatte ein bleiches Gesicht, dicke Krampfadern, eine Glatze. Iwanka wandte den Kopf ab.
»Ich mag das alles nicht mehr. Ich möchte mit Menschen zusammen sein, die hübsch angezogen sind. Ich möchte so leben wie ihr — immer genug zu essen, nie Schlange stehen müssen; wohnen, wo es mir gefällt, für meine Arbeit anständig bezahlt werden, mir kaufen können, was ich will;

reisen — keine Angst haben vor morgen — nichts mehr von Politik hören ... einfach leben, weißt du, nur richtig leben.«
Wir setzten uns auf einen Baumstamm dicht am Strom. Iwanka zog ihre Schuhe aus und planschte mit den Füßen im Wasser herum.
»Hilf mir, daß ich hier herauskomme.« Sie legte ihren Kopf auf meine Schulter.
Dann fragte sie nach unserem Leben. Wollte wissen, ob es wahr sei, daß jede Familie ein Auto habe, daß alle genug zu essen hätten, daß jeder reisen könne, wohin er wolle.
»Als Verkäuferin könnte ich arbeiten«, sagte sie nachdenklich, »als Schneiderin, das habe ich auch mal gelernt, aber ich wollte nicht in die Fabrik.« Kopfschütteln. »Am Fließband Stoffe zuschneiden — nein. Ein eigenes Geschäft aufmachen? Ja, jetzt geht das. Aber woher die Nähmaschine nehmen und Kunden, die zu einem Schneider gehen? Wer irgendwo ein Stück Stoff ergattert, der braucht noch lange keinen Schneider. Wovon soll ich leben, bis es bei uns genug Stoffe zu kaufen gibt? Ich könnte auch in einem Büro arbeiten ...« Plötzlich lachte sie: »Gut kochen kann ich auch.«
Ich streichelte ihre Hände.
»Nichts hält mich hier. Man verliert die Lust zu leben, verliert die Lust an allem. Aber ich will nicht, daß mir alles egal ist.«
Es wurde dämmerig. Die Wälder wirkten unheimlich, dunkel. Nach dem Sonnenuntergang schien das ganze Land in eine grenzenlose Finsternis zu gleiten. Wie ein Sog war das. Nach einer Weile gingen wir den Weg zurück.
»Könnte ich wenigstens zehn Jahre lang so leben, wie ich möchte, fünf Jahre, drei ... Dann mag passieren, was will.«
Wir fuhren zum Dampfer zurück.

Koffer wurden an Deck geschleppt. Passagiere drängelten sich vor den Aufgängen. Die Gruppe aus Frankfurt war angekommen. Müde, mürrische Gesichter: »Achtzehn Stunden Verspätung.«

Ich übersetzte es für Iwanka. Sie zuckte die Achseln. »Was ist das schon? Achtzehn Tage, achtzehn Wochen würde ich am Flugplatz warten, wenn ich wüßte, ich könnte dann abfliegen.«

Ich fand nicht die richtigen Worte. Wir umarmten uns noch einmal.

»Ich bringe dich zum Auto.«

»Ach nein, ich warte hier und winke, wenn du an die Reling kommst.«

Als ich zum Kai hinunterblickte, war sie verschwunden.

14.

In der Mitte der Wasserfläche dümpelte ein schwarz-weiß gestrichener Nachen auf und ab. Er zeigte den Schiffsführern die Stelle an, wo Wolga und Kama zusammenfließen. Die Kapitäne müssen Kurs halten nach Süden, wollen sie dem Stromlauf der Wolga folgen, oder nach Osten abdrehen, wenn sie sich der Kama anvertrauen, die sie nach Sibirien trägt.

In den Liegestühlen räkelten sich die neuen Passagiere; Gesprächsfetzen drangen als Störlaute in meine Gedanken. Weit draußen jagte ein weißes Raketenboot nach Norden und trieb kleine Wellen zu uns herüber. Die »Isaak Lewitan« schaukelte leicht, als sie gegen den Schiffsrumpf schwappten.

Ich genoß es, in einem Korbstuhl an Deck zu sitzen und dem gemächlichen Auf-der-Stelle-Schaukeln der grünen Algenteppiche zuzuschauen. Der Dampfer drückte die Planktonfäden zur Seite, stieß mitten in diese grüne Masse hinein. Sie wiegte sich auf den Wellen auf und ab, driftete zur Seite und schloß sich hinter dem Schiff wieder zu einer grünen schwimmenden Insel zusammen, die inmitten des bleigrauen Wolgawassers dahintrieb.

Tief unter uns, wo Muschelschalen, Steingeröll, über Bord geworfene Gegenstände auf dem Flußgrund lagen, bedeckten die Wolgafluten auch die Reste des einstmals so mächtigen Bolgaren-Reiches. Von ihrer Heimat zwischen dem Schwarzen und dem Kaspischen Meer war dieses Volk, den Überfällen der Türken ausweichend, nach Norden gezogen, den Strom als Fluchtweg benutzend. In den versumpften Landstrichen fanden sie unzugängliche Verstecke. Der Fischreichtum des Flusses ernährte sie, und die Hügel und Schluchten am westlichen Ufer ließen sich zu fast uneinnehmbaren Festungen ausbauen. Dort fanden alle Schutz, die aus der Steppe und den Walddörfern zu ihnen flüchteten. Auch Nomadenvölker und Slawen kamen auf der Suche nach Sicherheit in die Schutz bietenden Stromsiedlungen der Wolga-Bolgaren. Allmählich vermischten sie sich mit ihnen. Der Fahne des Propheten, die auf dem Schwarzen, dem Weißen und dem Roten Palast der Bolgaren-Residenz flatterte, schworen sie Treue. Wer es nicht tat, genoß nur Gastrecht. Glauben wir den Chronisten, so wäre es den Bolgaren im 10. Jahrhundert beinahe gelungen, auch den Großfürsten von Kiew zum Islam zu bekehren. Nach der Sitte der Zeit nahmen die Untertanen den Glauben des Herrschers an. Wladimir, der Großfürst, wußte, was auf dem Spiel stand und übereilte nichts. Er ließ sich von christlichen Missionaren unterrichten, hörte den Schamanen der sibirischen Völker zu, sprach mit buddhistischen Mönchen und gewährte auch den Mullahs von der mittleren Wolga Audienz. Als sie ihm die sinnlichen Freuden des Paradieses schilderten, schien er fast für den Islam gewonnen zu sein; doch sich beschneiden zu lassen, auf den Genuß von Schweinefleisch und — weit schlimmer — auf Alkohol zu verzichten, das war für ihn unannehmbar.

Die Erzählungen von dem prächtigen Bolgarenreich an dem ungebändigten Strom, der fast das ganze Land von Norden nach Süden durchfloß, beschäftigte die Phantasie der Russen. Überall wurde davon erzählt, und der Name Bolgar wurde allmählich so ausgesprochen, wie es den Russen paßte. So wurde aus dem B ein W, und das R am Wortende verschluckten sie einfach. Aus Bolgar wurde Wolga.

Die alten Reiche sind vergangen. Städte und Dörfer versanken in den Fluten. Neue Völker zogen an die Wolga, vertrieben oder unterwarfen die alten Bewohner, siedelten sich an den Ufern an, wurden selbst wieder Opfer eines Stärkeren oder zogen aus eigenem Antrieb, auf der Suche nach Land

und Beute, weiter an die Ostsee, zum Balkan, in die ungarische Tiefebene, nach Sibirien.
Das Reich der Zaren verschwand; die Sowjetunion löste sich auf — die Wolga fließt weiter. »Unser Schicksalsstrom«, sagen die Russen zu ihr, und auch die Tataren und manche Deutsche nennen ihn so.

Der Blick auf die Wasserfläche war frei. Nur fern am westlichen und am östlichen Horizont war wieder Land zu erkennen. Noch etwa dreißig Kilometer nach Süden, und wir würden die alte Flußsiedlung Simbirsk erreichen. Auf einem der Berge am westlichen Ufer hat der Maler Ilja Jefimowitsch Repin 1870 die ersten Skizzen für sein berühmtes Gemälde »Wolgaschiffer« gezeichnet; im gleichen Jahr, als Wladimir Iljitsch Uljanow — der sich später Lenin nannte — in Simbirsk geboren wurde.

Zunächst war ich nahe daran gewesen, auf einen längeren Aufenthalt in Uljanowsk — wie Simbirsk seit 1924 heißt — zu verzichten, nur am Strom entlang zu schlendern und mir danach noch das Gontscharow-Museum anzusehen. Gontscharow gehört zu meinen Lieblingsschriftstellern. Sein Roman »Oblomow« muß jedem gefallen, dem ein Mensch, der sein Leben verträumt, lieber ist als einer, der nichts so lassen kann, wie es ist.
Auch Gontscharow wurde in Simbirsk geboren (1812). Aber es gibt wohl keinen größeren Gegensatz zwischen zwei Menschen wie den zwischen Lenin und Gontscharow. Der eine rastlos tätig, ein Riesenreich bekämpfend, ein neues gründend. Der andere nur in seinen Gedanken außergewöhnlich aktiv, jahrzehntelang an dem Roman schreibend, der alles enthält, was ein das russische Volk liebender Leser vom alten Rußland wissen muß. Der eine Menschen opfernd, wenn sie sich dem entgegenstellten, was er die Gesetze der Geschichte nannte; der andere — im Roman — auf

der Couch liegend, träumend und seinen Gutshof und zum Schluß auch sein hübsches Weib an den deutschen Gutsverwalter Stolz verlierend, der alles in Gang hielt, die Gehöfte und das Gesinde, der Oblomow in Freundschaft zugetan war, ihn aus seiner Trägheit herausreißen wollte und der schließlich selbst die Zügel in die Hand nahm, weil Oblomow eben nur »redete und redete, alles einsah und nichts tat«.

Die Deutschen in der russischen Literatur — in dem Gutsverwalter Stolz finden wir, was die Russen von uns denken. Er ist ein bißchen überzeichnet, zu typisch deutsch fast, aber auch Oblomow in seinem gutmütigen Phlegma und seiner russischen Seele wirkt dann und wann wie ein Bilderbuchbeispiel für einen echten Russen, der »davon lebt, was die Natur ihm gibt und nie danach strebt, seine Gaben zu mehren«.

Gontscharow verkörperte all das, was Lenin haßte und was er aus den Russen — wenn es denn sein mußte — herauspeitschen wollte. Gontscharow dagegen wollte nur eins: sein Leben so leben, wie es ihm behagte. Unnachahmlich führt uns dieser Oblomow vor, wie ein Faulpelz sich mit der Welt im Einklang fühlt, wenn man ihn nur in Ruhe läßt.
Nichts ist so wider seine Natur, wie sich anzustrengen und sich selbst und die Welt zu verändern. Für ihn gibt es nur einzelne, keine Massen. Ob Leibeigener oder Gutsbesitzer, keiner repräsentiert eine Klasse. Einen Menschen oder gar ein Volk nach dem Willen eines anderen zu formen, war für Gontscharow die verkörperte Unmenschlichkeit.
Die Liebe zur Wolga war wohl das einzige, worin Lenin und Gontscharow, diese beiden weltberühmten in Simbirsk geborenen Russen, übereinstimmten. Das Gontscharow-Museum steht im Zentrum von Uljanowsk, und vielleicht zieht es bald mehr Besucher an als die Lenin-Gedenkstätten.

Jelena, Lehrerin an der Wladimir-Iljitsch-Lenin-Mittelschule Nr. 1, war betrübt über die Angriffe auf Lenin. Zwanzig Jahre hatte sie die Kinder in seinem Geist erzogen, hatte Besucher von einem Wohnhaus der Familie Uljanowsk zum anderen geführt. Weil Maria Alexandrowka Uljanowsk häufig schwanger war und so die Wohnungen zu klein wurden, mußte die Familie immer wieder umziehen. Tüchtig war sie, diese Mutter, ihrer sparsamen Haushaltsführung war es zu danken, daß sich die Familie schließlich ein eigenes geräumiges Haus kaufen konnte. Lenins Mutter war eine Deutsche, was Jelena und alle anderen Erzieher, Museumsführer oder Reiseleiter im ehemaligen Sowjetreich nie zu sagen gewagt hatten, jedenfalls nicht mehr, nachdem Hitler in Zentraleuropa an die Macht gekommen war. Als ich sie darauf ansprach, war Jelena verlegen. »Wir haben es alle gewußt, aber es war eben nicht die Zeit, davon zu reden.«
Geredet und geschrieben wurde dafür um so mehr über den Sohn dieser Mutter. Personenkult reicht als Wort nicht aus, um zu erfassen, was sie mit ihm nach seinem Tod 1924 machten. Wer in Lenin keinen Propheten, keinen Verkünder einer neuen Heilslehre sieht, wird es nicht begreifen. In Uljanowsk wurde jedes Rasenstück, auf dem er sich einmal ausgeruht hatte, jede Bank, auf der er während eines Spaziergangs ein paar Minuten gesessen hatte, jeder Spielplatz, auf dem er als Kind herumgetollt war, mit Erinnerungsplatten versehen. Das Buch »Lenin-Gedenkstätten an der Wolga« umfaßt 192 Seiten. Die Bibliothek, in der er sich als Junge die ersten Bücher auslieh, wurde zu einer der größten im Lande ausgebaut und bekam den Ehrennamen »Palast des Buches«.
Das Gymnasium, das er von 1880 bis 1887 besuchte, trägt — wie könnte es anders sein — seinen Namen. Das Haus, in dem er sich mit Hilfe der Lehrerin Uschakowa-Prikakewitsch auf die Aufnahmeprüfung des Gymnasiums vorbereitete, wurde zum Museum umgestaltet. Er hätte diesen Son-

derunterricht sicher nicht nötig gehabt, aber er selbst wollte von Anfang an der Beste sein — und er war es. Schon nach dem ersten Schuljahr erhielt er für seine ausgezeichneten Lernergebnisse eine Belobigungsurkunde mit dem Aufdruck: »Für Sittsamkeit und Erfolge.« Als würdigsten und in allen Klassen besten Schüler zeichnete ihn die Schule nach dem Abitur mit der Goldmedaille aus und vermerkte in seinem Reifezeugnis: »... höchst talentiert, stets fleißig und pünktlich.«

Einmal im Jahr — Jelena zeigte mir den Klassenraum, der noch genauso aussieht wie zu Lenins Schulzeit — wird eine Unterrichtsstunde in diesem Zimmer abgehalten, jeweils am 1. September, zum Schulanfang. Welche Aufregung, welche Ehre für Eltern und Kinder, wenn es soweit ist; wer wird ausgewählt, in Lenins Schulklasse das Schuljahr zu beginnen?

Das Haus, in dem die Familie Uljanowsk wohnte, lag an einer der alten Simbirsker Prachtstraßen. Nikolaj Uljanowsk, Lenins Vater, hatte nicht das mindeste von einem Proletarier an sich. Er war Volksschuldirektor. Die Hauseinrichtungen, mit vielen Bücherregalen, einem Flügel, schön möblierten Zimmern, in denen Gäste empfangen wurden, verdeutlichen auf Schritt und Tritt den gutbürgerlichen Lebensstil. Auch der Tannenbaum, der jedes Jahr zur Weihnachtszeit aufgestellt wurde, weist nicht gerade darauf hin, daß ein Sohn dieser Grundeigentümerfamilie eines Tages zum Führer der Atheisten und der kommunistischen Weltrevolution werden würde. In der Moskowskaja Ulitza, wie die Straße damals hieß, gab es sogar Bretter-Gehwege zu beiden Seiten der Fahrbahn. Sie schützten die Passanten davor, nach Regenschauern und während der Schlammperiode im Frühjahr bis zu den Knöcheln im Schmutz zu versinken. Das Außergewöhnlichste aber waren die Straßenlaternen, die die Moskowskaja Ulitza nachts erhellten. Kein Arme-Leute-Viertel war es also; in dieser Straße bestand nicht einmal der Hauch einer Ähnlichkeit mit den Gassen, in denen das Volk wohnte.

Und doch glaubte Lenin an die Masse und ihre Kraft zur Veränderung der Verhältnisse — genau wie sein Lehrmeister Karl Marx, dessen klobiges Denkmal aus schwarzem Granit auf dem Platz »Hundertster Geburtstag W. I. Lenin« steht und auf dem die Inschrift zu lesen ist: »Wenn die Idee die Massen ergreift, wird sie zur materiellen Gewalt.«

»Zwei Titanen des Kampfes gegen die Macht des Privatkapitals«, Jelena hatte ihre alten Erklärungen noch immer parat. Jetzt fürchtete sie, ihren Arbeitsplatz zu verlieren.
»Was wird aus den Tausenden, die ihr ganzes Leben nichts anderes taten, als junge Menschen im Geiste Lenins zu erziehen, als Lenins Gedanken zu verbreiten, Besucher durch Lenin-Museen zu führen, in Millionen Exemplaren Lenin-Büsten herzustellen, Lenin-Gedenkstätten zu erhalten? Was, zum Beispiel, wird in Uljanowsk aus den Lektorengruppen, die Jahr für Jahr, Monat um Monat, zu 50 verschiedenen Themen des ›Leninschen theoretischen Erbes‹ Vorlesungen hielten?«
Ruhig stand Jelena neben mir, ohne zu gestikulieren oder ihr rundes Gesicht zu verziehen und mir aus ihren braunen Augen traurige oder aufmunternde Blicke zuzuwerfen.
Sie war im Schuldienst ergraut, hatte gehorsam gesagt, was die Behörde ihr vorschrieb und war wahrscheinlich nicht einmal im Traum auf die Idee gekommen, an den Vorschriften und dem Sinn ihres Tuns zu zweifeln. Erst nachdem »alles auf den Kopf gestellt wurde«, wie sie meinte, war ihre Selbstsicherheit ins Wanken geraten. Schüchtern fragte sie, was ich von alledem hielte, was das Ausland dazu sagte. Aber mich interessierte weit mehr, was die Uljanowsker denken.

»Zuerst einmal möchten wir, daß der Name der Stadt so bleibt. Unser Leben ist damit verbunden. Hieße der Lenin Prospekt plötzlich Zar-Peter-Boulevard, so würde uns das einen Stich ins Herz geben. Auf dem Zar-Peter-Boulevard hatte ich nicht meine erste Verabredung, auf ihm sind wir nicht auf und ab flaniert. Diese Umbenennungen — das ist so, als nähme man uns alles weg, was wir erlebt haben.«

Ich nickte.

»Alles in dieser Stadt, was schön und modern ist, ist mit Lenin verbunden. Simbirsk! Du meine Güte — es hatte keine Fabriken, im Hinterland gab es kaum Schulen, es gab keine Straßenbahnen, nicht einmal eine Straße, auf der regelmäßig Pferdekutschen fuhren ... Kein Anschluß an das Eisenbahnnetz — nichts; ohne die Wolga hätten wir hier auf dem Mond gelebt. Erst mit Lenin wurde alles anders.« Sie zuckte mit den Achseln. »Sicherlich ist manches übertrieben worden. Aber Uljanowsk war eben — nun ja, die Ausländer haben diese Bezeichnung für unsere Stadt geprägt —«, sagte sie mit einem Lächeln, »das Mekka der Kommunisten.«

Ich erwiderte nichts, nickte nur noch einmal und dachte daran, wie Braunau am Inn aussähe, hätte Adolf Hitler seinen Krieg gewonnen. Jelena wäre es sicher nie in den Sinn gekommen, Hitler mit Lenin zu vergleichen. Aber ich wollte doch gern wissen, was sie über das Dritte Reich und die Deutschen dachte.

»Aus Dankbarkeit darüber, daß wir sie 1945 vom Faschismus befreiten, schicken sie uns heute Lebensmittel und Kleidung.«

Lenin wäre mit dieser Antwort wahrscheinlich zufrieden gewesen. Als ich sie später meinen Landsleuten an Bord wiederholte, erregte sie nur Kopfschütteln. Mir war dabei nicht nach Lachen zumute; weder über die Art, wie die deutschen Passagiere auf den Satz reagierten noch über Jelenas totale Ahnungslosigkeit über das, was 1945 im Osten Deutschlands wirklich geschah. Vielleicht wäre manches anders gekommen, wäre die »Befreiung« so vor sich gegangen, wie sie in sowjetischen Spielfilmen dargestellt wurde.

Vor dem Denkmal des in Simbirsk geborenen Historikers Karamzin (1766—1826) blieben wir stehen. Sofort erzählte Jelena mir, wie oft der junge Lenin davor verweilt hätte. Karamzin habe Kant in Königsberg besucht und sei extra nach Weimar gereist, um Goethe zu treffen.
»Im 18. Jahrhundert waren offensichtlich die deutsch-russischen Beziehungen in Ordnung«, sagte ich, und sie lächelte. Ich fragte sie, ob die Werke Karamzins noch gelesen würden.
»Wir lesen sie wieder. Alles, was bei uns nach 1922, dem Gründungsjahr der Sowjetunion, geschrieben wurde, gilt doch jetzt als verlogen und überholt.«
Sie blickte auf Karamzin, als könnte er ihr eine Antwort geben, welche Geschichtsbücher sie lesen sollte.
Die Uljanowsker mußten von den Umbrüchen noch tiefer aufgewühlt worden sein, als die Bewohner anderer Städte. Lenin war in dieser Stadt geboren; er war einer von ihnen, von diesem Fleck Erde aus war er aufgebrochen, um Rußland und die Welt in eine bessere Zukunft zu führen, und nun landete er auf dem Müllhaufen der Geschichte. Der Stolz und all die Begeisterung der Uljanowsker über die »Gnade des richtigen Geburtsortes« waren nur noch peinlich. Alles, woran sie geglaubt hatten, war nun Täuschung, Verbrechen, Lüge.
Plötzlich hatte sie Tränen in den Augen.
»Ach, wissen Sie, wenn ein Glaube erst einmal erschüttert ist, dann glaubt man an nichts mehr.«

Ich ging allein zurück zum Hafen, schlenderte eine Weile am Wolga-Ufer auf und ab und setzte mich dann auf eine Bank. Ein alter Mann sprach mich an. Er bot mir Lenin-Gedenkmünzen an.

»Sie sind wertvoll. Sie sind aus der Zeit nach der Revolution. Für eine D-Mark können Sie sie haben.«
Ich sah mir die beiden »Revolutions-Rubel« an und gab ihm dafür ein Zweimarkstück. Der Russe lächelte, er wollte wissen, wen der Kopf auf der deutschen Münze darstellte.
»Adenauer«, sagte ich, »der erste Kanzler der Bundesrepublik Deutschland.«

15.

Nachts war stürmisches Wetter aufgekommen. Viele Passagiere klagten darüber, schlecht geschlafen zu haben. Dunkel, bleigrau waren die Wolken über der Wolga. Der aus den östlichen Steppen kommende Wind trieb sie vor sich her, jagte sie über den Strom, wühlte die Wasserfläche auf und trieb hohe Wellen gegen die Kalkberge des Ufers.
In den Kabinen flatterten die Vorhänge trotz geschlossener Fenster. Es zog erbärmlich, und einige fragten nach Decken, um damit die Ritzen zuzustopfen. Gleichmütig erledigten die Matrosen, was die Passagiere von ihnen verlangten, aber es wunderte sie offensichtlich, wie empfindlich die Ausländer waren. Jedenfalls schüttelten die Besatzungsmitglieder den Kopf, als ich sie fragte, ob auch russische Passagiere um Wolldecken gebeten hätten.

Ein Blitz irrlichterte über den nachtschwarzen Himmel. Gleichzeitig mit dem ersten Donnerschlag stürzten schwere Regenfluten herab. Ein Tragflächenboot schoß wie ein weißer Pfeil an uns vorbei. Im nächsten Augenblick war es im grauweißlichen Dunst des Stromes verschwunden. Am rechten Ufer verloren sich Berge, Schluchten und Himmel im strömenden Regen. Die Russen an Bord waren betrübt darüber, uns bei diesem Wetter den Usinski- und den Molodetzki-Hügel nicht zeigen zu können, auf deren Höhen die Banditen Stepan Rasins im 17. Jahrhundert den Wolgaschiffern aufgelauert hatten. Unser Dampfer schlingerte durch hohe Wellen. Wie auf dem offenen Meere, dachte ich einen Augenblick, doch wo wir uns befanden, war »Mütterchen Wolga« einbetoniert. 27 Meter hoch hatten die Arbeiter die Staumauer gezogen, und wolgaaufwärts war in einer Länge von 580 Kilometern das Land am Strom in den Fluten versunken. Kaum vorstellbar ist das Leid der ertrunkenen Tiere und Pflanzen, die Zerstörung der Bauernhäuser, Kirchen, Viehställe, Werkstätten in den Wassermassen des Stausees.

Als wir uns der Automobilstadt Togliatti näherten, hingen die Wolken als graue Masse, nach der die Kräne im Hafen zu greifen schienen, dicht über uns. Die vom Himmel herabstürzenden Wasserfluten hatten sich in einen leicht dahinströmenden Gewitterregen verwandelt.
Am Kai standen die Busse für unsere Stadtrundfahrt bereit. Einige Passagiere wollten noch warten, bis der Regen völlig aufgehört hatte. Die Menschen am Hafen schienen ihn gleichmütig hinzunehmen. Sie standen ruhig am Flußufer und beobachteten, wie unser Dampfer anlegte, drängten sich vor den Hafenkiosken oder kauerten sich dicht am Strom nieder, kleine Fischernetze auswerfend. Zu ihren Füßen bildeten sich Wasserlachen, und es konnte nicht lange dauern, bis ihre Kleidung völlig durchnäßt war.
Wir liefen in Regenmänteln und mit aufgespannten Schirmen die wenigen Meter von der Landungsbrücke zu den Bussen hinüber. Bis zur Automobilfabrik wollte ich mitfahren und mich dann allein in der Stadt umsehen.

Fabrikanlagen und Industrieviertel können bei Sonnenschein wie freundliche Stätten der Arbeit aussehen; bei Regen und grauer Düsternis wirken sie trostlos. Der Zentralstadtbezirk lag inmitten eines ausgedehnten Waldgebietes. Wir erreichten ihn nach fünfzehn Minuten Fahrt auf einer breiten Asphaltstraße. Unsere Nasen gegen die Busscheiben pressend, sahen wir rechts und links im Vorbeifahren wuchtige, graue Hochhäuser; an einem Kinderspielplatz anhaltend, amüsierten wir uns über die dort herumstehenden hölzernen Bären, Elche, Wölfe und bunt bemalten großen Holzwürfeln. Nach ein paar Minuten Aufenthalt ging die Fahrt weiter in Richtung Automobilbezirk. Die Bäume am Straßenrand erschienen uns wie grüne Flecken, die stumm im

Regen standen. Ungeduldig rutschten wir auf den Kunstlederpolstern der Sitze herum.

»Togliatti, die Stadt der jungen Menschen — Durchschnittsalter 29 Jahre …« Die Intourist-Reiseleiterin ließ sich durch die lauten Gespräche einiger Fahrgäste in ihren Erklärungen nicht stören. »Der Ort hieß früher Stawropol. Er ist im Stausee versunken. Was wir sehen, ist eine ganz neue Stadt.«
Ein Lastwagen überholte uns, und Schwaden grauer Abgase beschmutzten die Busfenster. Über 600 000 Einwohner, hatte die junge Russin gerade durch das krächzende Mikrofon erklärt, lebten in Togliatti, und wenn der Zuzug so weiterginge, dann könnten es in 10 Jahren 1 Million sein. Wir fuhren an weiten Rasenflächen vorbei, ab und zu auch an einem alten Holzhaus. Vor einem stand ein triefnasser Hund mit hängenden Ohren und eingeklemmtem Schwanz.
»Die Arbeiter und Arbeiterinnen kommen aus allen Teilen der ehemaligen Sowjetunion. Sie gehören 82 verschiedenen Nationalitäten an.« Sie sagte, was sie sagen mußte, und ich bewunderte ihre Geduld und ihre gleichbleibende Freundlichkeit.
»Es gibt jetzt auch Eigentumswohnungen. Zwei Zimmer mit circa 40 Quadratmetern kosten 120 000 Rubel. 30 Prozent des Kaufpreises müssen sofort bezahlt werden, für den Rest gewährt der Staat einen Kredit mit einer Laufzeit von 25 Jahren.«
Mir gefiel ihre Stimme. Sie stand mit dem Rücken zum Fahrer. Jedesmal, wenn sie eine Pause machte, lächelte sie, und dieses unbekümmerte Lächeln gewann ihr allmählich die Sympathie aller Fahrgäste. Es wurde ruhiger im Bus. Offenbar hielt sie nun die Zeit für gekommen, es mit einem kleinen Spaß zu versuchen.
»Eine Intourist-Dolmetscherin fragte eine ausländische Gruppe, als sie nach einer Besichtigung wieder in den Bus gekommen waren, ob alle da wären.

Ein paar riefen ihr zu: ›Niemand fehlt!‹
›Warten wir noch eine Weile‹, sagte die Reiseleiterin.
Schließlich wurden die Leute unruhig. ›Warum fahren wir nicht?‹
›Wir müssen doch auf Herrn Niemand warten.‹«
Es ist immer schwierig, Ausländern Witze zu erzählen, aber die Leute klatschten. Der Busfahrer beschleunigte das Tempo. Wir rasten durch riesige Pfützen, und das Wasser spritzte meterweit nach beiden Seiten. Auf den Fahrer zeigend, sagte die Dolmetscherin:
»Er kommt in den Himmel. Warum? Passen Sie auf:
Zwei Autofahrer verunglücken tödlich bei einem Zusammenstoß. Sie kommen vor das Himmelstor und müssen Petrus erzählen, was passiert ist. Petrus hört ihnen zu und sagt zu dem, der vernünftig gefahren ist: ›Du kommst in die Hölle‹, und zu dem, der gerast ist, sagt er: ›Du kannst hierbleiben, du kommst in den Himmel.‹
Der vernünftig gefahren ist, beschwert sich: ›Das ist ungerecht.‹ Petrus schüttelt den Kopf und antwortet: ›Du fuhrst langsam, und die Leute lebten weiter wie vorher — aber der andere raste durch die Stadt, und da bekamen sie alle Angst und fingen an zu beten.‹«

Eine passende Einstimmung für den Besuch eines Automobilwerks, dachte ich. 900 000 Autos werden in Togliatti jährlich produziert. Wenn sich nur ein Drittel der Fahrer so verhielte, wie es uns soeben erzählt wurde, müßte das die Kirchen füllen. Ich schweifte mit meinen Gedanken ab, hörte aber doch noch, wie sie sagte, was ich schon wußte:
»Der Fiat-Konzern hat diese gigantischen Automobilfabriken in den sechziger Jahren an der Wolga errichtet, und zum Dank dafür gab die damalige Sowjetregierung der Stadt den Namen des italienischen Kommunistenführers.«
Was Fiat-Konzernchef Agnelli davon gehalten hat, hätte mich interessiert. Aber ich wollte das Mädchen nicht in Ver-

legenheit bringen. Außerdem ist noch nicht aller Tage Abend. Es würde mich nicht wundern, wenn Togliatti demnächst in Agnelli umbenannt würde. Ich hörte ihr wieder zu.

»Ungeachtet der 82 verschiedenen Nationalitäten gibt es hier nur eine russisch-orthodoxe Kirche mit 5 Priestern und 3 Diakonen. Seit kurzem müssen auch sie im Akkord arbeiten. Hundert Taufen täglich sind keine Ausnahme. Nicht nur Kinder werden getauft — Großeltern, Eltern, Kinder, die zur selben Familie gehören, kommen, um sich gemeinsam taufen zu lassen. Neulich waren es 24, die zusammengehörten — Familien-Kollektivtaufe.« Sie lachte. »60 bis 70 Eheschließungen sind auch keine Seltenheit. Ohne Ehering hat niemand eine Chance, ein eigenes Zimmer zu bekommen. Drei Männer oder drei Frauen zusammen in einem Raum von höchstens 30 Quadratmetern, das ist Togliatti-Norm für Ledige.«

Als wir vor dem Werk hielten, in dem die Shiguli-Wagen gebaut werden — ein für russische Verhältnisse umgebautes Fiat-Modell 124 — waren alle guter Stimmung. Die Arbeiter blickten uns neugierig nach, als wir durch eine Montagehalle liefen. Ein paar Touristen hatten wohl die veränderten Zeiten noch nicht ganz erkannt und fragten, ob sie in Werkshallen fotografieren dürften. Dann flammten die Blitzlichter auf, die Kameras richteten sich auf die Gesichter der russischen Arbeiter, hielten die auf Schienen hin- und herrollenden Eisenkräne fest; nahmen Arbeiterinnen ins Visier, die funkensprühende Schweißbrenner in den Händen hielten. Ein Ingenieur sagte uns, daß täglich 2000 Autos vom Band rollten und Schmiedeanlagen, Maschinen und Fließbänder voll ausgenutzt seien. Mit Ausnahme der Reifen würden alle benötigten Autoteile im Werk selbst hergestellt.

Unter der Belegschaft fielen mir besonders die vielen jungen Arbeiterinnen auf. Ich kam mit einem italienischen Werkmeister ins Gespräch, und er sagte, der Ansturm der Frauen auf Togliatti sei beträchtlich. In der Automobilstadt arbeitete auch eine Anzahl devisenschwerer Ausländer, und so käme manche Hübsche zum »Goldgraben« an die Wolga. Oft seien sie der Anlaß zum Streit zwischen den einheimischen und den ausländischen Arbeitskräften, aber im allgemeinen kämen alle gut miteinander aus.
Wir wurden in einen Saal gebeten, wo wir einen Film über die Gründung der Stadt Togliatti und den Aufbau der Fabriken sahen. Der Streifen war noch während der Breschnew-Zeit gedreht worden. Wir sahen, was alle Welt damals von den Industriezentren der Sowjetunion zu sehen bekam: die heile Welt der Arbeit. Was mich an dieser Filmvorführung am meisten wunderte, war der Mut, sie jetzt noch zu veranstalten. Mit entschuldigendem Lächeln sagte ein Werkdirektor: »Wir haben noch keinen neuen Film. Kommen Sie in einigen Jahren wieder, dann sieht alles anders aus.«

Diesen Satz hatte ich in Rußland schon mehrere Male gehört. Auf der ersten Reise, 1972, war ich nach Akademgorodok geflogen. In diesem »Gehirn Sibiriens«, wie die Stadt auch genannt wird, werden unter anderem die Pläne für die Erschließung der Bodenschätze, für den Straßen- und Schienenbau durch Taiga und Tundra entwickelt. Alles, was ich damals hörte, klang optimistisch. Jeder siebte Rubel für Sibirien — so stand es im Staatsbudget. War Sibirien erst einmal erschlossen, dann mußte für die Sowjetunion das goldene Zeitalter anbrechen. Ohne die Hilfe der kapitalistischen Staaten war diese Mammutaufgabe allerdings nicht zu lösen; so kam es im Rahmen wirtschaftlicher Initiativen zur Lockerung der Reisebeschränkungen für Ausländer. Immer aber mußten sich die Besucher an die von Moskau genehmigten Routen halten.

Mir war wichtig, mit eigenen Augen zu sehen, was in diesem Land geschah und zu versuchen, so weit wie möglich mit den Menschen ins Gespräch zu kommen. Es gelang dann und wann und war jedesmal ein kleines Wunder. Je einfacher die Menschen waren, die ich ansprach, desto verschlossener reagierten sie. Es konnte geschehen, daß einem ein Dorfpolizist den Fotoapparat wegnehmen wollte, weil er der Ansicht war, ein Russe in Uniform stelle ein militärisches Geheimnis dar, während sich andererseits ein hochdekorierter Parteifunktionär mit sichtlichem Stolz fotografieren ließ. Es konnte auch geschehen, daß Fragen nach Entfernungen oder Straßenverhältnissen Mißtrauen hervorriefen. Einmal bekam ich auf meine Frage nach den voraussichtlichen Wetterbedingungen der nächsten Tage die Antwort:
»Wenn wir alle arbeiten, scheint uns immer die Sonne.«
Schallendes Gelächter rief es hervor, als ich das den Arbeitern im Automobilwerk erzählte. Düstere Mienen aber gab es bei Hinweisen auf die nun offenkundig gewordenen Fehlleistungen des einstmals so gerühmten Plansystems. Jahrzehntelang wurden alle Bedenken zur Seite gewischt mit der Bemerkung: »Kommen Sie in ein paar Jahren wieder ...«
Und immer wieder hörte ich:
»Der politische Erfahrungsschatz der Partei darf nicht gefährdet werden, auch dann nicht, wenn ein paar Leute meinen, das führe zur Verlangsamung des wirtschaftlichen Tempos. In spätestens zehn Jahren wird aller Welt offenbar sein, daß unsere geistigen Anstrengungen und die ungeheuren materiellen Aufwendungen zu dem von der Sowjetunion gewünschten Ergebnis geführt haben.«

Naturzerstörung und Umweltverschmutzung waren für sie keine Themen. Ich erinnere mich noch an die Antwort des Parteisekretärs im Zellulosewerk von Irkutsk auf meine Frage nach der Bedrohung der Wälder: »Der Wald gehört der Industrie«, und ich habe nicht die Erwiderung der Arbeiter

vergessen auf meine Frage, ob sie vorsichtig zu Werke gingen oder mit ihren Bulldozern alles niederwalzten, was ihnen im Wege stand:
»Wir bauen Straßen, alles andere ist Zeitverschwendung.«
Die Größe der Fabriken war maßgebend; Betriebsgröße wurde mit Erfolg gleichgesetzt.
Alles war gigantisch. Wo sonst gab es Betriebe mit acht-, zehn-, zwölftausend Beschäftigten? In ein paar Jahren mußten es auch die Widerstrebendsten eingesehen haben: Von der Sowjetunion lernen, heißt siegen lernen. Ihr System, ihre Wirtschaft, ihre Armee: Sie waren das Beste, Größte, Fortschrittlichste. Ihr Land, ihre Städte: Nichts auf der Welt war ihnen gleich. In mancher Hinsicht gab ich ihnen recht. Wo sonst finden wir noch Landschaften, in denen tausend Kilometer unberührter Steppe zwischen zwei Bahnstationen liegen, wo eine einzige Allwetterstraße 2000 Kilometer durch dichte Wälder führt, bevor sie das nächstgelegene Industriegebiet erreicht?
Alles hat andere Maßstäbe in diesem Land. In Jakutien erhielt ich auf die Auskunft, die Entfernung von meinem Wohnort München nach Berlin betrage etwa 600 Kilometer, die Antwort: »Ach, gleich nebenan.« Nähme man die Länge der sibirischen Ströme zusammen, so umspannten sie fünfundzwanzigmal den Erdball. Von September bis Mai sind sie zugefroren. Mir gefiel das. Die Weite der Steppe, baumlose, sumpfige Tundra, Bärenspuren im Schnee faszinierten mich. Es bedrückte mich, wenn den Arbeitern das alles nicht wichtig war, wenn sie sagten: »Sie werden es erleben, wir machen das Eis weniger eisig.« Damals stieß ich nur auf Ablehnung bei der Kritik an Staudämmen, an Bohrlöchern und daran, daß der Produktionserfolg das einzige war, was zählte. Immer wieder versuchten sie, mir klarzumachen: »In einer sozialistischen Wirtschaft kommt es auf das an, was politisch wichtig ist und dem Wohl des Kollektivs dient.«

Eine Fahrt in die Wolgagebiete wurde mir mehrmals abgelehnt. Ich fühlte mich schon glücklich, als ich in nicht allzu großer Höhe in einer viermotorigen Turbopropmaschine die Wolga überfliegen konnte. Dort oben vergaß ich alles um mich herum. So unendlich wie der Himmel über uns, schien die Erde unter uns zu sein; Tausende von Kilometern das Grün der Wälder, das Gelbbraun der Steppen, kaum einmal eine Siedlung. Die Dörfer schienen verloren, vergessen zu sein in der Endlosigkeit des Landes, und auch die Großstädte waren nur winzige Unterbrechungen in einer unendlichen, gleichförmigen Ebene. Abrupt endeten die Häuser am Waldrand. Von der Natur eingekesselt, so wirkten die Ortschaften. Damals kam mir der Gedanke, ob die russischen Städteplaner Häuserblock um Häuserblock dicht nebeneinandergestellt hätten gleichsam aus Angst vor der Grenzenlosigkeit der sie umgebenden Natur. Wie bewältigt der einzelne die ungeheure Weite des Landes, wenn ihm jeder Schritt aus der Stadt heraus deutlich macht, wie klein und unbedeutend er ist? Wie leicht kann er auf Nimmerwiedersehen in den Wäldern verschwinden, in Wäldern ohne Wege und Wegweiser, in denen keine Hütte und keine Raststätte zu finden ist und die sich oft in einer Länge von fast tausend Kilometern erstrecken. Auch die Wolgastädte waren, aus der Luft betrachtet, nur Inseln am Ufer.
Freiräume für den einzelnen zu schaffen, war nie ein Thema für die Sowjets. Sie glaubten an das Kollektiv; das Dorf-, das Stadt-, das Arbeitskollektiv. Das Individuum hatten sie vergessen.

Während meiner ersten Rußlandreisen kam ich mir zuweilen vor wie ein Gepäckstück, das nach Lust und Laune liegengelassen oder weiterbefördert wurde. Auf Fragen nach den Verspätungen gab es grobe Antworten: »Sie werden schon merken, wenn es weitergeht.« Müde, uninteressiert waren alle, die ich fragte. Die Antwort »So ist das eben,

man kann nichts machen« nach zwanzigstündigem Warten auf einen Anschlußzug oder ein Flugzeug wäre weniger niederdrückend gewesen, hätte man sie mit etwas Freundlichkeit gegeben.
Bei den russischen Zuständen im Flug- und Eisenbahnverkehr kann es zu einer Traumvorstellung werden, mit dem eigenen Auto durch das Land zu fahren. Aber dazu gehören Straßen, Tankstellen, Reparaturwerkstätten, Rasthäuser ... So verschwinden auch solche Träume rasch. Aber ich erhielt wenigstens ein paar brauchbare Informationen.
»Auf der Strecke nach Norden gibt es nur alle fünfhundert Kilometer eine Tankstelle. Sie wurden aus militärischen Gründen errichtet und werden von Soldaten betreut.«
»Und was gibt es sonst noch auf der Strecke?«
»Was heißt sonst noch? Nichts gibt es.«
Nach dem Zustand der Straßen wagte ich kaum noch zu fragen, nachdem ich einige Auskünfte über die Lebensbedingungen im sibirischen Norden gehört hatte:
»Wintertemperaturen bis 55 Grad unter dem Gefrierpunkt. Bis 32 Grad minus muß im Freien gearbeitet werden. Wer nicht aufpaßt, dem erfrieren die Finger, die Ohren, die Nase. Kommt der Winter, dauert es nicht lange, bis sich tiefe Risse in der Fahrbahn bilden. Im Frühjahr verschlammt sie; im Sommer wird sie zum Tummelplatz von Millionen Mükken. Wer hat schon Lust, in so einem Gebiet in einer Tankstelle oder einer Reparaturwerkstatt zu arbeiten?«

Mindestens ein Jahr dauert es, bis sich die Menschen aus dem europäischen Teil Rußlands an die Arbeitsbedingungen östlich des Ural gewöhnt haben. Eine durchgehende Straßenverbindung von Moskau oder von den Städten an der Wolga nach Wladiwostok gibt es nicht — wer weiß, ob es sie jemals geben wird. Der Transsibirien-Express bringt die Reisenden nach Rußlands »wildem Osten«. Rund 9000 Kilometer beträgt die Entfernung. Die Strecke ist voll elektrifi-

ziert. Wer Bekanntschaften machen will, hat während der Fahrt genügend Zeit, über alles, was ihn bewegt, mit anderen zu plaudern. Fast eine Woche ist er unterwegs.
Je weiter er nach Osten kommt, desto seltener werden die Städte. Der Anblick einer Waldsiedlung, eines Holzfällerlagers am Rande der Gleise ist ein Ereignis. Doch wer den Wald liebt, breite Ströme, Sümpfe, kleine Flüsse, Lichtungen, Wolken, Himmelsblau und den Morgennebel über den weiten Ebenen, dem wird keine Minute langweilig sein.

In den siebziger Jahren bauten die Russen zur Entlastung dieser einzigen Schienenverbindung von Moskau nach den Städten am Stillen Ozean die 3200 Kilometer lange Baikal-Amur-Magistrale. In Achtstundenschichten schafften Hunderte von Arbeitern täglich einen Kilometer Gleisstrecke. Milliarden Rubel verschlangen die Investitionen, die in den neunziger Jahren Gewinn bringen sollten.

Gold, Diamanten, Kohle, Eisenerz, Uran, Erdöl — Rußland hat alles an Bodenschätzen, was es braucht. Was ihm fehlt, sind die Verkehrsverbindungen: Straßen, Flugplätze, Flußhäfen, Siedlungen — und Menschen, die es in den Neulandgebieten aushalten. Unter Stalin wurden noch Millionen Menschen zur Fronarbeit zwangsverpflichtet. Seit 1960 versucht der Staat, die Menschen mit Lohnvergünstigungen und Privilegien zum freiwilligen Arbeitseinsatz zu bringen. Dazu gehören 32 Tage Jahresurlaub statt der üblichen 18 Tage, auch die rasche Zuteilung von Autos, Marke Lada, Shiguli, Newa. Alle drei Typen werden in Togliatti produziert. In Tschita, Norilsk oder Tscheremchowo kann man damit spazierenfahren, aber sobald man an den Ortsrand gelangt ist, holpert der Wagen über Wege, die weit häufiger mitten im Wald enden, als daß sie zu einer anderen Siedlung führen.
In den Tundra- und Taigasiedlungen blieb den Arbeitern die

Hoffnung, ihre Privilegien eines nicht allzu fernen Tages in einer großen Stadt genießen zu können. Damit waren sie den Millionen Russen voraus, die gar nicht daran denken konnten, jemals ein eigenes Auto zu besitzen oder denen, die sich auf einer Warteliste eingetragen hatten und fünf oder sechs Jahre darauf warten mußten. Kam der Wagen, nahmen sie ihn so, wie er war. Kratzer im Lack, nicht schließende Fenster, mangelnde Polsterung — wer fragte danach? Der Langersehnte war da — und falls man Benzin auftrieb, konnte man damit fahren.

»Jetzt wird alles anders werden.«
»Von heute auf morgen?«
Die Arbeiter zuckten mit den Schultern. Es ist ihnen schon zuviel versprochen worden. Was sie wollen: nicht die Zukunft aufbauen, sondern in der Gegenwart menschenwürdig leben. Was sie darunter verstehen:
»Rubel, für die wir kaufen können was wir brauchen, und ein Rußland, auf das wir stolz sein können.«
»Und Arbeit.«
»Selbstverständlich. Darüber braucht man kein Wort zu verlieren. Wenn uns die anderen Staaten bei der Demokratisierung helfen, gut, warum nicht? Jeder kann von jedem lernen. Vielleicht geben wir dem westlichen Kapitalismus eine russisch-sozialistische Spritze, wodurch auch dieser sich ein bißchen verändert. Und wir bekommen von euch, was für uns brauchbar ist.«
Sie wollen keine Übernahme unseres Wirtschaftssystems, sondern das Ineinandergreifen des jeweils Besten und Brauchbarsten. Die freie Marktwirtschaft in Rußland wird eine russische Färbung annehmen — genauso wie die russische Demokratie keine spanische, amerikanische, indische oder deutsche ist. Aber wer weiß, wie man diese Aufgabe anpacken muß? Oder, wie die Arbeiter sagten: »Wer stellt das Licht ins Fenster?«

Die russischen Sprichwörter treffen immer den Nagel auf den Kopf. Sie stammen nicht nur aus der Zeit des Kommunismus. Wie muß das Leben der Russen seit Jahrhunderten gewesen sein, wenn sie es in Sätze faßten wie:
»Wer die Macht hat, dem gehorcht auch der Galgen.«
»Was man erarbeitet hat, ist für Gott und den Zaren, zum Leben bleibt nur das Gestohlene.«
»Das Böse behält der Mensch im Gedächtnis — woran sollte er sich auch sonst erinnern?«

Wir saßen in einer Werkskantine zusammen. Aus einem Lautsprecher dröhnten Volkslieder. An ein paar Tischen wurde Schach gespielt. Wer wird die Geschichte der einfachen russischen Menschen schreiben? Was ist der Grund dafür, daß sie so oft scheiterten? Schaffen sie es diesmal?
Alle paar Jahrhunderte einmal hatte es Ansätze gegeben, aus der Misere herauszukommen. Auch die Freiheit der Unfreien stand schon einmal auf dem Programm einer russischen Regierung.
Ein Wort nur kennzeichnete eine fürchterliche Tatsache: Leibeigenschaft. Es bedeutete nicht nur, daß ein Mensch der Sklave eines anderen war. Es beschrieb den Zustand von vielen einzelnen, von Familien, Dörfern und ganzen Landstrichen, deren Bewohner ein paar anderen Menschen gehörten. Unter den Herren der Leibeigenen waren Großgrundbesitzer, Fabrikanten, Offiziere, aber auch Priester, Künstler, Gelehrte und Schriftsteller. Tolstoj, der weltberühmte Autor von »Krieg und Frieden« zum Beispiel, war Herr über viele Leibeigene.
Das alles ist noch gar nicht so lange her — was sind schon etwa 130 Jahre in der Weltgeschichte —, und doch konnte man damals in Rußland noch Menschen kaufen, verkaufen, versteigern, als Belohnung für besondere Leistungen vom Zaren geschenkt bekommen. Aber man konnte sie natürlich auch freikaufen oder freilassen.

Unweit des Roten Platzes in Moskau fand der größte Menschenmarkt des Landes statt. Die Preistabellen liegen noch vor. Ein junges Mädchen kostete 30 Rubel, ein junger Mann 200. Letztere Ausgabe ging zwar etwas ins Geld, aber der Bursche mußte dafür ja auch bis ans Ende seines Lebens für seinen Besitzer arbeiten.
In der Moskauer Zeitung des Jahres 1801 fand ich die Annonce: »Versteigert wird ... das Haus des Hauptmanns Metschenko nebst den dazugehörenden drei Dienern und vier Frauen. Die Männer sind zu vielerlei Diensten zu gebrauchen; die Mädchen sind von hübschem Aussehen, erfahren in Handarbeiten, in Küchen- und Putzdiensten.«
In der Mitte des 19. Jahrhunderts versuchte Rußland die Mauer zu überwinden, die es geistig von Europa trennte. Solange die Leibeigenschaft nicht beseitigt war, galt das riesige Reich bei allen Gebildeten als zutiefst rückständig, ja als barbarisch. Im Zarenreich waren alle fortschrittlichen Gruppen entschlossen, am Bau eines neuen Staates mitzuhelfen, wenn der Souverän den Massen die Freiheit gewährte.

Als Alexander II. am 19. Februar 1861 das Gesetz über die Aufhebung der Leibeigenschaft unterschrieb, jubelten ihm alle zu — auch die Besitzer der Leibeigenen. Herren und Knechte umarmten sich. In Rußland, so hieß es, war eine bisher unbekannte Blume erblüht, die Blume der Freiheit. Und der Zar sagte mit bewegter Stimme: »Eine jahrhundertelange Ungerechtigkeit hat ihr Ende gefunden.«
Doch wohin führt Freiheit ohne Eigentum? Die Besitzer der Leibeigenen wurden vom Staat materiell entschädigt — die Freigelassenen hatten ihre Freiheit, sonst hatten sie nichts. Mit ihrer Freilassung entfiel die Fürsorgepflicht ihrer ehemaligen Herren. Die hatten für ihre Ernährung, Kleidung, Wohnung, Ausbildung aufkommen müssen, und ein bißchen hatte man in Adelskreisen ja auch an Prestige gewon-

nen, wenn man möglichst viele Leibeigene hatte und seine soziale Einstellung zeigen konnte, indem man freiwillig eine Menge Hungerleider mit durchschleppte.
Nun wurde keiner mehr durchgefüttert. Wer nicht auf dem Acker, im Haus oder an der Werkbank gebraucht wurde, mußte gehen, denn jede Arbeit galt von nun ab als Lohnarbeit und mußte bezahlt werden.
Die Masse der Freigelassenen hatte nichts außer ihrer Arbeitskraft — und wurde die nicht benötigt, waren sie plötzlich etwas geworden, was sie tief verletzte, und doch wurden sie überall so genannt: überflüssige Menschen. Bettelarm zogen sie durch das riesige Land: Fabrikarbeiter, Knechte, Mägde, Hausdiener, Kellner, Musiker, Kutscher, Tagelöhner, entlassene Soldaten, Dienstmädchen. Bald verschwanden die letzten Unterschiede zwischen ihnen; bald wurden sie zu einer einzigen grauen, gleichförmigen Masse: Proletariat. Sie verließen die Dörfer, in denen sie bisher recht und schlecht ihr Leben gefristet hatten, und strömten in die Städte. Dort ging es ihnen keinen Deut besser. Im Gegenteil. Keiner hatte auf dem Land so elendiglich gehungert und war so völlig sich selbst überlassen geblieben wie der ungebildete, bettelarme »Freie« der Großstadt.

Es scheint fast so, als liebt es die Geschichte zuweilen, mit den Menschen grausame Spiele zu treiben. Zar Alexander II. wollte mit der Aufhebung der Leibeigenschaft Rußland näher an Europa heranführen und allen Menschen seines Reiches die Chance geben, in Freiheit zu Wohlstand zu gelangen — das Ergebnis war genau umgekehrt. Die Armen wurden noch ärmer, die wenigen Reichen reicher.

Armut in Rußland — allmählich nahm es die Welt als gegeben hin. Kein Wunder, daß Jahrzehnte später auf diesem Boden die Saat des Kommunismus aufging.

Solche Gedanken sind gar nicht so abwegig in Togliatti, einem der größten Industriezentren des Landes. Die Stimmung unter den Arbeitern war bedrückt. Hand in Hand mit der unverhofft über sie hereingebrochenen freien Marktwirtschaft kam die Unsicherheit über ihre Zukunft. Mit ihrer neuen Freiheit wußten die Fabrikarbeiter noch nicht so recht etwas anzufangen.
»Wer weiß, vielleicht wird alles besser, aber es ist auch möglich, daß nun endgültig auch noch das letzte, was wir haben, versoffen wird.«
Was hat der russische Staat bisher seinen einfachen Staatsbürgern geboten? Wir wundern uns, warum so wenig Lebensmittel in die Städte kommen, warum die Montagebänder laufen, aber die Arbeiter nicht genau wissen, was sie mit der Produktion anfangen sollen. Vielleicht gibt es morgen mehr dafür — vielleicht wird auch bestraft, wer heute frei verkauft. Wieder sagten sie, was sie dachten, mit zwei Sprichwörtern:
»Wer einmal gebissen wird, geht allen Hunden aus dem Wege.« Und: »Im Tod hast du Ruhe, solange du lebst, mußt du gehorchen.«
Wie lange braucht ein Volk, um solche Grunderfahrungen zu überwinden? Wie lange dauert es, bis die Signale, die von der Kommandozentrale ausgehen, die Dörfer im Ural, in Sibirien, an der Wolga erreicht haben und dort richtig verstanden werden? Wie wirken europäische Unterstützung, westliches know how, deutsche Hilfe auf Menschen, die im militärisch zweitstärksten Staat der Erde leben, die im Bewußtsein erzogen wurden, der Menschheit voranzuschreiten und denen nun von allen Seiten gesagt wird, weltwirtschaftlich gesehen wären sie ein Entwicklungsland?
Die Zeit war viel zu kurz, um auf alle Fragen, die mir durch den Kopf gingen, eine Antwort zu erhalten. Sie reichte gerade dazu aus, mir schockartig klarzumachen, welcher Ungewißheit sie ausgeliefert sind. Und wieder fragte ich mich:

Werden sie es diesmal schaffen, den Anschluß an Europa zu finden? Wird, was gut begann, gut weitergehen? Oder werden ihre Gewohnheiten sie in die Abgründe des grausamen Gestern ziehen und das Gift der Diktatur und die Tradition der Trägheit triumphieren?

Ich schlug den Mantelkragen hoch und ging langsam durch die Straßen, kam an riesigen Wohnblocks vorbei, achtete kaum auf den Weg, wich den Pfützen aus und quetschte mich rasch an Häuserwände, wenn Autos an mir vorbeirasten und der Straßendreck zu mir herüberflog; ich sprach mit einem Hund, der nicht mehr von meiner Seite gewichen war, nachdem ich ihm einen halben Leibnizkeks hingeworfen hatte, ging ein paar Betrunkenen aus dem Weg, die mir grölend entgegentorkelten, schaute auf die abgewetzten Plakate, die noch immer die »Helden der Arbeit« zeigten und noch immer den Ruhm der Sowjetunion verkündeten.
Ein Plakat zeigte einen Arbeiter, der seinen Kopf mutig dem Wind entgegenhielt, das Hemd offen über der breiten Brust, in der linken Hand ein Buch und in der rechten einen Hammer, vor dem Mund eine Sprechblase: »Genossen, packt zu, wir brauchen jeden.«

Werden sie begreifen, daß weder der Staat noch die Gesellschaft, die Familie oder die Firma für sie zuständig ist, sondern nur noch sie selbst? Und wenn sie es begreifen, wie werden sie darauf reagieren?

Es fing wieder an zu regnen. Die Dämmerung ging in Dunkelheit über. Keine einzige Laterne erleuchtete den Weg. Mir war nicht wohl in meiner Haut. Mit schnellen Schritten lief ich durch ein dunkles Stadtviertel, blieb dann in der Mitte der Straße, die knapp eine Stunde durch einen Wald führte und dann wieder in ein Wohnquartier einmündete, mit wenigen Lichtern hinter den Fenstern und kaum Spaziergängern auf den Straßen.

Vor einer Bushaltestelle standen ein paar Dutzend Menschen. Ich fragte nach dem Weg. Sie zeigten mir eine Abkürzung, auf der ich zu Fuß zum Hafen kommen würde. Ich lief weiter und war bald wieder allein auf einer breiten, unbeleuchteten Straße. Kurz vor dem Flußbahnhof kam ein Mädchen auf mich zu. Unversehens stand sie vor mir, bat um Geld, sprach von einem eigenen Zimmer, von einem weichen Bett, fragte, warum ich nicht mitgehen wollte, es sei doch so häßlich allein im Regen.

Das Schiff war hell erleuchtet. Aus dem Musiksalon hörte ich Tanzmusik. In den Abendnachrichten meldete der Bordfunk die Erhöhung der Renten in Deutschland und ein Wirtschaftswachstum von 2,5 Prozent …

Ich setzte mich in meine Kabine und ordnete die Zettel mit den Namen und Anschriften der Arbeiter, mit denen ich gesprochen hatte. Sie wollten mir alle schreiben und mir »offen und ehrlich«, wie sie immer wieder betont hatten, sagen, wie es ihnen ginge; und ich sollte keine Hemmungen haben, ihnen meine Fragen, Befürchtungen und Hoffnungen mitzuteilen. Pakete sollte ich ihnen keine schicken, die kämen doch nicht an.

16.

In der Nähe des Speisesaals hing eine große Landkarte an der Wand. Mit ein paar anderen Passagieren blieb ich davor stehen. Man brauchte nur einen Blick auf diese Karte zu werfen, um zu sehen, wie unermeßlich groß dieses Land ist.
Eisblau waren die Ströme eingezeichnet, grün markiert die Waldflächen, hellgelb die Wüsten und sandfarben die Steppen. Als hätte ein Maler seine Freude daran gehabt, große Farbflächen dicht nebeneinander auf die Leinwand aufzutragen, so sah es aus. Harte schwarze Linien fielen kaum auf: Eisenbahnlinien und Straßen gab es nur wenige, und sie wurden immer seltener, je weiter man nach Osten kam. Zwischen ihnen Grün und Braun, groß genug, um darin Staaten wie England, Frankreich oder Spanien unterzubringen. Rote Quadrate zeigten die Städte an, sie wirkten wie willkürlich gesetzte Farbtupfer oder auch wie rote Bojen inmitten eines grünen Meeres.

Nie werde ich vergessen, wie ich durch die Taiga zog. Aus Tannen, Föhren, Fichten, Kiefern, Lärchen setzt sich der Nadelwald zusammen; Birken, Espen, Erlen bilden den Laubwald; Moos, Flechten, Dornenranken und knorrige Wurzeln den Untergrund, dazwischen stößt man immer wieder auf Wacholder, Preiselbeeren und Pilze. Das Wurzelgeflecht der Bäume bleibt dicht unter der Erdoberfläche, klammert sich an jeden Stein.
Die Ströme führen dem Land neue Kräfte zu, graben tiefe Täler in die Erde, durchfluten die Wälder, pressen sich auf Tausenden von Kilometern an hohen Steilufern entlang und überfluten an flachen Stellen Ackerland und Weiden. Die Wasserfluten lagern Schlamm ab, und die Strudel schwemmen Sedimente, Holz und Schilf ins Land. Mulden und Sen-

ken entstehen und dehnen sich zu großen Wasserflächen aus.
»Wir haben so viele Seen, wie es Sterne am Himmel gibt«, sagten mir die in der Taiga lebenden Nomaden.
Verschilfen die Seen, entstehen von Wasserpflanzen überwucherte Sümpfe, so hat auch das sein Gutes. Wildgänse und zahlreiche andere Wasservögel finden dort ihre Brutplätze, und an den unbegradigten Ufern der Ströme laichen die Fischschwärme. Noch vor wenigen Jahrzehnten war die Natur in Rußland nicht ernstlich bedroht. Weite Gebiete waren gefährdet, einige unwiderruflich tot, aber noch reichte die Kraft der Natur, sich aus sich selbst heraus zu erneuern.
Ich habe noch die optimistischen Sätze der Sibirier in den Ohren, die sie mir vor 20 Jahren sagten:
»Eines Tages werden die Menschen von weither zu uns kommen, um in unseren Wäldern reine Luft zu atmen, in unseren Strömen klares, sauberes Wasser zu trinken und Früchte zu essen, die kein tausendstel Gramm Pestizide kennen. Dann brauchen wir gar nichts mehr zu tun, dann brauchen wir uns nur noch den Aufenthalt in unserem Naturparadies mit guten Devisen bezahlen zu lassen.«

Die von der Samara-Schleife umflossene Schiguli-Halbinsel war einstmals ein Naturparadies. In Dörfern wie Osnowka, Askuli, Roschdestweno scheint auch heute noch die Zeit stehengeblieben zu sein. Kleine Buchten lockern die Küstenlinie auf. Von Cyzran führt über eine schmale Landbrücke vom Süden her eine Eisenbahnstrecke zur Stadt Schigulewsk im Nordwesten. Die Industriezentren Samara (Kuibyschew) und Nowosamara liegen am Westufer der Wolga.

Durch den Bordfunk hörten wir Leilas Stimme; ohne besondere Betonung rasselte sie herunter, was sie sagen mußte. Wir hörten einige Sätze über Chemiewerke und Maschinen-

fabriken, über Kiesgruben und Kreidefelsen, über die Abholzung der Eichen- und Kiefernwälder, über das allmähliche Verschwinden der Tiere und die Bedrohung von siebenhundert Pflanzenarten, und dann sprach sie von der Erdölförderung, durch die die Schiguli-Halbinsel zu einem »zweiten Baku« geworden sei.
Die Luft über dem Strom war schmutziggrau. Im Fluß trieben Öllachen.

Was könnten die Russen tun, um das Leben in ihrem unermeßlich großen Land zu erneuern? Gelänge ihnen die Entgiftung der Erde, der Luft, der Ströme, gewönnen sie wieder klares Trinkwasser aus tausend Seen und Flüssen, saubere Luft, die der Wind aus den Wäldern über Städte und Dörfer heranweht, aus den Wäldern, die, fast menschenleer, die Hälfte Rußlands bedecken — fänden sie dann wieder zu gemeinsamen Überzeugungen, ohne sich über Politik in die Haare zu geraten und für das Scheitern aller Anstrengungen pausenlos nach Schuldigen zu suchen?

Wie ist Menschen zumute, denen gesagt wird, daß alles umsonst war? Umsonst die Millionen Toten; umsonst all die Reden, Bücher, Filme, Aufmärsche; umsonst der Hunger, die Fronarbeit, der Konsumverzicht; umsonst die Lügen, Drohungen, Versprechungen, Auszeichnungen; umsonst die Härte, die Disziplin, der Terror; umsonst die Revolution; umsonst alles, was sie erzwungen hatten, was ihnen zeitweilig gelungen war und ihnen Hoffnung gab zum Weitermachen … Wir haben leicht reden, aber wer von uns die Russen auffordert, Mut zur Zukunft zu haben, verlangt der nicht beinahe Übermenschliches von ihnen?

»Wir haben Angst«, sagte Leila zu mir und zeigte auf die im Strom versunkenen Siedlungen. »Vielleicht ertrinken wir alle.«

Der Himmel wurde heller. Die Wolken lösten sich in weißgraue Streifen auf. Kurz bevor die Samara-Schleife endete, in deren Strömung wir die Schiguli-Halbinsel umfahren hatten, passierten wir die Dörfer Jermak und Kolzo; ein wenig später kamen wir an Malaja Rjasan vorbei.

Der Bandit Stepan Rasin hatte dort einst in einer großen Höhle gehaust. Glaubt man den Überlieferungen, so gruben seine Leute von diesem Quartier aus einen unterirdischen Gang quer durch die Halbinsel bis zu den auf der anderen Uferseite gelegenen Beobachtungsständen auf den Usinski- und den Molodetzki-Hügeln. Auf der Wolgainsel hatten sie alles, was sie brauchten: Pilze und Beeren, Wild und Quellen. Äste und Wurzeln wurden in die offenen Feuer geworfen und wärmten im Winter die Lagerstätten. Walddickicht versperrte den Zugang zu den Schluchten und Blockhaussiedlungen der aus allen Teilen der Wolgagebiete kommenden Menschen. Wer hier ankam, freiwillig oder verschleppt, mußte mit seinem alten Leben abschließen. Wer das Korn auf den Feldern nicht länger für einen anderen ernten wollte, wer seines Mannes oder seines Weibes überdrüssig war, wem die militärische Zucht mißfiel, wer ein Banditenleben der Fron der Leibeigenschaft vorzog, wählte den Weg in die Wälder und Flußufer, die Stepan Rasin kontrollierte.

Wer nicht zu ihnen gehörte, galt als Feind. Wer als Gefangener in ihre Hände fiel, konnte sein Leben retten, wenn er sich der Bande anschloß und beim nächsten Raubüberfall besonders hervortat. Geraubt wurde, was nicht niet- und nagelfest war. Niedergebrannt wurden die Dörfer, ermordet die Adligen, verschleppt ihre Frauen und Töchter. Aufgespießt, als menschliches Schaschlik über dem Feuer geröstet wurden diejenigen, die einem Mitglied der Horde einstmals Schlimmes angetan hatten und lebend in ihre Hände gefallen waren.

Wer von denen, die freiwillig gekommen waren, zu spät bemerkte, wohin er geraten war, durfte sein Erschrecken nicht zeigen. »Wer mit den Wölfen lebt, muß wie ein Wolf heulen«, sagt ein russisches Sprichwort. Grausam wurde Ungehorsam bestraft. Nach der Folter wurden die von Rasin Verurteilten in der Wolga ertränkt oder an einem Ast aufgehängt, »den Krähen zum Fraß und uns zur Freude«.

Am Zarenhof kam niemand auf die Idee, die vielfältigen Gründe für die Flucht zahlreicher Untertanen einmal genauer zu untersuchen. Flucht wurde nie als Ausdruck politischer Unzufriedenheit angesehen. Die ihren Herren wegliefen, galten als Gesindel, Lumpenpack oder Verbrecher, im günstigsten Fall als haltlose Menschen.
Als die Übergriffe der Flußbanditen immer gefährlicher wurden und in regelrechte Aufstände ausarteten, gab der Zar den Befehl, sie unter Einsatz aller militärischen Machtmittel gnadenlos niederzuschlagen. Stepan Rasin kam als Gefangener nach Moskau. Wer unter ihm gelitten hatte, erhielt die Einladung, in die Hauptstadt zu kommen und sich an der Hinrichtung des Verhaßten zu erfreuen. Von der Ehrentribüne aus war der Blick frei auf die Richtstätte. War es wirklich so erhebend, zuzusehen, wie der Räuberhauptmann gefesselt herangeführt und dann gevierteilt wurde?
1671 war es das.

Lange Stunden stand ich an der Reling, blickte versonnen auf den Fluß, auf die bewaldeten, zerklüfteten Ufer im Westen und die flachen, sandigen Ebenen im Osten. Sonnenstrahlen ließen das Wasser aufblitzen, Wolkenschatten bedeckten Sandbänke und Buchten, Windböen versetzten eine rote Boje in Schaukelbewegungen, in der Flußmitte trieb ein entwurzelter Baumstamm.
»Ich bin schon oft die Wolga stromauf- und stromabwärts

gefahren«, sagte Leila, »aber jedesmal packt es mich wieder, wenn ich in dieses Gebiet komme.«
Vom Ufer bellten ein paar Hunde zu uns herüber.
»Es gab immer viele bei uns, die frei sein wollten und einfach wegliefen und zu spät merkten, daß sie nicht die Kraft hatten, allein durchzukommen. Aber schön leben wollten sie, und wenn es nur ein paar Monate in ihrem Leben waren.«
Ein Steward ging hinter uns über das Deck, bot Fruchtsäfte an.
»Kannst du dir das vorstellen, sich in ein Boot zu setzen und dann Tausende von Kilometern die Wolga stromabwärts zu treiben ... Irgendwo an Land gehen, einem Bauern ein Pferd wegnehmen, weiterreiten — irgendwohin? Oder sich im Wald eine Hütte bauen, Fallen stellen, Fische fangen, Beeren suchen und sich die übrige Zeit auf den Rücken legen und in den Himmel schauen?« Sie seufzte.
»In einem Tag werden wir in Balakowa sein, von da aus sind es noch mal etwa dreißig Kilometer bis zum heutigen Wolks. Dort war auch so ein Banditennest. Da war so um 1770 herum der Rebell Pugatschow Herr über Leben und Tod — ein paar Jahre wenigstens, dann hat auch ihm die Regierung das Handwerk gelegt. Aber er«, sagte sie nachdenklich, »war klüger als Rasin. Er hat seine Banditenstreiche politisch begründet. Wenn ich mich nicht täusche, hat er als erster in Rußland die Parole ausgegeben: ›Raubt das Geraubte. Holt euch, was euch zusteht und was man euch vorenthalten hat.‹«

Ein Matrose ging langsam an uns vorbei. Aufmerksam schaute er auf den Fußboden, bückte sich nach einer Zigarettenkippe und warf sie ins Flußwasser. Leila blickte ihm nach.
»Vielleicht fragt der sich auch manchmal, ob er bei Pugatschow nicht ein schöneres Leben gehabt hätte ...

Auf alle, die damals in dieser Gegend am Strom arbeiteten, konnte Pugatschow sich fest verlassen. Hafenarbeiter, Fischer, Matrosen, Wolgaschlepper, die Besitzer der Flußspelunken und sogar Flußlotsen standen auf seiner Seite gegen die Regierung. Warum das so war... Ich weiß es nicht. Wahrscheinlich gab er ihnen das Gefühl, freier zu sein als im Dienst des Staates. Vielleicht hat es ihnen auch Spaß gemacht, so mir nichts dir nichts zum Kapitän auf einem gekaperten Flußkahn befördert zu werden. Oder sie weideten sich an der Angst der Passagiere, wenn sie das Schiff in irgendeiner Flußbucht stehen ließen und dann ihre wahre Identität enthüllten.«

»Wilde Zeiten«, sagte ich.

Leila zuckte mit den Achseln.

»Ja«, sagte sie gedehnt, »wer weiß, was aus Rußland geworden wäre, hätten sich die Don-Kosaken Pugatschow angeschlossen. Mit ihnen zusammen wollte er Südrußland und die Steppengebiete im Osten erobern. Aber die Don-Kosaken blieben zarentreu.« Sie machte eine weit ausholende Handbewegung. »Nicht allzu weit von hier geht das Waldland in die Steppenzone über. Die damals dort lebten, hatten Pugatschow schon als ihren Zaren anerkannt. Stell dir vor«, und ich sah ihr an, wie sie der Gedanke amüsierte, »ein Banditenhäuptling als Zar von Rußland!«

Vom Wasser her wehte kalte Luft heran. Zahlreiche Passagiere flanierten an Deck auf und ab, fotografierten die Uferwälder, die Sandbänke im Strom. Leila sagte:

»Ich glaube, es ist Zeit für mich, ein paar Erklärungen über die Flußpiraten an der Wolga durch den Bordfunk zu geben.«

Der Dampfer gewann an Fahrt. Die Samara-Schleife blieb zurück. Verschwunden am Horizont waren auch die Dörfer Jermak und Kolzo. Gerne hätte ich mich eine Weile in ihnen

aufgehalten. Sahen sie so aus wie die anderen Wolgadörfer? Staubige Sandwege im Sommer, Schlamm im Frühjahr, Schneeverwehungen im Winter und Eiseskälte, die der Ostwind von der Flußseite herüberwehte? Eine Kneipe unweit des Ufers, in der sich die Müden und die Gleichgültigen, die Wald- und die Kolchosarbeiter treffen?
Haben sie Verständnis für die Menschen in den Großstädten, oder sprechen auch sie von ihnen als von Tagedieben und Faulenzern, die lieber Schlange stehen, als sich nach Arbeit umzusehen, die Zeit für Theaterbesuche haben, aber keine Ahnung vom Leben der Menschen in den Fluß- und Walddörfern?
In vielen Dörfern bin ich auf solche Meinungen gestoßen, aber auch die Menschen in den großen Städten haben oft recht eigenartige Ansichten über die Landbevölkerung. »Wer intelligent ist, kommt in die Stadt«, wie oft habe ich das gehört und auch: »Die auf dem Land sind die ewig Gestrigen.«
Den großen Städten haben die Mächtigen in Moskau die Namen ihrer berühmten Kampfgenossen gegeben — nach den beiden Eroberern Sibiriens nannten sie nur zwei Wolgadörfer.

Tausende von Kilometern Wildnis eroberten Jermak und Kolzo für den Zaren, Hunderttausende von Pelztieren schlachteten sie ab und sandten die Felle den Herrschern. Im Dienst der Kaufmannsfamilie Stroganow waren ihre Raubzüge legalisiert. Hätten sie ihre Arbeit auf eigene Rechnung und nicht im Auftrag der Krone getan, wären sie genau wie später Rasin und Pugatschow als Banditen in Acht und Bann geraten. So aber bekamen sie »zur Belohnung und zum Ansporn« vom Zaren sogar eine eiserne Ritterrüstung. Es muß den beiden Haudegen ungemein Spaß gemacht haben, sich darin vor ihrem wilden Haufen zeigen zu können.

Bei den Volksstämmen Sibiriens aber wuchs der Haß. Kolzo wurde von ihnen in einen Hinterhalt gelockt. Jermak wartete ungeduldig auf die Rückkehr seines Kumpanen. Als er nicht kam, zog er sich auf eine Flußinsel im Irtysch zurück. Kurz vor Sonnenaufgang stürmten die Söhne der Steppe sein befestigtes Lager und metzelten alle Russen nieder. Jermak, den seine Rüstung gegen den Pfeilhagel schützte, stürzte sich flüchtend in den Strom, um schwimmend das Ufer zu erreichen. Aber das Geschenk des Zaren zog ihn herab.

Diese Geschichte hat mir gefallen. An den Ufern der Schiguli-Halbinsel, an deren Anlegestellen kein Kreuzfahrtdampfer hält, auf deren Wälder, Schluchten, Dörfer und Fabriken wir nur hinüberblicken konnten, fiel sie mir wieder ein.
Das verschmutzte Wasser der Wolga schwappte gegen den Schiffsrumpf, drüben am Ufer stand ein Junge. Er hielt die Hand vor die Augen und schaute zu uns herüber. Ich hätte gern gewußt, woran er dachte, als er unseren weißen Wolgadampfer sah. Ein paar von uns winkten ihm zu, aber er winkte nicht zurück.

17.

Ich blieb an Deck, weil ich die Sonne spüren wollte und den warmen Wind, der die Gedanken an Jäger und Gejagte verwehen sollte, an die wüsten Orgien, die an diesen Ufern gefeiert worden waren, an die Gemarterten, die, an Baumstämme gefesselt, die Strömung hinuntergetrieben waren ...

Nur noch einige Stunden brauchten wir bis zur Mädcheninsel. Der Name gefiel mir, obgleich auch mit ihm Grausames verbunden ist. Die Flußpiraten entledigten sich dort der Frauen, deren sie überdrüssig geworden waren. Niemand weiß, was aus ihnen wurde. Ich wünschte mir, ein paar Tatsachen zu erfahren, aber keiner wußte genaues. Wie so viele menschliche Tragödien in Rußland, wird wohl auch das Schicksal der auf der Mädcheninsel Ausgesetzten nie aufgeklärt werden.

Der Strom glitzerte im Sonnenlicht; lange Zeit war er hell und blau. An der westlichen Stromseite wuchsen die Wälder bis an die Ufer heran; zuweilen wurden sie von kahlen, zerfurchten Berghängen unterbrochen, die an manchen Stellen fast senkrecht zum Wasser abfielen. Eine breite Straße führte zu den Schleusen. Durch die östliche Ebene schlängelte sich ein Weg bis zum Horizont, aber kein Auto, kein Lastwagen, kein Pferdefuhrwerk rollte darauf. Ein Traktor stand verlassen auf einer Wiese, ein paar Kilometer weiter stromabwärts sahen wir ein paar Männer Gras mähen, und nach einer weiteren Stunde Fahrt, die uns dicht am westlichen Ufer entlangführte, kam ein kleines Flußdorf in Sicht. Acht Holzhäuser zählte ich, drei Fernsehantennen auf den Dächern, zwei Pferde hinter einem Zaun und Kühe und Kälber, die von keinem Menschen beaufsichtigt am Ufer grasten.

Sonnenhungrig wie ich schienen auch die anderen zu sein. Jeder Liegestuhl war belegt. Stühle und Tische schob sich jeder so zurecht, wie er sie haben wollte, im Schatten oder in der Sonne.

Viele hübsche Frauen waren auf dem Sonnendeck, erwiderten jedes Lächeln, waren zu jeder Plauderei bereit, und Männer, sportlich, schlank, im besten Alter, wie man so sagt, standen an der Reling und erzählten freimütig von ihrem Leben. Die meisten älteren Passagiere fügten sich einem Kleiderzwang, den ihnen wohl die Sorge um die Gesundheit und ihr Alter vorschrieb. Mit Mütze oder Strohhut vor der Sonne geschützt, in dünnen Blusen und bunten Hemden, in Shorts und Röcken, in Sandalen und leichten Schuhen mit flachen Absätzen genossen sie den »russischen Sommertag«, wie eine alte Dame schwärmerisch sagte. Es gab auch einige, die es nicht störte, Krampfadern und wabbelige Bäuche zu zeigen.

Höchst selten kam der Kapitän zu den Passagieren auf das Sonnendeck. Auch dieses Mal war es wohl mehr dem Zufall zu verdanken. Er schritt an den Liegestühlen vorbei ans Heck, blickte einen Moment über die Reling auf Schaum und Wellen, die unser Schiff aufquirlte, sah auf seine Armbanduhr und lächelte bereitwillig, als er gebeten wurde, für ein paar Fotos am Schiffsgeländer stehen zu bleiben.

Ein alter Flußdampfer schwamm langsam an uns vorbei. Er hatte drei Kähne am Schleppseil. Schwarz, rostig waren Deckplanken, Anker und Drahtseile. Die Gischt brach sich am Bug der Kähne, die, mit Baumstämmen voll beladen, tief im Wasser lagen. Warum wir bisher so wenig Schleppzügen begegnet waren, konnte uns der Kapitän nicht erklären.

»Bei uns am Rhein«, sagte ein Mann, »sehen wir in einer Stunde mehr Schiffe als hier an einem Tag.«

»Es wird bald besser werden, da habe ich keine Sorge.«

Der Kapitän war zuversichtlich. Er trug seine Uniform, als

hätte er in Kürze eine Parade abzunehmen. Die 26 Grad im Schatten schien er nicht zu bemerken. Er war etwa vierzig Jahre, kräftig, knapp 1,80 Meter groß. Während er sprach, sah er lebhaft von einem zum anderen.

»Was mir Sorge macht, sind die zurückgehenden Touristenzahlen. Wie lange hat es gedauert, bis es Ausländern überhaupt erlaubt wurde, auf russischen Strömen zu reisen. Jetzt ist es möglich. Warum kommen so wenige? Gut ein dutzendmal könnten wir in den Sommermonaten die Wolga stromab- und stromaufwärts fahren. Aber wir fahren natürlich nicht, wenn die Schiffe halb leer sind. Dieses Jahr sind nur drei Reisen voll ausgebucht. Viel zu wenig ...«

Wir standen um ihn herum. Ein paar Frauen räkelten sich aus den Liegestühlen hoch und stellten sich zu uns. Eine war so dunkelbraun gebrannt, daß ihre Haut einer hellhäutigen Negerin Konkurrenz machen konnte.

»Was machen Sie denn, wenn Sie nicht auf Kreuzfahrt sind?« fragte sie.

»Wir liegen in einem Flußhafen und werden als Hotel mißbraucht.« Es klang nicht lustig. »Polen, Bulgaren, Rumänen, auch Russen — alle müssen wir an Bord nehmen, ob wir wollen oder nicht. Die sind in die Stadt gekommen, ohne sich ein Zimmer reservieren zu lassen, finden keine Unterkunft, und schließlich werden sie zu uns geschickt. Ein Kommen und Gehen. Wie das Schiff dann aussieht, will ich Ihnen lieber verschweigen, aber es ähnelt jedenfalls mehr einem Flüchtlingslager als einem Kreuzfahrtschiff.«

Er sah nicht böse aus, nur mißmutig. Die Passagiere nickten ihm zu, redeten durcheinander. Neben mir stand ein junger Mann. Er fragte, was denn so schlimm daran sei, diese Menschen aufzunehmen.

»Schlimm ist es nicht — aber ein Kapitän ist kein Hotelier, und ein Dampfer, der einen Sommer lang im Hafen liegt und als Aushilfsunterkunft benutzt wird, ist zweckentfremdet, und damit fängt der Ärger an. Auch den Matrosen gefällt das nicht. Matrosen wollen ein Schiff, das auf Fahrt ist, nicht eins, das nicht von der Stelle kommt. Der Winter ist lang genug, von November bis Ende April ist die Wolga zugefroren. Das reicht.«

Eine hübsche Rothaarige bat den Kapitän, etwas über sich selbst zu erzählen.

»Da gibt es nichts Aufregendes. Ich komme aus Gorkij, wie übrigens der größte Teil der Besatzung. Es war immer schon ein Kindheitstraum von mir, Kapitän auf einem Wolgadampfer zu werden. In meiner Familie hat das Seemannsleben Tradition. Mein Vater war im Krieg auf einem Minensuchboot. Einer meiner Brüder ist Schiffsmaschinenbaumeister. Ich habe auf der Marine-Hochschule gelernt, und dann diente ich mich so langsam hoch.«

Ich wollte ihn noch fragen, was ein Kapitän verdiene, ob die Matrosen verheiratet seien und wenn ja, wie es um ihre Ehen bestellt sei, ob er mit Schwierigkeiten rechne, nachdem der Wolga-Don-Kanal nun unter ukrainischer Verwaltung stehe, und was geschähe, wenn sich die Tataren an der mittleren Wolga völlig von Rußland lösten. Aber ich kam nicht mehr dazu. Er nickte uns allen zu, grüßte freundlich, wünschte uns noch viele schöne Tage an Bord und ging weg. Die Stimmung war aufgekratzt. Mit den paar Sätzen hatte er mehr für die Reise geworben als der schönste Prospekt.

Sechzehn Tage waren wir jetzt schon auf der Wolga. Ruhig, gleichmäßig schwamm der Dampfer stromabwärts. Das kaum hörbare Stampfen der Maschine und das leichte rhythmische Schaukeln des Schiffes verführten zum Träumen. Stundenlang saß ich an Deck und fühlte mich glücklich und geborgen. Die Ufer waren menschenleer, braune Hügel, grüne Waldschluchten, Weidenbüsche, Sandbuhnen, ebenes Grasland — Stunde um Stunde wiederholte sich dieses Bild, und wer nur flüchtig hinschaute, konnte den Eindruck gewinnen, kaum von der Stelle zu kommen. In diesem Augenblick wurde mir wieder die ungeheure Weite dieses Landes bewußt, eine Weite, die gleich bleibt, wohin man auch aufbricht, in der sich nicht Stadt an Stadt oder Siedlung an Siedlung reiht; in der jeder monatelang mit sich allein sein kann.

Zuweilen, wenn unser Dampfer nahe an den dicht mit Büschen und Bäumen bewachsenen Ufern entlangfuhr, wenn ein herber Duft zu uns herüberwehte, ein verlassenes Lagerfeuer noch ein wenig Rauch aufsteigen ließ und unverhofft ein paar Männer mit Angelruten im seichten Wasser standen, hätte ich gerne das Schiff verlassen und mich an Land aufgehalten.

Abends, wenn der Luftzug kälter, das Geräusch der Schiffsmaschine härter wurde, wenn die letzten Takte Musik aus der Bar herüberklangen, ein paar Nachtbummler Arm in Arm an Deck auf und ab gingen, bevor sie ihre Kabinen aufsuchten, saß ich auf dem Hauptdeck und beobachtete, wie auch die letzten Lichter hinter den Bullaugen erloschen, der Strom dunkler und dunkler wurde, schwarz zuletzt, bis er plötzlich von den Schiffsscheinwerfern abgetastet wurde. Erinnerungen kamen, Gedanken an Menschen, an die ich seit Jahren nicht mehr gedacht hatte. Stunde um Stunde verging, aber es war nicht unbequem. Ich war in keinen engen Sitz eingezwängt, nicht angeschnallt, nicht Tausende von Metern über der Erde, sah nicht auf die Uhr, wie lange es noch bis zum Zielflughafen dauern würde.

Nur ein paar Flußkilometer hatten wir inzwischen zurückgelegt, in einer Zeit, in der man von München bis Frankfurt/Main fliegt.

Tagelang könnte ich still an Deck sitzen und nur aufs Wasser schauen. Ich könnte ein dickleibiges Buch schreiben über meine Gedanken, Träume und Erlebnisse während langer

Flußreisen. Hier an der Wolga stößt man überall auf Geschichte — wie anders war es auf den Fahrten ins Innere tropischer Gebiete, die Jahrtausende den Heimsuchungen durch die Menschen widerstanden — geschichtslose Ufer, Freiräume für jeden einzelnen, der sich dorthin wagt.
Mir kam der Gedanke, wie ein Künstler diesen Osten Eurasiens malen würde, diesen Erdteil aus Wüsten und Steppen, aus Bergen, Sümpfen und Wäldern, aus monströsen Stadtungeheuern und Zeltstädten, aus tausend todkranken und tausend unversehrten Kilometern zu Land und zu Wasser. Niemand kann dieses Stück Erde durchwandern. Die Verspätung der Züge, das Steckenbleiben unterwegs sind die Norm, nicht die Ausnahme.
Rußland, so dachte ich, ist wie das Meer, tückisch und verführerisch, mörderisch und lebensspendend, unfaßbar und vertraut, unheimlich und beglückend; es ist zum Fürchten und zum Lieben. Ich träumte davon, eine Reise mit einem Boot auf einem dieser Riesenströme zu wagen, mich mit der Strömung treiben zu lassen, am Ufer übernachten, nie vorher genau wissen wo, nach dem Anlegen das Gelände erkunden, ein Zelt aufschlagen, einen Spirituskocher anzünden, eine Konservendose öffnen oder einen selbstgefangenen Fisch braten; im Gepäck nicht viel mehr als Schlafsack, Taschenlampe, Reise-Apotheke, Fotomaterial, Notizbücher und eine Landkarte …

Stockfinster war es um mich herum. Ich stand auf und lief noch einige Male an Deck auf und ab, blieb kurz an der Reling stehen, sah weder im Osten noch im Westen ein Ufer, blickte zu dem sternlosen Himmel und ging in meine Kabine. Bei Sonnenaufgang lag das Schiff schon an der Mädcheninsel vor Anker. »Märcheninsel« schrieb ich aus Versehen in mein Tagebuch und ließ den Eintrag so stehen.
Während des Frühstücks herrschte an Bord eine Stimmung wie vor einem Schulausflug. Wer Lust hätte, mit über die In-

sel zu wandern, wurde gefragt, wo die schönste Badebucht sei, ob es auch einen FKK-Strand gäbe und wo die Mädchen steckten, nach der das Eiland seinen Namen hat; die Fragen richteten sich an jeden, wurden von Tisch zu Tisch geführt; Kamera-Ausrüstungen wurden begutachtet, und obgleich wir den ganzen Tag Zeit hatten, schienen alle ein bißchen in Eile zu sein. Der Strand, die Sonne und ein Tag ohne Besichtigungsprogramm lockten. Kein Bus wartete am Kai, kein Reiseleiter teilte die Passagiere in Gruppen ein; niemand hatte Angst, zu spät zu kommen, niemand nörgelte, weil ihm ein voller Tag auf der Insel zu lang erschien. Und wer unterhalten werden wollte, für den war auch gesorgt: Für 11 Uhr hatte Flußgott Neptun seinen Besuch in einer Bucht unweit der Schiffsanlegestelle angesagt, um 15 Uhr gab es ein Schaschlik-Essen mit russischem Rotwein, um 17 Uhr ein Strandfest und um 22 Uhr »Volkstänze am Lagerfeuer«. Die Tischzeiten an Bord blieben unverändert.

Wem es zu beschwerlich war, zu Fuß über die Insel zu streifen, der konnte sich in einer offenen Pferdekutsche spazierenfahren lassen. Russische Bauern waren auf einer Fähre mit ihren Kutschen zur Insel herübergekommen und lächelten den Fremden erwartungsvoll entgegen. Auch wer reiten wollte, wurde nicht enttäuscht; allerdings erlaubten sie niemandem, ohne Begleitung davonzugaloppieren. Bauernjungen führten die Pferde am Zügel oder ritten nebenher. Ihre Kleidung ähnelte der Kosakenkluft, hohe Stiefel hatten sie an, breite Gürtel um die Hüften, bunte, über die Hosen herüberhängende Hemden, einen Schlagstock an der linken Seite. Einige schlanke Frauen waren die ersten, die sich von ihnen in den Sattel helfen ließen. Ein zehnjähriger Junge klatschte in die Hände, als er auf einem Pferderücken saß, und sein glückliches Kinderlächeln zeigte uns, daß in diesem Augenblick die Welt für ihn so war, wie er sie sich wünschte.

Als die Passagiere das Schiff verlassen hatten, kamen die Matrosen an Deck. Schritt um Schritt prüften sie, ob die Planken sauber, die Geländer glatt, die Tische und Stühle an Deck ordentlich aufgestellt waren. Aus den Gängen kam das Geräusch der Staubsauger und aus den Kabinen, deren Türen offen blieben, solange ein Zimmermädchen darin aufräumte, hörte ich helles Lachen oder manchmal auch einen Seufzer. Die Kabinenreinigung verlief nach einem vorgeschriebenen Plan. Zuerst wurden die Handtücher aus dem Bad entfernt, dann der Papierkorb auf den Gang gestellt, die Betten gemacht, Hemden auf die Bügel gehängt und Schuhe nebeneinander gestellt. Die Kabinen waren eng. Nach der Fußbodenreinigung verstellten weder Stühle noch Koffer den Durchgang zum Fenster. Etwa eine Stunde verging, bis neue Handtücher und Toilettenpapier ins Bad gebracht wurden. An manchen Tagen gab es drei frische Handtücher, an manchen vier, an manchen keines. Niemand kam dahinter, ob das Absicht oder Zufall war. Ich hoffte, keiner fragte danach, denn man sah den Mädchen die Sorge an, etwas falsch zu machen. Es konnte auch vorkommen, daß sie beim Wechseln der Bettlaken ein hauchdünnes Spitzennachthemd oder einen Pyjama mitnahmen. Nicht mehr wissend, in welchen Kabinen ihnen dieses Versehen passiert war, legten sie die Kleidungsstücke in voller Länge ausgebreitet auf den Empfangstisch am Haupteingang.

Ich ging über den Landungssteg zur Insel hinüber, als die Sonne schon ziemlich hoch am Himmel stand. Nichts trieb mich zur Eile. Langsam schlenderte ich ein paar hundert Meter am Ufer entlang, ohne mich bei den Sandstränden und den Badenden aufzuhalten. Ein Trampelpfad führte durch hohes Gras nach Westen. Still war es, kein Lufthauch wehte, nur vom Fluß her waren noch Lachen und Rufe zu hören. Schließlich hörte auch das auf. Schon lange reichten mir die Grashalme bis zu den Schultern. Als ich mich niederkauerte, empfand ich die hohen, hin- und herwehenden Wiesengräser wie ein vollkommenes Versteck. Die Lufthelligkeit schmerzte die Augen, die Wärme trieb mir den Schweiß aus den Poren. Mücken und Libellen summten um mich herum. Der Ruf eines Vogels ließ mich aufhorchen. Nach langem Suchen entdeckte ich ihn in einem etwa dreißig Meter hohen Ahornbaum. Er war schwarzgefiedert und etwa drosselgroß und äugte neugierig zu mir herüber. Riesige Vogelschwärme müßten an den Ufern der Wolga leben. Warum hatte ich bisher so wenig davon gesehen? Hatten die Menschen nicht nur dem Strom, hatten sie auch der Tierwelt schwere Wunden geschlagen? War der Ruf dieses einen Vogels die Klage über die Abwesenheit tausend anderer?

Langsam weitergehend kam ich an dichtes Gesträuch, blickte mich um, kein Mensch war zu sehen, aber das besagte nicht viel. Der hohe, dichte Graswuchs und das Buschgestrüpp schützten alle, die nicht gesehen werden wollten. Nicht allzu weit weg lagen Männer und Frauen am Strand, ließen sich von Neptun mit Wolgawasser taufen und genossen das Fest mit lärmender Fröhlichkeit, doch hier war von alledem nichts zu hören und zu sehen. Gräser, Blumen, Bäume und Büsche sah ich, hörte nur meine eigenen Schritte, Mückensummen und einmal ein Rascheln im Gras, von dem ich nie erfuhr, wer es verursacht hatte.

Gegen Mittag kam ich an einen Tümpel und lauschte ein paar Atemzüge lang auf ein aus dem Schilfdickicht kommendes seltsam kehliges Glucksen. Am morastigen Rand entlanggehend, kam ich nach ein paar hundert Schritten wieder an dichtes Gestrüpp. Unter dem Wurzelgeflecht umgestürzter Bäume waren tiefe Erdlöcher. Ein Kinderspiel wäre es gewesen, sich darin ein Versteck oder eine Höhle auszubauen. Eine Weile ruhte ich mich im Schatten alter Tannen und Kiefern aus, wurde schläfrig, riß mich zusammen, stand auf, blickte mich um. Gras, Büsche, Bäume, morastiges Wasser, helles flimmerndes Licht, Stille. Mancher wäre in diesem Moment vielleicht von der Angst befallen worden, nicht zum Schiff zurückzufinden. Ich dankte dem Himmel, daß es diese Strominsel gab. Weitergehend watete ich durch einen Bach, erklomm einen Hügel, streifte durch Wiesengras, durch Schilf, ging nach Osten, fand einen Pfad, der zu einem Wald und dann weiter zum Ufer führte: Ruhig auf einem umgestürzten Birkenstamm sitzend, schaute ich auf die Wolga. Das Sonnenlicht ließ unzählige silbrige Funken auf der Wasserfläche umhertanzen.

Niemand kam, niemand störte. Alles Leid, das für mich mit diesem Land verknüpft ist, war weit weg.

18.

Eine Stunde vor Mitternacht legte das Schiff von der Mädcheninsel ab. Noch bevor die letzten Melodien in der Bar verklungen waren, mußten wir die ehemalige Republik der Deutschen an der Wolga erreicht haben.

Die Passagiere standen dicht gedrängt an der Reling und blickten auf die zuckenden Flammen des erlöschenden Lagerfeuers und auf die Menschen, die uns zuwinkten. Die Deutschen an Bord riefen: »Do swidanja«, die Russen an Land antworteten: »Auf Wiedersehen.« Alle winkten. Ein junges Mädchen in einem roten Sommerkleid war dabei, ein Junge, der ein Pferd am Zügel hielt, ein paar stämmige, korpulente Frauen und Männer.

Uns war ein bißchen wehmütig ums Herz. Vielen an Bord hätte es in ihren jungen Jahren vielleicht gefallen, in den Steppen und Wäldern südlich der Mädcheninsel zu leben. Auf der Wiesenseite (Osten) oder der Bergseite (Westen) des Stromes, wie die Rußlanddeutschen dazu sagten.

Es ist schnell erzählt von diesen Menschen, deren Heimat die Städte Marx (Katharinenstadt), Engels (Prokowsk), Saratow waren und das Land beiderseits der Wolga, auf das wir jetzt zufuhren.

Fast unglaublich mutet es uns heute an, daß es jahrhundertelang von Deutschen besiedelt war, von ihnen kolonisiert wurde und der Sowjetstaat es ihnen 1924 als unabhängige Republik überließ. Die Kolonisten hatten elf Deputierte im Nationalitätenrat, fünf deutschsprachige Hochschulen, vierhundert Mittel- und Grundschulen, ein eigenes Nationaltheater, zwanzig Zeitungen. Die Gebiete, die ihnen gehörten, liegen zwischen Saratow und Kamyschin. 27 400 Quadratkilometer Land sind es — das entspricht in Deutschland etwa der zehnfachen Größe des Saarlandes. Mit einem europäischen Staat verglichen, war die Wolga-Republik fast so groß wie Belgien.

1764 waren die ersten Einwanderer gekommen. Katharina die Große, die in Stettin geborene »deutsche Zarin« auf dem russischen Thron, hatte sie ins Land gerufen. Wo vorher Steppe war, wuchsen bald Weizen, Roggen, Hafer, Kürbisse und Äpfel, grasten Pferde und Rinder. Schmiede-, Drechsler-, Schneider-, Böttcher-, Gerber- und Schuhmacherwerkstätten entstanden. Wer es geschafft hatte, teilte den zu Hause Gebliebenen mit, wieviel besser es sich in Rußland leben ließ. So kamen immer neue Einwanderer: aus Hessen, Württemberg, der Pfalz, Baden, dem Elsaß, aus Westpreußen, Mecklenburg, Sachsen, aus den deutschsprachigen Kantonen der Schweiz und aus Holland.

In deutschen Landen herrschten damals Not und Kriegsgefahr. Der Siebenjährige Krieg hatte den Osten verwüstet, ein paar Jahrzehnte später überrannten die Armeen Napoleons Mitteleuropa. Im Süden Rußlands war von Kriegswirren kaum etwas zu spüren. Wer dorthin ging, erhielt Privilegien, von denen er zu Hause nur träumen konnte. Am stärksten berührten das Herz der Bauernsöhne die Landzuteilungen, die im Gesetz vom 22. Juli 1763 verkündet wurden:
»Alle zur Ansiedlung angewiesenen Ländereien sind ihnen zum unantastbaren und erblichen Besitz *auf ewige Zeiten* gegeben, jedoch nicht als persönliches Eigentum eines Einwanderers, sondern als Gemeingut einer Kolonie.
Den Kolonisten ist es gestattet, Grundstücke zu kaufen und als ihr Eigentum zu erwerben.
Wer Rußland wieder verlassen will, hat dazu die Freiheit, doch muß er von seinem in unserem Reich erworbenen Vermögen ein Zehntel an die Staatskasse zahlen, danach ist ihm erlaubt, ungehindert zu reisen, wohin er will.«

Das Gesetz erzwang von vornherein die Anlage von Dörfern mit Gemeindeeigentum. Aber der Tüchtige konnte bald ein unabhängiger Bauer auf seinem eigenen Grund und Boden sein. Wer scheiterte oder wem das Leben in Rußland nicht behagte, der kehrte in seine Heimat zurück. Die Ansiedlung der Einwanderer in Kolonistendörfern half ihnen, sich in der Fremde zurechtzufinden und den ungewohnten Lebensverhältnissen anzupassen.
Die Zaren holten die Deutschen nicht ins Land, damit sie irgendwo im weiten Rußland ihre Höfe errichteten oder sich inmitten des russischen Volkes verloren. Sie sollten ein Bollwerk des Wohlstandes und der bäuerlichen Standfestigkeit gegen die unruhigen Kosaken im Süden des Reiches und gegen die umherstreifenden Nomadenstämme der Kirgisen, Kasachen und Kalmücken bilden. Der Kolonistenstatus zwang sie zur Treue gegenüber der Regierung, von deren Wohlwollen sie inmitten der Millionen Russen abhängig waren.
Als eigenständige politische Kraft waren sie durch ihre verhältnismäßig geringe Zahl für das Reich nie gefährlich. Und die deutschen Länder waren im 18. und bis zur Mitte des 19. Jahrhunderts kein Staatsgebilde, das Rußland in irgendeiner Weise bedrohen konnte. Aus russischer Sicht waren deshalb die Deutschen die idealen Siedler. Sie kamen nicht als Eroberer, nicht als reiche Einwanderer, die arme Einheimische zur Seite drängten, oder als unerwünschte Ausländer. Sie kamen auf Wunsch der russischen Regierung. Es ging ihnen nicht um die Errichtung eines »deutschen Vorpostens« an der Wolga; es ging ihnen um ein Stück eigenes Land und um ein besseres Leben, als sie es zu Hause hatten.

Der Wohlstand ließ nicht lange auf sich warten. Die Deutschen hielten, was sie versprochen hatten: die Steppe in Akkerland zu verwandeln und den erwirtschafteten Ertrag zum Nutzen aller einzusetzen. Bald gehörten sie zu den Zufriedenen im Lande. Der Reichste unter den Einwanderern war ein Bauer, der es zum Gutsherrn gebracht hatte und auf dessen Weiden 750 000 Schafe grasten. Auch bei der einfachen russischen Bevölkerung errangen diese Menschen Achtung und Ansehen. »Ehrenwort« heißt auf russisch: Njemmetzkoje Slowo = Deutsches Wort. In den ersten Jahren der Kolonisation entstanden 300 deutsche Dörfer — bis zur Katastrophe im Jahr 1941 waren aus diesen »Muttersiedlungen« 3300 Gemeinden mit etwa 1,9 Millionen Einwohnern geworden. Die Siedlungsschwerpunkte lagen an der Wolga, in der Ukraine, in Wolhynien und im westlichen Sibirien.

Die ersten antideutschen Äußerungen und Aktionen in Rußland lassen sich ziemlich genau datieren. Sie hängen mit der Gründung des Deutschen Reiches 1871 und seinem militärischen Sieg über Frankreich zusammen. Deutschland war nicht länger »das Land der Dichter und Denker«. Es war ein mächtiger Staat mit einer zielstrebigen und erfolgreichen Kolonialpolitik. Noch waren die politischen Beziehungen zwischen St. Petersburg und Berlin ungetrübt, gegenüber den Deutschen in Rußland aber wuchsen Mißtrauen und Neid.

Der Erste Weltkrieg verschlechterte die Lage der deutschen Kolonisten erheblich. Ohne den Ausbruch der Revolution von 1917 wäre der Erlaß des Zaren zur Auflösung der deutschen Siedlungsgebiete und der Umsiedlung der Bevölkerung wirksam geworden. Nur der Zusammenbruch des Russischen Kaiserreichs verhinderte die Ausführung dieses Befehls.

Die Kollektivierung der Landwirtschaft führte in den dreißiger Jahren zur Verarmung der Bauern auch in den Wolgagebieten. Die Katastrophe kam 1941. Mit dem Angriff des »Dritten Reiches« auf die Sowjetunion hatten die Rußlanddeutschen absolut nichts zu tun. Und doch nahm die bolschewistische Regierung schon in den ersten Kriegsmonaten

an ihnen fürchterliche Rache. Mit dem Gesetz vom 28. August 1941 wurde die Wolga-Republik aus dem sowjetischen Staatsverband gestrichen. Die Menschen wurden deportiert, Männer und Frauen voneinander getrennt und in der »Trudarmija« (Arbeitsarmee) zu jahrelanger Sklavenarbeit unter unsäglichen Lebensbedingungen verurteilt. Innerhalb von 24 Stunden mußten sie ihre Dörfer verlassen. Hunderttausende wurden umgebracht, verhungerten oder starben in der Verbannung.
In einem Gedicht der Wolgadeutschen heißt es:

»Wir pflügten die Erde — nun pflügt uns die Not.
Wir fuhren einst Garben — nun fährt uns der Tod.
Unser Werk haben Treue und Hoffen gelenkt,
Nun haben uns Haß und Hunger ertränkt.«

1948 wurde die Arbeitsarmee aufgelöst. 1955 wurden die Rußlanddeutschen vom Vorwurf der Kollaboration mit der Deutschen Wehrmacht freigesprochen. 1964 erfolgte ihre Rehabilitierung in der Öffentlichkeit: »Unschuldig verurteilt.« Sie waren nicht länger Staatsfeinde, aber sie blieben Verfemte in einer ihnen feindlich gesinnten Umwelt. Im Ausland verschwieg man ihr Schicksal. Kein Dokumentationszentrum sammelte Material über die Täter, kein Spielfilm rüttelte die Weltöffentlichkeit auf. Erst 1989 kam offiziell Licht in das Dunkel.
1965 hatten die Rußlanddeutschen in der gesamten Sowjetunion über eine Million Unterschriften gesammelt, mit denen sie um die Zustimmung Moskaus zum Wiederaufbau der Wolga-Republik und zur Rückkehr in ihre verlorene Heimat baten. Sie wollten nicht länger über das ganze Land verstreut sein, nicht länger als Fremde in Kasachstan oder in Sibirien leben; sie wollten nach Haus.
Wie leicht hätte es die Sowjetunion damals gehabt, »ihre Deutschen« zurückzugewinnen, hätte sie ihnen gleiche be-

rufliche Chancen gewährt wie den Russen, kulturelle Autonomie, ein wenig öffentliche Anerkennung und das Ende der Beschimpfungen in der Politik und in den Medien. Müde waren sie geworden, enttäuscht von nicht eingehaltenen Versprechungen, von Drangsal und Diskriminierung. Müde auch des Mißtrauens, das sie überall umgab, wo sie sich als Rußlanddeutsche zu erkennen gaben. In dieser Not wurde in ihren Gedanken das ferne Deutschland zum letzten inneren Halt. Es war die Insel, auf die sich die Schiffbrüchigen retten konnten.

So wie Israel die Juden aus aller Welt mit offenen Armen aufnimmt, auch wenn sie nach Jahrhunderten in der Diaspora bei der Rückkehr nach Jerusalem kein Wort Hebräisch verstehen, so glauben die Rußlanddeutschen, in Deutschland mit offenen Armen empfangen zu werden.

Dem Schicksal dieser Menschen habe ich nie gleichgültig gegenübergestanden. Wenn ich mich in der ehemaligen Sowjetunion aufhielt, suchte ich den Kontakt zu Rußlanddeutschen. Ich brauchte nicht lange zu suchen. Sie kamen von selbst. Sie nahmen Bespitzelung in Kauf, und weite Entfernungen waren kein Hindernis. Sie kamen in Kolchosen und in Werkshallen auf mich zu und ignorierten die bösen Gesichter ihrer Vorgesetzten. Sie sprachen mich auf der Straße an und steckten mir verstohlen ein Kinobillet oder eine Eintrittskarte für eine Sportveranstaltung zu, und dann saßen wir nebeneinander. Im Kino und auf dem Fußballplatz kann man am besten unkontrolliert miteinander sprechen. Sie trauten sich nicht, mich in ihre Quartiere einzuladen. Wenn ich sie bat, zu mir ins Hotel zu kommen, winkten sie ab. »Dort wird alles abgehört.«
Das war so in Ost- und Westsibirien, in Kasachstan, im Altei, in Kirgisien und Usbekistan, in Moskau und an der mongolischen Grenze. Sie arbeiteten in Kohlengruben und

Erzbergwerken, in Maschinenfabriken und beim Straßenbau.

»Wessen Körper vom Hunger zu schwellen anfing, der hatte höchstens noch sechs bis sieben Tage zu leben. So wußten wir schon vorher, wer von uns gehen würde.«
Georg Krafft sagte das zu mir, als er von der Arbeit in Karaganda erzählte.
»Unsere Kinder verhungerten — wir schwiegen. Unsere Dörfer, unser Vieh verkamen — wir schwiegen. Auf Lastwagen und in Güterwaggons wurden wir abtransportiert und in die Arbeitslager hineingetrieben — wir schwiegen. Was wir an Kleintieren heimlich gezüchtet und an Kartoffeln heimlich angepflanzt hatten, wurde uns gestohlen — wir schwiegen. Wo wir standen, hieß es: Macht Platz, geht zur Seite — wir schwiegen. Wir durften nicht einmal deutsch sprechen. Schon hieß es: Faschisten. Und wer so beschimpft wurde, an dem konnte jeder sein Mütchen kühlen.«
Wenn wir zusammen saßen, mußten sie diese Erlebnisse erst einmal loswerden. Jeder, der mit ihnen spricht, muß wissen, daß es damit anfängt. Sie haben es verlernt, leicht dahinzuplaudern. Das Leben hat es ihnen ausgetrieben, über Dinge zu sprechen, die nicht lebenswichtig sind.
Lebenwichtig ist für sie vor allem die Antwort auf die Frage: bleiben oder gehen? Sollen sie noch einmal Vertrauen haben zu russischen Versprechungen, daran glauben, daß ihnen nicht wieder alles weggenommen wird? Können sie sich darauf verlassen, daß für alle, die jetzt noch nicht weggehen, das Tor nach Deutschland auch in zehn Jahren noch offensteht? Werden die Deutschen ihnen glauben, daß sie nicht in erster Linie aus wirtschaftlichen Gründen kommen, sondern daß es ihnen wichtiger ist, wieder unter Deutschen zu leben, nicht angegriffen als Fremder, als Spion, als »Agent der fünften Kolonne des Feindes«?

Es war schwer, ihnen zu erklären, wie das Leben in Deutschland ist, wie weit entfernt das heutige Deutschland von dem Bild ist, das sie vom Land ihrer Väter haben. Rußlanddeutsche — wohin gehören sie, nach Rußland oder nach Deutschland?

Wenn wir an diesem Punkt angekommen waren, bat ich sie, von ihrem Leben in ihren früheren Dörfern zu erzählen, vom Leben ohne Krieg und Verbannung. Wenn sie davon sprachen, wurden sie ruhiger, faßten wieder Mut. Entspannt, weniger leidbeladen wurden die Gespräche, gelöster, manchmal sogar heiter. Zuerst fielen ihnen die Namen ihrer Dörfer wieder ein: Müllersfeld, Mariental, Bruderliebe, Gnadendorf, Alexander-Höh, Susannental, Arbeitsliebe, Grimm, Pfeifer, Neu-Brunnen, Einigkeit, Schilling, Wiesental, Urbach. Ich ließ diese Namen in mir nachklingen …

Es gibt keine Chronisten, die ihre Geschichte niederschreiben. Die Überlieferungen sind vor allem mündlicher Art. Dorferzähler haben die Geschehnisse weitergegeben. Einen traf ich in Alma-Ata.

»Zu Hause waren Kirche und Schule immer in der Ortsmitte. Keine Siedlung war konfessionell gemischt, sie waren entweder evangelisch, katholisch, oder sie gehörten den Mennoniten. Der Pfarrer war die Respektsperson. Was im ›Friedensboten‹ stand, der Monatsschrift der evangelischen Gemeinden an der Wolga, das war verbindlich. Etwa 76 Prozent der Wolgadeutschen waren evangelisch. Was von der Kanzel gepredigt wurde, war wichtiger für die Bauern als das, was der Zar im fernen Moskau sagte. Wer die Glokken läuten durfte oder mit wem der Pfarrer besonders befreundet war, der bildete sich eine Menge darauf ein. Um nicht hochmütig zu werden, gaben diese Bauern den Armen freiwillig 10 Prozent ihres Einkommens.«

In Alt-Warenburg war das zum Beispiel so gewesen, wie ich hörte. Viel gesprochen wurde von der Treue, vom Ausharren und vom Warten-Können. In einem Volkslied von der Wolga heißt es:

»Muß ich noch sieben Jahre wandern,
so heirat' ich doch keinen andern ...«

Und bei allen bekannt war die Strophe:

»Wenn ich Geld verdiene,
bau ich mir ein Haus
mit 77 Fenstern drin,
und vom obersten schau ich heraus.«

Was ist übriggeblieben vom Leben dieser Steppenbauern? Im Sommer mußten sie hart arbeiten. Im Winter hatten sie viel Zeit. Um die Hausmauern wehte der Wind der Steppe, auf den Strohdächern lag der Schnee. Der große Ofen stand in der Küche. Sie bot in jedem Bauernhaus den meisten Raum. Häufig führte ein Blechrohr vom Küchenofen in Deckenhöhe in alle Zimmer des Hauses. So hatte es jeder in seinen vier Wänden schön warm. Dünger für die Felder brauchten sie nicht zu kaufen, sie hatten den »Mist vom Vieh« und den »Schlamm vom Strom«. Häuften sich Mißernten, so wurde manches Dorf aufgegeben. Die Bewohner treckten weiter nach Osten.

Immer weiter nach Osten zogen auch die Söhne und Töchter, die den Hof nicht erbten und die nicht länger unter der väterlichen Aufsicht arbeiten wollten. Der erstgeborene Sohn erbte den Hof. Die anderen schlossen sich mit Nachbarssöhnen und -töchtern zusammen und errichteten nicht allzu weit weg von ihrem Heimatdorf eine neue Siedlung.

Wo die Wagenkolonnen über die Steppe zogen, entstanden Wege, aus den Wegen wurden Straßen. Auch die Karawanen aus Asien benutzten sie und gelangten auf ihnen an die Wolga. Saratow und Kosakenstadt, wie die Siedler die Stadt Prokowsk — das heutige Engels — nannten, entwickelten sich zu Markt- und Handelszentren. Die Bauern verkauften dort ihr Vieh und ihr Getreide. Mit den Wolgadampfern kamen Maschinen — und neue Einwanderer. Auch sie träumten von bäuerlichem Wohlstand, von Freiheit in den weiten Ebenen, von Abenteuern und davon, daß es ihnen gelingen würde, »ihres Glückes Schmied« zu sein.

Wenn ich die Augen schließe und ein bißchen abschweife, kommen mir bei solchen Berichten die Gedanken an die Prärien Nordamerikas. Aus aller Welt kamen Kolonisten, die nach Westen zogen und an der Indianergrenze ihre Blockhäuser errichteten. Was für die Amerikaner Apachen und Sioux, das waren für die Russen und die deutschen Siedler Kirgisen, Kasachen und Kalmücken. Büffel und Mustangs grasten in den Prärien Amerikas, Auerochsen und Wildpferde in den Steppen Rußlands. Wo der Mensch hinkam, wurde der Erde Schaden zugefügt. Die Siedler rodeten die Wälder, verheizten das Holz, bauten sich Häuser daraus und bearbeiteten die Stämme für Boote, Pflüge und Deichseln. Durch Überweidung wurde an manchen Stellen die Vegetationsdecke abgetragen. Der Erdboden bekam offene Wunden, die Wasserstellen versandeten. So zogen die Kolonisten weiter, die einen nach Westen, den Küsten Californiens zu, die anderen nach Osten in Richtung Ural. Die einen wurden Amerikaner, die anderen blieben Deutsche.
Die Siedlungsgeschichte und die Schicksale der deutschen Auswanderer in Nordamerika und in Rußland zu untersuchen und miteinander zu vergleichen, könnte für einen Historiker eine lohnende Aufgabe sein.

Ich stand mit ein paar Männern zusammen an Deck, und wir starrten in die Dunkelheit der Nacht.
»Eine Weile wird es noch dauern«, sagte ich, »dann werden wir an Dörfern vorbeifahren, die früher Schaffhausen, Basel und Zürich hießen.«

Die Orte liegen auf der Wiesenseite der Wolga. Wer mit einem Flußdampfer von Norden kam, passierte dort, wie die Siedler sagten, die »Russ'grenze«. Ich erzählte, was ich mit Rußlanddeutschen erlebt hatte, und wie von selbst kam der Wunsch auf, einige dieser Dörfer zu sehen.
»Ob es wohl Absicht der Russen ist, gerade diese Strecke größtenteils bei Nacht zu fahren?«
Ein Schiffsoffizier widerlegte diesen Verdacht.
»Wir richten uns nach dem Wasserstand, ob Nebel gemeldet ist, der die Weiterfahrt behindern könnte, und ob mit den Schleusen alles funktioniert. Danach richtet sich der Fahrplan.«
Es war nicht unsere Absicht, ihm Vorwürfe zu machen. Wir wollten nur wissen, ob es möglich war, in einer der nächsten Städte an Land zu gehen und dort einen Busausflug zu deutschen Kolonistensiedlungen zu organisieren.
»Da gibt es kaum noch etwas zu sehen. Nur ganz wenige Deutsche wohnen dort. Die Dörfer sehen genauso aus wie russische Dörfer überall in Rußland, und sie haben heute alle russische Namen.«
»Trotzdem wäre es ein Erlebnis, einmal dort gewesen zu sein.« Wir versuchten, den Offizier zu überreden. »So eine Extratour muß selbstverständlich extra bezahlt werden — wir sind bereit, uns das einiges kosten zu lassen.«
Fast eine Stunde unterhielten wir uns mit dem Offizier. Wir redeten über Russen und Deutsche, über Bauern und Städter, über Flußreisen und Landausflüge — und über das Schicksal der Wolgadeutschen. Er rauchte ein halbes Dutzend Zigaretten und meinte dann:
»Wenn wir es vorher gewußt hätten ... So eine Tour muß im Reiseplan stehen. Jetzt, so plötzlich — ich glaube nicht, daß es geht. Aber bei der nächsten Wolgafahrt werden wir daran denken.«
»Könnte man es nicht wenigstens versuchen?«
Ich trug dem Hapag-Lloyd-Reiseleiter meinen Wunsch vor.

Er war skeptisch, versprach jedoch, zu tun, was ihm möglich war. Auch die russische Chefdolmetscherin hatte Bedenken, aber sie lehnte unser Ansinnen nicht von vornherein ab. Bald hatte sich unser Wunsch herumgesprochen. Eine halbe Stunde nach Mitternacht waren bereits zwei Dutzend Passagiere entschlossen, mitzufahren.
Der Schiffsoffizier hatte noch nichts unternommen.
»Es hängt vom Kapitän ab. Er wird nicht sehr erbaut sein, wenn ich ihm Ihre Wünsche vortrage. Sind sie durchführbar, so werden wir es machen. Aber nun gehen Sie besser ins Bett. Heute geht nichts mehr. Bis morgen!«
Viel Hoffnung hatten wir nicht. Aber man sagt, in Rußland ist alles möglich, warum also nicht auch einmal ein Unternehmen, von dem keiner von uns so recht überzeugt war, daß es eine Chance hatte, durchgeführt zu werden.

Die Städte Marx, Engels und Saratow hatten wir nachts passiert. Um sechs Uhr morgens stand ich an der Reling und blickte auf die Bergseite des Stromes. Hellgelb, von tiefen, senkrechten Furchen durchzogen, fielen die Höhen steil zum Strom ab. Pappeln und Weidengestrüpp wuchsen in den Uferschluchten. Auf der Wiesenseite des Stromes wehte der Wind über endlose Flächen graugrüner Gräser. Ich konnte mich von dem Anblick nicht losreißen. Ein paar Kilometer gerade weiter nach Osten mußten die Dörfer Dehler, Mannheim, Rosental, Friedenfeld liegen. Vielleicht bestand das, was auf der »Landkarte der Deutschen Siedlungen« noch als Dorf eingezeichnet war, nur noch aus ein paar Gehöften oder war längst unter dem Staub der Steppe begraben. Später hörte ich, daß von vielen deutschen Dörfern nur noch der Friedhof übriggeblieben ist; andere wurden von russischen Bauern in Besitz genommen und haben jetzt eine weit geringere Einwohnerzahl als vor der Vertreibung der Deutschen. Nur vereinzelt gibt es noch deutsche Höfe. Zu gern hätte ich erfahren, welche Dörfer existieren, welche ver-

schwunden sind. Vielleicht kehre ich noch einmal hierher zurück und durchstreife das Land, gehe auf Spurensuche nach den Deutschen und ihren Siedlungen.
Eine Borddurchsage riß mich aus meinen Gedanken.
»Auf allgemeinen Wunsch werden wir einen Landausflug zu ehemaligen deutschen Bauernsiedlungen an der Bergseite der Wolga durchführen. Wer daran teilnehmen will, wird gebeten, sich in der Zeit zwischen 7.00 und 8.00 Uhr morgens beim Empfang anzumelden.«

Während wir unseren Frühstückskaffee tranken, wußten einige schon, wohin es ging: »Nach Dobrinka und ein paar anderen Dörfern. In Kamyschin gehen wir an Land.«
Alle waren guter Stimmung. Der Ausflug kostete 30 DM, 122 Passagiere nahmen die Chance wahr. Wer nicht mitfuhr, konnte an einer Stadtrundfahrt in Kamyschin teilnehmen und sich dort das Landeskundliche Museum und ein Textilkombinat ansehen.
Qual der Wahl? Nicht für mich. Die Abfahrt klappte wie am Schnürchen. Unsere Dolmetscherinnen führten die Gruppen zu den am Kai wartenden Bussen. Es war nicht nur der Ausflug zu den Wolgadörfern, der uns in so gute Stimmung versetzte, es war das Bemühen des Kapitäns und das Entgegenkommen der Behörden an Land, in so kurzer Zeit diese Tour zu organisieren.
»Auch die Russen können zaubern.«
Dieser Ausflug in ein altes deutsches Siedlungsgebiet war keine gut vorbereitete Fahrt in eine Musterkolonie. Es war ein purer Akt der Freundschaft. Die Russen kannten die alten deutschen Dorfnamen nicht mehr. Als ich meine zerknitterte Landkarte aus der Tasche zog, machten sie überraschte Gesichter. Fritzendorf, Neu-Mühle, Erlenbach, Josefstal, Dreispitz ...? Sie schüttelten die Köpfe. Kein einziger dieser Namen war ihnen bekannt. Dabei fuhren wir auf unserem Weg nach Dobrinka wahrscheinlich durch diese Dörfer.

Schon ein paar Kilometer hinter der Stadtgrenze hatten wir den Eindruck einer fast unberührten Landschaft. Ein kleiner Fluß mit flachen Ufern schlängelte sich durch die Steppenlandschaft. Weit entfernt von der Straße trieb ein Hirt zu Pferde eine Rinderherde nach Westen.
»Diese Strecke sind wir noch nie gefahren«, sagte die Dolmetscherin; sie sprach ein paar Worte mit dem Fahrer und mit zwei Russen, die in Kamyschin in den Bus eingestiegen waren. Was wir von ihnen erfuhren, war nicht sehr informativ.
»Deutsche? Vielleicht 20 000 bis 30 000, über das ganze Wolgagebiet verteilt, leben wieder hier. Aber sie haben keine Autonomie, keine eigenen Schulen. Wir haben nichts dagegen, wenn sie zurückkommen. Sie wirtschaften gut. Wie wir sie im Krieg behandelt haben? Nun ja, im Krieg und danach ging es ihnen schlecht, aber uns ging es auch nicht gut. Wenn die deutschen Bauern heute kommen, tut ihnen kein Mensch etwas.«

Wir fuhren über einen großen, verlotterten Platz, an einer verfallenen Kirche, an Mauerruinen vorbei. Disteln und Gras überwucherten Feldwege. Meiner Karte nach mußte das Neufeld sein, aber niemand konnte es uns sagen. Ich blickte durch das Busfenster und sah nur Steppe, da und dort ein Waldstück, dann wieder Grasland, ein Blockhaus.
»Können wir anhalten und zu dem Haus gehen? Vielleicht ist das einer der deutschen Höfe.«
»Wir müssen nach Dobrinka. Wir haben keine Zeit für Zwischenaufenthalte.«
Schon gut. Ich sah dennoch eine Menge von dem, was ich sehen wollte. Ich sah das leere Land, ich sah ein paar Holzhäuser, drei russische Dörfer — kein Aufenthalt —, ich fotografierte wie wild drauflos, um mich zu Hause an das Gefühl zu erinnern, das ich hatte, als wir durch die Steppe fuhren; ein Gefühl, wie man es im Kino bei einem phantasti-

schen Wildwestfilm hat, bei Bildern, die einen nicht mehr loslassen: leerer Himmel, weites Land, Lassos schwingende Cowboys, über die Steppe galoppierende Indianer. Aber es schmerzte mich, wie rasch wir durch die Landschaft jagten. Wahrscheinlich hatte ich zuviel erwartet. Wir hatten mitten in der Nacht einen Wunsch geäußert, und dieser Wunsch wurde erfüllt. Zu erwarten, daß dabei auch noch meine geheimen Wünsche berücksichtigt wurden, war wirklich zuviel.

In Dobrinka wurde meine Stimmung etwas besser. Deutsche Bauern standen um uns herum und konnten es nicht fassen, daß plötzlich mehr als hundert Deutsche vor ihren Holzhäusern standen, Fragen über Fragen stellten, in ihre Wohnungen gingen, Menschen, Gärten, Häuser, Vieh und Felder fotografierten; da gab es auch schon die ersten Tränen der Rührung. Adressen wurden ausgetauscht, Kugelschreiber, Feuerzeuge, Kaugummi, Zigaretten wechselten die Besitzer. Etwa zwanzig Familien lebten wieder hier. Einstmals hatte das Dorf ein paar tausend Einwohner gehabt.
Stämmige Menschen waren es, verarbeitet, verhärmt. Ich sah in ihre Gesichter, in ihre Augen. Es waren die Gesichter von Menschen, die ausgebeutet wurden, mißbraucht und um ihr Leben betrogen. Die Kinder standen um uns herum, staunten uns an. Als wir sie in deutsch ansprachen, waren sie verlegen, verstanden uns nicht. Auch die alten Menschen sprachen unsere Sprache so wie Russen, die ein bißchen Deutsch können.

Auf der breiten Dorfstraße war kein Verkehr. Enten, Gänse schnatterten hinter uns her. Jedes Bauernhaus hatte einen gepflegten Garten, Gardinen vor den Fensterscheiben, bunt bemalte Staketenzäune und Fensterläden.
Umarmungen. Händeschütteln. Ein paar Minuten noch, und unser Besuch würde ihnen wie ein schöner Traum vor-

kommen. Vielleicht verwirrte es sie noch mehr, wenn sie sahen, wie freundlich und höflich die Russen zu uns waren.
»Kommen Sie wieder. Viele Deutsche sollten kommen.«
Ein bißchen Hoffnung hatten wir den Bauern gegeben. Lächerlich unwichtig waren die kleinen Geschenke; wichtig allein war, daß wir von uns aus zu ihnen gekommen waren.

Als wir an Bord zurückkamen, hieß uns der Kapitän herzlich willkommen.
Dreißig Minuten später verließen wir Kamyschin. Nun waren es noch 165 Kilometer bis Stalingrad.

19.

Wie kann man sich Stalingrad anders nähern als bedrückt? Welche Bilder beschwört der Name dieser Stadt herauf, der seit 1961 versteckt worden ist hinter einem neuen: Wolgograd! Wer in Deutschland oder Rußland, in den übrigen Staaten Europas oder in Amerika verbindet etwas mit dem Namen Wolgograd? Nur den Älteren mag es einfallen: Wolgograd soll vergessen lassen, daß die große Stadt an der unteren Wolga einst Stalins Namen trug.

Von August 1942 bis Februar 1943 tobte die Schlacht von Stalingrad ...

In den ersten Septemberwochen geriet die russische Front ins Wanken. Der sowjetische Befehlshaber telegrafierte nach Moskau: »Alles ist verloren, wenn wir keine neuen Truppen bekommen.« Stalins Antwort: »Kein Schritt weiter zurück. Denk an den Namen der Stadt. Du weißt, was es bedeutet, wenn Stalingrad fällt.«

Stalingrad wurde gehalten — und 700 000 Menschen verloren ihr Leben.

Gehalten. Gefallen. Verloren. Kann man sich dabei überhaupt etwas vorstellen? Die Leichenhügel vielleicht, die Verstümmelten oder den Aufschrei der Frauen und Kinder, als die Nachricht kam vom Tod ihrer Männer, Väter, Söhne und Brüder.

Auf der deutschen Seite der Front überlebte von 55 Männern nur einer die »Hölle von Stalingrad«. Etwa 330 000 deutsche Soldaten nahmen an der Schlacht teil. Von den 90 000 Soldaten, die am 2. Februar 1943 kapitulierten, haben 6000 die sowjetische Gefangenschaft überlebt.

Zahlen, Daten — aber man muß schon sehr abgestumpft sein, wenn sie einen nicht das Grauen lehren.

»Stadt ohne Anschriften« wurde Stalingrad nach der Schlacht genannt. Es gab keine Stadt mehr. Es gab nur noch Ruinen und Bombentrichter. Die Militärhistoriker haben ausgerechnet, daß im Verlauf der sechs Monate währenden Kämpfe auf jeden Quadratmeter Boden Bomben und Granaten fielen, daß auf dem Mamai-Hügel, der am erbittertsten umkämpften Höhe unweit der Wolga, zwölfhundert Granatsplitter in einem Quadratmeter Erde steckten.
Gekämpft wurde um jedes Haus, jeden Keller, jedes Zimmer, jeden Mauervorsprung, um jede Ruine, jedes Erdloch; an einem Tag wurde ein Straßenzug von den Panzern der 4. Deutschen Armee überrollt, am nächsten von den Truppen der 62. Sowjetischen Armee wieder besetzt, nachts darauf von einem deutschen Stoßtrupp zurückerobert und am nächsten Mittag wieder aufgegeben. Die Toten lagen durcheinander und übereinander, Deutsche und Russen.

Ich habe Bücher gelesen, die über die Schlacht geschrieben wurden, Filme gesehen, die uns in Nah- und Großaufnahmen zeigen wollten, was in der »blutigsten Schlacht des 2. Weltkrieges« geschah.
Im Namen der Heimatliebe und der Treue zur eigenen Nation, im Namen des Kampfes gegen »Faschistische Barbarei«, gegen »Sowjetisches Untermenschentum«, gegen die »drohende Nazi-Weltherrschaft« oder die »Versklavung der Menschheit durch den Bolschewismus«, wie die Parolen hießen — im Namen der Menschlichkeit wurde Unmenschliches von den Menschen verlangt, die gegeneinander kämpften, kämpfen mußten.

Als Kind habe ich unsere Soldaten am Bahnhof verabschiedet, die später in Stalingrad eingesetzt wurden. Wir wußten es damals noch nicht. Keiner wußte es. Sie sagten uns nur, sie gehörten zur 6. Armee. Wir hatten drei Tage schulfrei und liefen drei Tage an die Verladerampen, wo die Truppen-

transportzüge zusammengestellt wurden, steckten den jungen Männern Blumen an die Uniformen, brachten ihnen Obst- und Streuselkuchen, die unsere Mütter gebacken hatten, fütterten die Pferde mit »Stickelzucker«, wie wir in unserem schlesischen Dialekt sagten, und ahnten nicht, daß von tausend Soldaten, die wir an einem Vormittag verabschiedeten, noch nicht einmal zwei Dutzend überleben würden. Als sie im Kessel von Stalingrad eingeschlossen waren, erhielten sie 100 Gramm Brot als Tagesration und ab und zu eine Wassersuppe mit einem Stück Pferdefleisch. Überall lagen die toten Pferde auf den Straßen der Stadt — keins hat überlebt. Die Tiere waren den Bomben noch hilfloser ausgesetzt als die Menschen.
Als die Züge abfuhren, winkten wir, und die Soldaten sangen: »In der Heimat, in der Heimat, da gibt's ein Wiedersehn ...«

In der Schule waren wir außer Rand und Band. Keinen interessierten noch Latein oder Mathematik. Eine Woche darauf mußten wir einen Hausaufsatz schreiben; zu den Versen des »Arbeiterdichters« Heinrich Lersch sollten wir äußern, was unsere Kinderseelen empfanden, wenn wir lasen:

»Laß mich geh'n, Mutter, laß mich geh'n!
All das Weinen kann nun nichts mehr nützen,
denn wir geh'n, das Vaterland zu schützen.
Laß mich geh'n, Mutter, laß mich geh'n.
einen letzten Gruß will ich vom Mund dir küssen:
Deutschland muß leben, und wenn wir sterben müssen!«

Die Zeit steht still, wenn ich daran zurückdenke. Ich sehe die Gesichter der jungen Soldaten vor mir, die Gesichter der Mütter, Bräute, Schwestern und Freundinnen, die sie umarmten. Dann kamen die Kommandos zum Abschiednehmen, und die Züge rollten langsam an. In den zur Seite geschobenen Türen der Güterwaggons standen die an die Front Fahrenden und winkten uns zu. Ein paar Minuten noch, und sie überquerten die Oderbrücken. Dann fuhren sie weiter nach Osten durch Polen, durch die Ukraine, bis in den Süden Rußlands.

Auch die Kriegsberichterstattung jener Zeit wird wieder lebendig in mir; ihre Worte und Bilder verbinden sich mit dem Gesang und dem Winken der Soldaten.
Es dauerte einige Monate, bis die ersten Frontberichte aus Stalingrad kamen.

»Franz Bauer, der gestern noch bei uns war, ist heute gefallen. Er mußte eine Meldung zum Hauptgefechtsstand durchbringen. Eine Kugel traf ihn, als er über die Straße lief. Kamerad — in Polen, in Frankreich, in Norwegen warst du dabei, in Rußland vom ersten Tag des Krieges an. Wir vergessen dich nicht. Du kannst dich auf uns verlassen. Du bist nicht umsonst gefallen.«

»Unser Angriff scheint im Granatfeuer des Feindes stecken zu bleiben. Da greift sich Unteroffizier Werth ein paar Männer, gibt jedem ein Bündel Handgranaten in die Hände und arbeitet sich von Hausruine zu Hausruine in die Flanke einer sowjetischen Maschinengewehrstellung. Die überraschten Soldaten werden niedergekämpft. Nun kommt der deutsche Angriff vorwärts ...«

»Sie kommen! Keiner weiß, wer es schrie. Aus den langen Rohren der Sowjetpanzer blitzt es auf, Kettenrasseln dröhnt heran. Unsere Männer haben den Gegner im Visier. Den heranstürmenden, lehmgrauen Menschenklumpen bleibt das rauhe ›Urräh!‹ unter den Einschlägen der Maschinengewehrkugeln in der Kehle stecken. Vor, neben und hinter einem fallen die Kameraden, stöhnen die Verwundeten. In im-

mer neuen Wellen stürmen die Sowjets heran. Maschinengewehre fallen bei uns aus. Panzerabwehrkanonen zersplittern. Ist der Feind im Graben, im Hauseingang, vor dem Kellerloch, schon im Sprung über die Mauerruine, muß der Kämpfer den Karabiner umdrehen und zuschlagen, am Ende sogar die Fäuste um die Gurgel des Feindes krampfen und ihn vernichten, oder er selbst verliert sein Leben.
Der russische Angriff bricht zusammen. Aber auch in unseren Reihen hat der Tod fürchterliche Ernte gehalten. Die Männer sehen sich an, bei einer Zigarette spüren sie, daß sie diese Stunde überlebt haben, spüren, daß ihnen ein paar Atemzüge bleiben, bis die Russen wieder angreifen, spüren, daß sie Hauptdarsteller eines gewaltigen Dramas sind, des echtesten, wahrsten, gewaltigsten, das es überhaupt gibt ...«
Das sind keine Texte aus einem Horrorfilm, den man als Alptraum empfindet und möglichst schnell wieder vergessen möchte; sie standen in deutschen Zeitungen.

Die sowjetische Berichterstattung unterschied sich in Stil und Aussage nicht von der nationalsozialistischen. Die Grundlinie war die gleiche.

»Hilf mir, Schwester! Am Westhang des Mamai-Hügels prasseln die Bomben der faschistischen Sturzkampfflugzeuge auf unsere Stellungen herab. Explosionen, Rauchfontänen, Tote, Schwerverwundete. Die Verteidiger sind auf eine kleine Gruppe zusammengeschmolzen. Da greift der Feind an. Im entscheidenden Augenblick versagt das Maschinengewehr. Ein Soldat springt für den verwundeten Schützen ein. Auch ihn trifft eine Kugel. Eine Krankenschwester ersetzt ihn an der Waffe, schießt weiter. Ruhe kehrt ein. Sie sieht sich um. Hilf, Schwester! hört sie von überall her. Siebenundneunzig Verwundete schleppt sie allein aus der vordersten Frontlinie. Als sie den achtundneunzigsten bergen will, fällt sie im feindlichen Trommelfeuer.«

»Das Bataillon Muratow stand in der Mitte der Gefechtformation des Regiments. Es hatte starke Verluste gehabt, zählte nur noch an die zwanzig Mann. An einem frühen Augustmorgen griffen die Deutschen an ... Muratows Soldaten gaben nicht auf. Der Bataillonskommandeur ließ das Maschinengewehr nicht aus der Hand. Am Abend waren von dem ganzen Bataillon nur noch zwei Soldaten und der verwundete Muratow am Leben. Es dunkelte. Der Kommandeur schrieb auf einen Fetzen Papier die letzte Meldung: ›Sechs schwere Angriffe abgewehrt. Gegner vernichtet. Wir sind zwei. Ich setze das Feuer fort.‹ Kurz danach fiel er. Aber er war keinen Schritt zurückgewichen.«

Als Stalin über die schrecklichen Verluste informiert wurde, sagte er: »Die Truppe muß bluten. Je mehr sie blutet, desto besser kämpft sie.« Vielleicht haben die Russen an diesen Satz gedacht, als sie die Stadt in Wolgograd umbenannten.
Versunken im Dunkel der Zeit ist das alles noch nicht; auch nicht für mich. Und ich weiß nicht, ob ich die Menschen, die kaum etwas davon wissen, wegen ihrer unbeschwerten Ahnungslosigkeit beneiden oder bedauern soll.

In der Schiffsbar setzte ich mich neben einen älteren Herren. »Neun Jahre meines Lebens war ich in Rußland, vier im Krieg, fünf in Gefangenschaft. Meine Frau wäre gerne mitgefahren, aber ich habe ihr gesagt, auf dieser Reise muß ich allein sein.«
Ruhig trank er sein Bier aus, bestellte sich ein neues. »Es sind noch ein paar an Bord, die im Krieg hier waren.«

Eine Stunde später saß ich mit ihnen zusammen. Wodkagläser standen auf dem Tisch, Kerzen flackerten, wir saßen in weichen Sesseln, aus dem Bordlautsprecher kam leise Musik, durchs Fenster sahen wir das Wolgaufer. Es war, als könnten sie nicht glauben, daß sie selbst es waren, die das

alles erlebt hatten, als fiele es ihnen unendlich schwer, einem, der nicht dabei war, davon zu erzählen.
»Dieser Krieg war ein Wahnsinn. Er wurde unmenschlich geführt. Aber man muß die ganze Wahrheit darüber wissen, nicht nur die halbe ...«
Sie ließen sich Zeit. Und dann, als wäre es gleich, womit sie anfingen, als gäbe es Hunderte ähnlicher Erlebnisse, sagte einer der Männer, was ihm wohl in diesem Augenblick gerade einfiel: »Leutnant Schmaus war ein feiner Kerl. Zwei Mann nahm er mit auf einen vorgeschobenen Beobachtungsposten. Sie wurden von den Russen gefangengenommen. Das war gleich in den ersten Tagen des Rußlandfeldzuges. Wir sind weiter vormarschiert, und dann haben wir die drei gefunden. Leutnant Schmaus hatte einen Genickschuß, die beiden anderen waren bestialisch verstümmelt. Da haben wir gesagt, in den nächsten Tagen machen wir keine Gefangenen mehr. So fing das an ...«
Er trank einen Schluck.
Der mir gegenübersaß, sagte: »Ich habe diese Reise nur wegen Stalingrad gebucht. Ich kann Ihnen zeigen, wo wir lagen, kann Ihnen auch zeigen, wo die Russen immer wieder gegen uns anstürmten, und vielleicht finde ich auch den Keller wieder, in dem ich mit Gelbsucht und Typhus lag. Wer ansteckende Krankheiten hatte, wurde ausgeflogen. So kam ich raus. Von meiner Einheit hat keiner überlebt.«
Die Kellnerin füllte uns die Wodkagläser voll. Einer trank es mit einem Zug aus. »Die Russen haben ihre Panzer aus der Fabrik heraus auf die Straßen rollen lassen, bevor sie richtig montiert waren. Sie dachten wohl, wenn sie unsere erste Stellung überrollt hätten, sei ihre Aufgabe schon erfüllt. Aber wir haben sie schon abgeschossen, bevor sie überhaupt die Straße erreicht hatten. Ihre Offiziere haben die einfach in unser Feuer reingejagt.« Er schwieg, schüttelte den Kopf, sprach weiter: »Ich kam im Dezember '42 in Gefangenschaft. Wir waren in einer Kellerruine mit neunzehn Mann.

Als die Russen reinstürmten, haben sie achtzehn von uns gleich erschossen. Dem, der vor mir stand, war die Munition ausgegangen.«
Er hielt der Kellnerin sein Glas hin, und sie goß es wieder voll. Sie erzählten emotionslos, ganz sachlich, als könnten die ruhig vorgebrachten Worte das Entsetzen bannen und das Ungeheuerliche, das sie mitgemacht hatten, in einer Art von Dokumentation neutralisieren.

»Stalingrad. Ich war von Anfang an dabei.« Nun sprach auch der, der bisher geschwiegen hatte. »Ich habe nicht geglaubt, daß ich es überleben würde. Einer nach dem anderen ist gefallen, und die Verwundeten haben uns vor der Kapitulation angefleht, wir sollten sie erschießen, bevor sie den Russen in die Hände fielen …
In den Sommermonaten war Fortuna auf unserer Seite, dann fiel der erste Schnee, es kam der Frost, dann hatten sie uns eingekesselt, unsere Panzer hatten kein Benzin mehr und wir kaum noch etwas zu essen. Medikamente gab es nicht mehr. Ab und zu durchbrach eines unserer Flugzeuge das Abwehrfeuer, brachte Lebensmittel, Munition, Post, Verbandszeug, holte ein paar Schwerverwundete, kam trotz Beschusses heraus oder ging in Flammen auf …
Schließlich kapitulierte Generalfeldmarschall Paulus. Wir waren viel zu erschöpft, um zu begreifen, daß diese Schlacht nun vorbei war. Und die Russen? Würden sie uns gleich erschlagen, würden sie uns verhungern lassen?
An unzähligen Leichen vorbei marschierten wir in die Gefangenschaft. Dann mußten wir die gefallenen Kameraden zu Menschenhaufen aufschichten, Benzin über sie gießen und anzünden. Von oben bis unten waren wir schwarz von Ruß und Asche, und die Wachtposten stießen uns die Gewehrkolben in den Rücken und schrien: ›Dawai, dawai.‹«
»Warum wir noch einmal hierher kommen?« Sie sahen sich an, schwiegen … »Sprechen wir von etwas anderem.«

Um drei Uhr nachts hatte die »Isaak Lewitan« am Kai von Wolgograd angelegt, am »Kai der 62. Armee«, wie er offiziell heißt. Ich war schon vor sechs Uhr morgens an Deck. Im Osten ging die Sonne als blutroter Feuerball auf, leuchtete über den Strom, über die Häuser am Ufer. Von Deck aus sah ich grüne Bäume, blühende Blumen, eine breite, saubere Uferallee und eine riesige Treppe. Hundert Stufen führen vom Ufer zur Stadt hinauf.

Die meisten an Bord schliefen noch. Von 7.30 bis 9.00 Uhr war Frühstückszeit. Warum sich beeilen ...

Innere Unruhe trieb mich; früh am Morgen, in der Stunde, in der Wolgograd erwachte, wollte ich die Stadt sehen. Grünanlagen, Denkmäler, breite Straßen, helle, hohe Wohnblocks. Noch waren wenige Menschen unterwegs. Die paar, die mir begegneten, sahen nicht so grau und zerfurcht, so müde und freudlos aus wie die Menschen anderer russischer Großstädte. Allmählich wurde es lebhafter auf den Gehwegen, wuchs der Auto-, Bus- und Fahrradverkehr.

Mit Stalingrad hatte das überhaupt nichts zu tun. Das konnte es nicht sein, wovor ich mich gefürchtet hatte. Ich sah eine lebensvolle, quirlige Großstadt, schöner, moderner als andere russische Städte. Beim Aufbau war nicht gespart worden. Man sah es an den Häusern, den vielen Parkanlagen, den Geschäftsstraßen. Der Wind wehte warm von der östlichen Steppe herüber. Ungeachtet der Flußnähe war die Luft trocken. Ich war überrumpelt von diesem Bild des Friedens, vom Anblick der ruhig zur Arbeit Schlendernden, der auf den Parkbänken Sitzenden, die genußvoll in die Brote bissen, die sie aus Papier auswickelten, vom Blick in die Geschäftsauslagen, in denen es, jedenfalls bei flüchtigem Hinschauen, mehr gab als anderswo im weiten Rußland.

Ist Wolgograd ein Schaufenster der ehemaligen Sowjetunion? Millionen Besucher kommen jedes Jahr aus aller Welt hierher. Millionen Besucher sehen eine Stadt, die aus den Ruinen des Krieges neu entstanden ist — und dann werden sie dorthin geführt, wo alles an das Inferno erinnert …

Als ich eine der Hauptstraßen entlangging, unweit vom »Park des Sieges«, stieß ich auf die ersten Kriegsdenkmäler. Zwischen den einzelnen Häuserblocks stehen Panzertürme auf Betonsockeln. Sie markieren die Verteidigungslinie vom 19. November 1942. Damals standen die deutschen Truppen noch 400 Meter vor der Wolga.

Nun war ich in Stalingrad. Hier sprach jeder Stein, jedes Denkmal, jedes Rasenstück, jedes Blumenbeet vom Krieg. Wie betäubt stand ich vor dem Mamai-Hügel. Es war nicht die Riesengedenkstätte zur Erinnerung an die Schlacht, die mich so verstörte, es waren Kriegslieder, die aus Mauerruinen erschallten; Mauerruinen, hergerichtet als Denkmal, originalgetreu nachgebildet. Gestalten kämpfender, sterbender Soldaten sind eingemeißelt, Granatsplitter, Kugeln, zerfetzte Stahlhelme. Aus einem Lautsprecher dröhnen Motorengeräusche deutscher Kampfflugzeuge, Bombendetonationen, Maschinengewehrfeuer — und plötzlich ein russisches Kommando: Auf zum Angriff.

Tag um Tag, zu jeder vollen Stunde, seit der Fertigstellung der Erinnerungsstätten im Jahr 1967 ist das so. Auch heute knattern dort die deutschen MG 42, schießen die russischen T 34, rasseln die Panzerketten …

Am Monument der »Kämpfer auf Leben und Tod«, dem »Platz der Helden«, dem Hochrelief »Gedächtnis der Generationen« bleibe ich stehen, lese die Sätze auf den Hinweistafeln, die mit sachlichen Worten das Grauen zu erklären versuchen; verweile am »Platz der Trauer«, in dessen Erde 37 000 unbekannte russische Soldaten beerdigt sind. Ich frage ein paar Männer, ob es einen Friedhof für die gefallenen deutschen Soldaten gibt. Kopfschütteln, eine weitausholende Handbewegung. »Sie liegen irgendwo.«

Unübersehbar, auf ganz Wolgograd herabblickend, am Gipfel des Hügels, steht das 52 Meter hohe Stahlbetondenkmal »Mutter Heimat«. Es zeigt eine wuchtige Frauengestalt, die in der Rechten ein 29 Meter langes Schwert gen Himmel streckt, das »Schwert der Vergeltung«. Ihr linker Arm greift weit ins Hinterland aus. Mitreißen will sie das ganze Volk in den Kampf.

Im »Saal des Kampfruhms« sind es nicht die Fahnen, die auf Halbmast an den Wänden hängen, nicht die Namen von 7200 gefallenen sowjetischen Soldaten — ein Bruchteil der Toten —, die in goldfarbenes Mosaik eingemeißelt sind, es ist nicht die riesige Betonhand in der Mitte des Raumes, die die Fackel mit dem »ewigen Feuer« hält; nicht die Inschrift am oberen Saalrand: »Wir waren einfache Sterbliche, nur wenige von uns sind am Leben geblieben, aber wir alle haben unsere patriotische Pflicht gegenüber der heiligen Mutter Heimat erfüllt« oder die Ehrenwache der russischen Soldaten an dieser Gedenkstätte zu Ehren ihrer Toten; es ist der Klang eines Liedes, das jeden inneren Widerstand auslöscht und mir die Tränen in die Augen treibt. Schumanns »Träumerei« erklingt in unendlicher Wiederholung über ein Tonband.

Ein junges Mädchen sieht mich traurig an. Ein Greis bleibt mit zitternden Händen neben mir stehen. Viele gehen an mir vorbei, und allen, so scheint es, geht es wie mir.

Warum haben die Russen die Melodie eines deutschen Komponisten als Lied der Trauer für ihre Gefallenen ausgewählt? Ist es ein Zeichen der Versöhnung, oder empfanden sie, daß es alles ausdrückt, was ein Mensch in dieser Halle der Toten empfinden kann?

Blumensträuße, rote Rosen, rote Nelken liegen vor dem Denkmal »Trauernde Mutter«. Sie beugt sich über ihren gefallenen Sohn, umarmt ihn liebevoll, hat ihren Kopf nahe dem mit einem Tuch bedeckten Kopf des Toten.

Am Fuße des Mamai-Hügels, ziemlich weit ab von den Menschenströmen an der Haupttreppe, liegt ein Kranz mit schwarz-rot-goldenen Bändern. Eine deutsche Inschrift: »Kameraden. Ihr seid nicht vergessen. Offiziere und Soldaten der 71. Infanterie-Division.«
Niemand rührte den Kranz an. Vor wenigen Jahren noch hätten viele in diesem Land einen Kranz, der an deutsche Gefallene erinnert, am Fuße des Mamai-Hügels als Provokation empfunden. Eines nicht mehr fernen Tages soll es in Stalingrad auch ein Kreuz, ein Denkmal für die gefallenen deutschen Soldaten geben. Irgendwo an der Wolga wird es stehen ...

Ich muß mich zusammennehmen, um nicht alles aus mir herausfließen zu lassen, was mir auf die Lippen kommt. Ich laufe weiter, in einem Park bleibe ich vor einem eingegrenzten wuchtigen Baum stehen. Es ist der einzige, der die Schlacht von Stalingrad überstand.

Die Denkmäler, die Kriegserinnerungsstätten habe ich gesehen, aber ich habe noch kein Wort mit Russen gesprochen, die in der Schlacht gekämpft haben. Daß so ein Gespräch möglich war, verdankte ich den russischen Journalisten an Bord.
Dieses Gespräch war wichtig für mich; schweren Herzens ging ich zu der Verabredung in der Krasnosnamenskaja Ulitza, hoffend, keine Anklagen zu hören, keine Glorifizierung des sowjetischen Sieges, nicht genötigt zu werden, Kriegsauszeichnungen zu bewundern oder mitzugehen zu den Stellen, wo damals ihre Bunker und Schützengräben waren.

Ich holte tief Atem, bevor ich an der Wohnungstür läutete. Ein halbes Dutzend ältere Männer und zwei Frauen kamen mir freundlich entgegen: »Ein Wodka zum Willkommen«, ein junges Mädchen mit langen blonden Zöpfen sah mich

ernst an, setzte sich neben eine der Frauen auf den Fußboden und hörte stumm zu, als die Männer sprachen.
Die russischen Veteranen zögerten genauso, vom Krieg zu erzählen, wie die ehemaligen deutschen Soldaten, mit denen ich auf dem Schiff gesprochen hatte. Sie fragten, wie es bei uns in Deutschland sei; sagten, es kämen jetzt viele Deutsche, die als Soldaten in Rußland waren, wieder hierher. Dann meinte einer: »Ich bin dafür, daß es für die gefallenen deutschen Soldaten eine Gedenkstätte in Wolgograd gibt.«
Die anderen nickten.
»Und wie ist Ihr Leben in Stalingrad?«
»Stalingrad ist tot. Wir leben in Wolgograd. Und die Jungen, die in Wolgograd geboren wurden, wissen schon gar nicht mehr, was Stalingrad war.«
»Manchem würde es nicht schaden«, sagte eine der Frauen, die andere brachte Kuchen, Obst und Plätzchen auf den Tisch. Tee wurde eingeschenkt, und dann wollten sie wissen, ob mir die Reise gefallen hätte — quer durch Rußland, fast die ganze Wolga hinunter ... In Wolgograd Abschiednehmen von Rußland — darauf müsse man einen trinken.
»Fahren Sie gern wieder nach Hause?«
»Ja, sicher.«
Das gefiel ihnen, ich sah es ihren Gesichtern an.
»Jeder fühlt sich dort am wohlsten, wo er aufgewachsen ist. Die Heimat ist wichtig.«
Und dann, so ganz langsam, zögernd fast, sagten sie nun auch ein paar Sätze über die Jahre, in denen sie Soldaten gewesen waren und in Stalingrad gekämpft hatten.
»Nicht nur in Stalingrad. In Charkow, in Woronesch, am Don, dann in Warschau, Frankfurt an der Oder ...«
Er verstummte.
»Es gibt Nächte, in denen ich schweißnaß aufwache und denke, es ist wieder Krieg.«
»Essen Sie doch«, sagte eine der älteren Frauen in das Schweigen hinein. Schließlich fragte ich nach der Schlacht

von Stalingrad, wie es war, was sie heute darüber denken — kann man die Erinnerungen daran verdrängen … Kann man …

»Man schoß, man schlief, man aß. Wir haben versucht, so viele wie möglich von ihnen umzubringen. Sie haben versucht, so viele wie möglich von uns umzubringen. Aber wir waren mehr …«

Sie sprachen, als berichteten sie von Fremden, als wäre ihr »Ich« damals nicht daran beteiligt gewesen.

»Man machte, was einem befohlen wurde. Drüben, bei den Deutschen, war's genauso. Wir oder sie …«

»Und Stalin, was denken Sie über Stalin?«

»Stalin« — gedehnt kam die Antwort —, »der oder ein anderer, die da oben sind sich alle gleich.

Damals wurde uns gesagt, unser Sieg beruhte auf der Überlegenheit des sozialistischen Systems. Heute wissen wir, daß das nicht stimmte. Damals wußten wir nichts. Wir waren doch ganz junge Männer, was wußten wir denn schon?«

Dann sprachen sie davon, daß die Fürsorge des Staates für die Veteranen stark nachgelassen habe.

»Früher gab es einen Tag in der Woche, an dem nur die Veteranen und ihre Angehörigen einkaufen durften, da brauchten wir nicht Schlange zu stehen. Früher gab es einen Ehrensold, auch den haben sie abgeschafft. Und wenn wir mal was extra bekommen, dann sagen die anderen nicht mehr, ihr habt es verdient — neidisch sind sie, wütend.«

»Wir Russen«, der Älteste am Tisch nahm einen langen Schluck, bevor er weitersprach, »was für ein Volk sind wir eigentlich? Erst siegen wir — und dann verlieren wir den Sieg.«

Nun war es ganz still im Zimmer. Und dann sagten sie noch einmal ein paar Sätze zu Stalingrad: »Stalingrad war ein Symbol unseres kollektiven Selbstbewußtseins. Es war weit mehr als eine gewonnene Schlacht. Aber Stalingrad ist tot.«

Zum Abschied drückten sie mir kräftig die Hand, wünsch-

ten mir eine gute Heimreise und fragten, ob ich noch einmal wiederkommen würde.
»Bestimmt, ganz bestimmt.«
Da wurde es ihnen warm ums Herz, ich sah es ihren Mienen an. Schulterklopfen, noch ein paarmal wurden mir die Hände gedrückt, und dann bedankten sie sich für meinen Besuch.

An Bord war schon alles für den großen Abschiedsball vorbereitet. Es gab Kaviar und Sekt, Trinksprüche, Tanzmusik, Umarmungen. Vielleicht ist es gut so, daß Deutsche und Russen in Stalingrad zusammen tanzen, zusammen lachen, sich Scherzworte zurufen, sich zuprosten und miteinander vergnügt sind.
Bestimmt ist es gut so.

Ich stand an der Reling, blickte auf das östliche Ufer, auf den Strom. Ein Ruderboot kam dicht an der »Isaak Lewitan« vorbei. Zwei Männer saßen darin, einer ruderte, einer spielte Ziehharmonika. Langsam geriet das Boot in die Strömung. Sie ließen sich treiben. Ich sah ihnen nach, wünschte mir, mit ihnen zu fahren, immer weiter nach Süden, oder irgendwo an Land anzulegen und dann immer weiter zu gehen, nach Osten, kein bestimmtes Ziel im Auge, nicht auf der Suche nach Schätzen und sie doch auf Schritt und Tritt findend.

Die Wolga in Daten

Die Wolga ist der größte Strom Europas. Vor der Anlage der Stauseen betrug ihre Länge 3690 km; durch die Begradigung von Uferstrecken verringerte sie sich auf 3530 km.

Die Wolga entspringt im Gebiet der Waldaihöhen, etwa 200 km nordwestlich von Moskau, auf einer Höhe von 228 Meter über d. M.; bei Kazan, am Mittellauf, fließt sie auf 43 Meter über d. M., bei Wolgograd (Stalingrad) auf 10 Meter unter d. M. Bei Astrachan mündet der Strom ins Kaspische Meer, dessen Wasserspiegel 28 Meter unter dem normalen Meeresniveau liegt. Stromgefälle von der Quelle bis zur Mündung 256 Meter.

Zum Einzugsgebiet der Wolga gehörten 151 000 Flüsse, Bäche und zeitweilige Wasserläufe; davon verschwanden durch den Bau der Stauseen 30 Prozent, die anderen sind zum großen Teil verschmutzt oder zeitweise ausgetrocknet.

Zwischen 4 und 4,8 Millionen Hektar Land wurden beim Bau der Stauseen überschwemmt, der Fischbestand zu 70 Prozent vernichtet, etwa 96 Städte und Stadtviertel, mehr als 2500 Dörfer und Siedlungen versanken in den Fluten.

Die Wasserkraftwerke der »Großen Wolga-Kaskade« decken den Bedarf von nur 3 Prozent der benötigten Gesamtenergie der ehemaligen UdSSR.

Die Fließgeschwindigkeit der Wolga verringerte sich durch den Bau der Stauseen von knapp 2 Monaten auf 1,5 Jahre.

Das Flußbecken der Wolga umfaßt etwa 1 400 000 Quadratkilometer, das heißt, es ist größer als England, Frankreich, Deutschland und Italien zusammen.

Verlauf der Oberen Wolga: von der Quelle bis zur Mündung der Oka.

Verlauf der Mittleren Wolga: bis zur Mündung der Kama.
Verlauf der Unteren Wolga: bis zum Delta am Kaspischen Meer.

Wasserstand der Wolga

April bis Juni: Frühlingshochwasser
Oktober: Regenhochwasser
Sommer und Wintermonate: Niedrigwasser
Der Fluß ist teilweise vereist zwischen November und März/April.

Die Jahresabflußmenge von 254 Milliarden m^3 setzt sich zusammen:
Schneeschmelze 60 Prozent, Grundwasser 30 Prozent, Regenwasser 10 Prozent.

Wassertemperatur in den Sommermonaten Juni, Juli, August zwischen 20 und 25 Grad Celsius.

Staustufen der Wolga

Wolshskoje (»Moskauer Meer«)

Stauhöhe	18 Meter
Spiegelfläche	327 km^2
Wasserinhalt	1,1 Milliarden m^3

Uglitsch

Stauhöhe	12 Meter
Spiegelfläche	249 km^2
Wasserinhalt	1,2 Milliarden m^3

Rybinsk

Stauhöhe	18 Meter
Spiegelfläche	4500 km^2
Wasserinhalt	25 Milliarden m^3

Gorodez (oberhalb von Gorkij)

Stauhöhe	16/18 Meter
Spiegelfläche	1570 km^2
Wasserinhalt	etwa 10 Milliarden m^3

Tscheboksary	
Stauhöhe	Angabe liegt nicht vor
Spiegelfläche	2274 km^2
Wasserinhalt	13,8 Milliarden m^3
Samara (Kuibyschew)	
Stauhöhe	27 Meter
Spiegelfläche	5500 km^2
Wasserinhalt	52 Milliarden m^3
Saratow	
Stauhöhe	Angabe liegt nicht vor
Spiegelfläche	1831 km^2
Wasserinhalt	12,9 Milliarden m^3
Wolgograd (Stalingrad)	
Stauhöhe	26 Meter
Spiegelfläche	3470 km^2
Wasserinhalt	32 Milliarden m^3

Bibliographie

Eine vollständige Übersicht über die Veröffentlichungen zum Thema Wolga ginge weit über den Rahmen dieses Buches hinaus. So enthält das Schrifttumsverzeichnis nur die Bücher, Zeitschriften oder Zeitungen, aus denen Anregungen stammen oder aus denen zitiert wurde.

Adam, Werner: Die schwere Bürde der Freiheit. In: Frankfurter Allgemeine Zeitung vom 1. 2. 1992

Böll, Heinrich: Aufsätze, Kritiken, Reden. Köln 1967

Chatwin, Bruce: The Volga. In: What am I doing here. London 1989

Chimelli, Rudolf: Lebensangst vor einem Winter der Hoffnungslosigkeit. In: Süddeutsche Zeitung vom 9. 12. 1991

Dewjatowa, W. I.: Leningedenkstätten an der Wolga. Bildreiseführer. Moskau 1987

Dinges, Georg: Wolgadeutsche Volkslieder. Berlin 1932

Dostojewskij, F. M.: Gesammelte Briefe. München 1966

Eisfeld, Alfred: Deutsche Kolonien an der Wolga 1917—1919 und das Deutsche Reich. Wiesbaden 1985

Felmy, Karl Christian: Tausend Jahre Christentum in Rußland. In: Neue Zürcher Zeitung vom 20. 5. 1988

Geyer, Dietrich: Zerfall und neuer Nationalismus. In: Frankfurter Allgemeine Zeitung vom 2. 5. 1992

Gitermann, V.: Geschichte Rußlands. 3 Bde. Hamburg 1949

Gorbatschow, Michail: Der Zerfall der Sowjetunion. Mein Standpunkt. Gütersloh 1992

Gorkij, Maxim: O Literature. Moskau 1937

Ders.: Erzählungen. München 1959

Ders.: Mein Freund Fjodor. Das Leben Schaljapins. Tübingen 1970

Ders.: Werke in 4 Bänden. Berlin 1977

Gontscharow, I. A.: Oblomow. München 1962

Gourfinkel, Nina: Maxim Gorkij. Reinbek bei Hamburg 1958

Große Sowjetenzyklopädie. Moskau 1972

Günther. H.: Friedensbote auf Berg- und Wiesenseite der Wolga. Monatsschrift evangelischer Gemeinden. Talowka 1884 ff.

Hapag Lloyd: Landkarte. Reisen auf den Wasserstraßen der Sowjetunion. Bremen 1990

Harder, Hans: Das Dorf an der Wolga. Stuttgart 1937

HAXTHAUSEN, A. v.: Studien über die inneren Zustände, das Volksleben und insbesondere die ländlichen Einrichtungen Rußlands. 3 Bde. Hannover 1847 und Berlin 1852

HERDT, KARL: Die Namengebung zweier wolgadeutscher Dörfer, Alexanderdorf und Höh. Espelkamp 1983

ILJIN, M.: Die lebende Landkarte. Berlin 1947

KALB, MARVIN: The Volga. New York 1967

KINSKY, GRÄFIN NORA: Russisches Tagebuch 1916—1918. Stuttgart 1976

KUDRJASCHOW, N.: Der Mamaihügel. Reiseführer. Moskau 1989

KUMMER, JOCHEN: Die Sehnsucht der Wolga-Deutschen nach ihrem verlorenen Paradies. In: Welt am Sonntag vom 29. 10. 1989

KUNDERA, MILAN: Der Scherz. München 1989

DERS.: Das Ende der Sowjetunion. A. a. O. vom 29. 9. 1991

LEONHARD, WOLFGANG: Die Dreispaltung des Marxismus. Düsseldorf 1970

LESTSCHINSKI, ANATOL: Antworten auf Briefe zu den Menschenrechten in der UdSSR. Moskau 1990

METTKE, JÖRG: Verlorenes Paradies an der Wolga. In: Der Spiegel 37/1989

MORAVIA, ALBERTO: Eine russische Reise. Reinbek bei Hamburg 1966

Moskau News: Unabhängige Zeitung aus Moskau. Deutschsprachige Ausgabe. Moskau 1/1991 ff.

Nagels Enzyklopädie — Reiseführer UdSSR. Genf

NEKRASSOW, V. P.: Vorfall auf dem Mamai-Hügel. Berlin 1967

OLT, REINHARD: Nach siebzig Jahren Sowjetmacht eine neue Union. In: Frankfurter Allgemeine Zeitung vom 6./7. 9. 1991

Osteuropa Zeitschrift für Gegenwartsfragen des Ostens. Stuttgart 1955 ff.

PAULI, I. R.: Lübeck — Kronstadt — Saratow. Schicksalsweg der Wolgadeutschen 1763—1921. Flensburg 1985

POST, LAURENS VAN DER: Journey into Russia. London 1965

RIEHL-HEYSE, HERBERT: Reise an den Rand des Kraters. In: Süddeutsche Zeitung vom 19. 3. 1992

RORLICH, AZADE-AYSE: The Volga Tatars. Stanford 1986

ROSS, THOMAS: Eine schreckliche Müdigkeit und Angst. In: Frankfurter Allgemeine Zeitung vom 11. 4. 1992

SCHLÖGEL, KARL: Das Wunder von Nishnij oder die Rückkehr der Städte. Frankfurt a. Main 1991

SCHTSCHERBINA, TATJANA: Die ganz gewöhnliche russische Katastrophe. In: Süddeutsche Zeitung vom 4./5. 4. 1992

SIEGER, ALEXANDER: Der Bau des Wolga-Don-Schiffahrtkanals. In: Europa-Archiv vom 5. 2. 1952
STADTMÜLLER, GEORG: Geschichtliche Ostkunde. München 1963
STENDER-PETERSEN, ADOLF: Geschichte der russischen Literatur. München 1957
STÖCKL, G.: Russische Geschichte von den Anfängen bis zur Gegenwart. Stuttgart 1962
STRUVE, GLEB: Geschichte der Sowjetliteratur. München 1957
STUMPP, KARL: Die Rußlanddeutschen. Tübingen 1982
TSCHECHOW, ANTON: Gesammelte Werke. 5 Bde. Leipzig 1900
Ders.: Briefe (1877—1904). Zürich 1979
TSCHERNYSCHEWSKIJ. N. G.: Schto djelatj? (Was tun?) In: Sowremenik. St. Petersburg 1863

(Rybinsk Reservoir)
Volodarsk
Brejtovo
Ljubim
Buj
Antrop
Valdaj
Bologoe
Udomlja
Krasnyj Holm
Rybinsk
Danilov
Galič
Maksatiha
Nov. Nekouz
Tutaev
Susanino
Vyšnij Voloček
Bežeck
Sonkovo
Kr. Profintern
Sudislavl'
Ostrovskoe
(Uglitsch)
Uglič
Jaroslavl'
Kostroma
Rameški
Kašin
Neretha
Volga
Zavolžsk
Lihoslavl'
Toržok
Goricy
Kaljazin
Gavrilov-Jam
Privolžsk
Pless
Kinešma
Kuvšinovo
Basilevskij Moh
Rostov
Furmanov
Vičuga
Sukromlja
Kalinin
Dubna
Kimry
Petrovskoe
Komsomol'sk
Rodniki
Seližarovo
Taldom
Pereslavl'-Zalesskij
Ivanovo
Volga
Konakovo
Tejkovo
Šuja
Čkalovsk
Krasnozavodsk
Starica
Gavrilov Posad
Paleh
Pestjaki
Ržev
Zubcov
Mikulino
Klin
Aleksandrov
Jur'ev-Polskij
Juža
Olenino
Dmitrov
Abramcevo
Kol'čugino
Kidekša
Kovrov
Solnečnogorsk
Zagorsk
Suzdal'
Vjazniki
Syčevka
Volokolamsk
Zelenograd
Puškino
Kiržač
Vladimir
Istra
Noginsk
Pokrov
Sobinka
Sudogda
Krasnaja Gorbatka
Pavlovo
(MOSKAU) MOSKVA
KREML
Zvenigorod
Orahovo-Zuevo
Andreevo
Gagarin
Borodino
Možajsk
Ljubercy
Elektrostal'
Gus'-Hrustal'nyj
319
Hvaščevka
Naro-Fominsk
Žukovskij
Kurovskoe
Šatura
Murom
Navašino
Safonovo
Vjaz'ma
Podol'sk
Bronnicy
Egor'evsk
Temkino
Borovsk
Moskva
Melenki
Kulebaki
Dorogobuž
Malojaroslavec
Obninsk
Čehov
Kolomna
Voskresensk
Spas-Klepiki
Tuma
Vyksa
Ugra
Ugra
Kondrovo
Serpuhov
Stupino
Luhovicy
Rjazanovskij
Oka
Ardat
Juhnov
Oka
Golovanovo
Kasimov
Tarusa
Kašira
Zarajsk
Soletča
Kasimov
Aleksin
Jasnogorsk
Kaluga
Rjazan'
Spassk-Rjazanskij
Mokša
Mesčovsk
Serebrjanye Prudy
Kirov
Suhiniči
Venev
Šilovo
Sasovo
Suvorov
Tula
Michaljov
Ljudinovo
Jasnaja Poljana
Novomoskovsk
Kozel'sk
Čekalin
Kimovsk
Novomičurinsk
Zubova Poljana
Žukovka
Djatkovo
Belev
Ščekino
Korablino
Šack
Sel'co
Uzlovaja
Skopin
Fokino
Plavsk
Sarai
Cna
Bednodem'janovsk
Bogorodick
Rjazsk
Brjansk
Spasskoe-Lutovinovo
293
Don
Bolhov
Zemetčino
Karačev
Dankov
Moršansk
Efremov
Mcensk
Pervomajskij
Oka
Orël
Navlja
Čaplygin
Pičaevo
Lebedjan
Novosil'
Mičurinsk
Kromy
Voronež
Dmitrovsk-Orlovskij
Elec
Tambov
Zmijevka
Komariči
Lipeck
Rasskazovo
Kotovsk
Železnogorsk
Zadonsk
Grjazi
Maloarhangel'sk
Livny
Ševsk
Dmitriev-L'govskij
Dolgorukovo
Dobrinka
Ščigry
Ramon'
Usman'
Kursk
Ertil'
L'gov
Uvarovo
Ryl'sk
Kurčatov
Semiluki
Voronež
Žerdevka
Kastornoe
Tim
Oskol
Don
Anna
Gribanovskij
Borisoglebsk
Obojan'
Vorona
Belopol'e
Sudža
Gubkin
Novovoronežskij
Ivnja
Staryj-Oskol
Bitjug
Novohoperskij
Sumy
Krasnopol'e
276
Bobrov
Talovaja
Povorino
Proletarskij
Lebedin
Koroča
Ostrogožsk
Georgiu-Dež
Vorskla
Belgorod
Novyj Oskol
Buturlinovka
Grajvoron
Alekseevka
Urjupinsk
Ščebekino
Hoper
Bogoduhov
Volokonovka
Pavlovsk
Ahturka
Kalač
Volčansk
Ol'hovatka
Koteľva
Verchnij Mamon
HAR'KOV
Valujki
Rossoš
Opošnja
Čuguev
Poltava
Valki
Roven'ki
Bogučar
Kumylženskaja
Merefa
Oskol
Kupjansk
Karlovka
Gotval'd
Vorskla
Sev. Donec
Kantemirovka
Vešenskaja
Balakleja
Don
Kobeljaki
Krasnograd
Svatovo
Serafimovič
Melovoe
Izjum
Borovaja
Starobel'sk
Krasnopavlovka
Čir
Aidar
Golubovka
Kr. Liman
Kremennaja
Evsug
Petrikovka
Kašary
Barvenkovo
Millerovo
Lozovaja
Severodoneck
Sovetskaja
Novomoskovsk
Kalitva
Seversk
Lisičansk
Slavjansk
Pavlograd
Kramatorsk
Staničko-Luganskoe
Družkovka
Pervomajsk
Stahanov
PETROVSK
Igren'
Konstantinovka
Vorošilov
Glubokij
Obilvskaja